O *Novo* Milionário Mora ao Lado

Também de Thomas J. Stanley

Marketing to the Affluent

Selling to the Affluent

Networking with the Affluent and Their Advisors

Millionaire Women Next Door

Stop Acting Rich

A Mente Milionária

O Milionário Mora ao Lado (com William D. Danko)

Em saudosa memória de meu pai, Thomas J. Stanley;
para minha corajosa mãe, Janet G. Stanley; e
para Tim, Anna, Kate e Julie

O *Novo* Milionário Mora ao Lado

Estratégias Duradouras para Ficar Rico

DR. THOMAS J. STANLEY e DRA. SARAH STANLEY FALLAW

Rio de Janeiro, 2020

O Novo Milionário Mora ao Lado – Estratégias duradouras para ficar rico
Copyright © 2020 da Starlin Alta Editora e Consultoria Eireli. ISBN: 978-85-508-0789-8

Translated from original The Next Millionaire Next Door. Copyright © 2019 by Affluent Market Institute, Ltd. and Sarah Stanley Fallaw, PhD. ISBN 97814930335359. This translation is published and sold by permission of National Book Network, the owner of all rights to publish and sell the same, an imprint of The Rowman & Littlefield Publishing Group, Inc. PORTUGUESE language edition published by Starlin Alta Editora e Consultoria Eireli, Copyright © 2020 by Starlin Alta Editora e Consultoria Eireli.

Todos os direitos estão reservados e protegidos por Lei. Nenhuma parte deste livro, sem autorização prévia por escrito da editora, poderá ser reproduzida ou transmitida. A violação dos Direitos Autorais é crime estabelecido na Lei nº 9.610/98 e com punição de acordo com o artigo 184 do Código Penal.

A editora não se responsabiliza pelo conteúdo da obra, formulada exclusivamente pelo(s) autor(es).

Marcas Registradas: Todos os termos mencionados e reconhecidos como Marca Registrada e/ou Comercial são de responsabilidade de seus proprietários. A editora informa não estar associada a nenhum produto e/ou fornecedor apresentado no livro.

Impresso no Brasil — 1ª Edição, 2020 — Edição revisada conforme o Acordo Ortográfico da Língua Portuguesa de 2009.

Produção Editorial
Editora Alta Books

Gerência Editorial
Anderson Vieira

Gerência Comercial
Daniele Fonseca

Equipe Editorial
Ian Verçosa
Maria de Lourdes Borges
Raquel Porto
Rodrigo Dutra

Tradução
Edite Siegert

Copideque
Vivian Sbravatti

Produtor Editorial
Illysabelle Trajano
Juliana de Oliveira
Thiê Alves

Assistente Editorial
Thales Silva

Revisão Gramatical
Alessandro Thomé
Thaís Pol

Marketing Editorial
Lívia Carvalho
marketing@altabooks.com.br

Coordenação de Eventos
Viviane Paiva
eventos@altabooks.com.br

Equipe Design
Larissa Lima
Paulo Gomes

Revisão Técnica
Carlos Bacci
Economista e Bacharel em Letras pela USP

Editores de Aquisição
José Rugeri
j.rugeri@altabooks.com.br
Márcio Coelho
marcio.coelho@altabooks.com.br

Diagramação
Joyce Matos

Publique seu livro com a Alta Books. Para mais informações envie um e-mail para autoria@altabooks.com.br

Obra disponível para venda corporativa e/ou personalizada. Para mais informações, fale com projetos@altabooks.com.br

Erratas e arquivos de apoio: No site da editora relatamos, com a devida correção, qualquer erro encontrado em nossos livros, bem como disponibilizamos arquivos de apoio se aplicáveis à obra em questão.

Acesse o site **www.altabooks.com.br** e procure pelo título do livro desejado para ter acesso às erratas, aos arquivos de apoio e/ou a outros conteúdos aplicáveis à obra.

Suporte Técnico: A obra é comercializada na forma em que está, sem direito a suporte técnico ou orientação pessoal/exclusiva ao leitor.

A editora não se responsabiliza pela manutenção, atualização e idioma dos sites referidos pelos autores nesta obra.

Ouvidoria: ouvidoria@altabooks.com.br

Dados Internacionais de Catalogação na Publicação (CIP) de acordo com ISBD

S787n   Stanley, Dr. Thomas J.
O Novo Milionário Mora ao Lado: Estratégias Duradouras para Ficar Rico / Dr. Thomas J. Stanley, Dra. Sarah Stanley Fallaw ; traduzido por Edite Siegert. - Rio de Janeiro : Alta Books, 2020.
272 p. ; 16cm x 23cm.

ISBN: 978-85-508-0789-8

1. Administração. 2. Sucesso. 3. Enriquecimento. I. Fallaw, Dra. Sarah Stanley. II. Siegert, Edite. III. Título.

2020-1564
CDD 650.14
CDU 658.011.4

Elaborado por Vagner Rodolfo da Silva - CRB-8/9410

Rua Viúva Cláudio, 291 — Bairro Industrial do Jacaré
CEP: 20.970-281 — Rio de Janeiro (RJ)
Tels.: (21) 3278-8069 / 3278-8419
www.altabooks.com.br — altabooks@altabooks.com.br
www.facebook.com/altabooks — www.instagram.com/altabooks

Sumário

Lista de Tabelas e Figuras vi

Prefácio ix

Capítulo 1: O Milionário que Mora ao Lado Está Vivo e Bem 1

Capítulo 2: Ignorando os Mitos 31

Capítulo 3: Influências sobre a Riqueza 57

Capítulo 4: Liberdade de Consumo. 91

Capítulo 5: Pontos Fortes para Construir Riqueza. 120

Capítulo 6: Começando a Trabalhar 161

Capítulo 7: Investindo Recursos. 197

Conclusão 228

Apêndice A: Estudos 233

Apêndice B: Classificação de Firmas Individuais por
Porcentagem de Lucro (1998 e 2015)[1] 236

Apêndice C: Cargos Selecionados de Jornada Dupla de Prodigiosos
Acumuladores de Riqueza de Renda Elevada 243

Notas. 244

Referências Bibliográficas. 251

Lista de Tabelas e Figuras

Figura: A Proporção do Patrimônio Líquido Médio e Mediano
por Anos Disponíveis. 11

1-1. Porcentagem de Renda Recebida por Meio de Fundos,
Espólios e Heranças no Ano Anterior por Porcentagem
de Milionários (1996 e 2016) 16

1-2. Carreiras dos Grupos da Amostra de Afluentes. 20

3-1. Primeiras Experiências de Milionários 67

4-1. Razões Mais Importantes para a Mais Recente Compra
de uma Casa por Milionários 94

4-2. Razões Menos Importantes para a Mais Recente Compra
de uma Casa por Milionários 94

4-3. Preço de Compra e Valores Atuais de Casas para
Proprietários Milionários 95

4-4. Porcentagem de Proprietários Milionários com e sem Renda
de Espólios/Fundos por Preço Original de Compra do Imóvel 99

4-5. Porcentagem de Proprietários Milionários com e sem Renda
de Espólios/Fundos por Valor de Mercado Atual do Imóvel 100

4-6. Custo Mediano Total de Casa Própria por Mês e Indicadores de
Satisfação em Cidades Selecionadas nos EUA (2012). 101

4-7. Orçamento e Frugalidade de Prodigiosos Acumuladores de
Riqueza vs. Subacumuladores de Riqueza. 104

4-8. Máximo Pago por Milionários em Roupas e Acessórios:
1996 a 2016 (em Dólares de 2016)[12] 105

Lista de Tabelas e Figuras

4-9. Máximo Gasto por Milionários em Jeans, Óculos de Sol e Móveis . . 107

4-10. Principais Marcas de Automóveis de Milionários (1996 e 2016) . . . 110

4-11. Porcentagem de Modelos de Carros do Ano
por Milionários (1996 e 2016). 112

4-12. Porcentagem de Renda Gasta por Categoria pelos Milionários. . . . 117

4-13. Deduções de Caridade como Porcentagem do Tamanho do Espólio. 118

5-1. Categorias de Padrões de Comportamento
Relacionados à Riqueza 128

5-2. Disciplina Relacionada a Status de Riqueza: Subacumuladores
de Riqueza vs. Prodigiosos Acumuladores de Riqueza 132

5-3. Níveis de Educação dos Milionários (1996 e 2016). 142

5-4. Porcentagem de Milionários com Curso Superior
por Tipo de Curso. 142

5-5. Fatores de Sucesso: Porcentagem de Milionários Endossando como
Importante ou Muito Importante (1998 e 2016) 145

5-6. Horas Gastas por Mês em Atividades Selecionadas por
Subacumuladores vs. Prodigiosos Acumuladores de
Riqueza (1996 e 2016) 155

5-7. Horas Gastas por Mês em Atividades Selecionadas por
Subacumuladores vs. Prodigiosos Acumuladores de Riqueza 156

5-8. Horas Gastas por Semana em Atividades Selecionadas:
Milionários vs. População Norte-americana 156

5-9. Tempo Gasto na Semana Anterior em Atividades Selecionadas
por Porcentagem de Milionários 157

5-10. Tempo Gasto Pensando em Temas Selecionados por
Porcentagem de Milionários. 157

5-11. Porcentagem de Prodigiosos Acumuladores de Riqueza e
Subacumuladores de Riqueza que Pensaram em Temas
Selecionados na Semana Anterior 159

6-1. Cargos Selecionados de Milionários. 164

6-2. Fontes de Renda de Milionários 172

6-3. Estratégias de Carreira e Escolhas de Milionários por
Conta Própria vs. Outros Milionários 188

7-1. Porcentagem de Bens de Propriedade de Milionários 199

7-2. Dados de Impostos sobre Espólio da RF Comparando
Declarações de 2016 e 1996 200

7-3. Declarações dos Milionários sobre Investir 208

7-4. Período Médio de Retenção de Investimentos. 209

7-5. Estratégia de Investimento de Milionários por Porcentagem 210

7-6. Registro de Comportamentos de Investimento de Milionários. 212

Esta publicação pretende fornecer informações precisas e confiáveis referentes ao tema tratado. Ela foi elaborada com base no entendimento dos leitores de que nem o autor nem tampouco o editor estão engajados na prestação de serviços jurídicos, de investimento, contabilidade ou outros. Caso seja necessária assessoria jurídica ou de outra especialidade, os serviços de profissionais competentes devem ser procurados.

Quase todos os nomes nos estudos de caso contidos neste livro são pseudônimos para proteger a privacidade dos indivíduos envolvidos.

Prefácio

Durante quase 40 anos, meu pai, Thomas J. Stanley, estudou os ricos nos Estados Unidos para descobrir e mostrar caminhos para a independência financeira e o sucesso econômico que não dependem de herança ou outras doações monetárias expressivas. Em seu trabalho, ele encontrou alguns componentes universais, mas também notou que havia muitos caminhos para a riqueza que envolvem várias opções singulares de carreira, consumo e negócios.

Apesar dos princípios de planejamento financeiro baseados em evidências apresentados em seu livro *O Milionário Mora ao Lado*, e dos caminhos testados e comprovados para o acúmulo de riqueza que foram documentados com muita clareza, muitas pessoas continuam a perguntar: "Por que eu não sou rico?" Quer você seja proprietário de uma pequena empresa, professor, advogado ou profissional de vendas, foi provado que funciona adotar uma abordagem disciplinada e metódica para criar riqueza. Como meu pai escreveu em *O Milionário Mora ao Lado*: "Eles (os milionários descritos no livro) o conseguiram lenta e progressivamente, sem assinar contratos multimilionários com os Yankees, sem ganhar na loteria ou sem se tornar o próximo Mick Jagger".[1]

Essa abordagem lenta e progressiva se aplica a muitos desafios da vida, como aprender uma nova habilidade, ficar ou se manter em boa forma física, criar filhos ou iniciar um novo empreendimento. Atingir qualquer meta importante — incluindo a independência financeira — requer ação disciplinada ao longo do tempo, consciência das próprias habilidades e uma alocação eficiente de recursos.

Contudo, querer um determinado estilo de vida — com o devido nível de consumo e exibição de status — ainda dificulta a jornada para a maioria das pessoas. Um estilo de vida ditado pelo que os outros fazem, dirigem e vestem não pode ser sustentado pela maioria sem uma entrada constante de dinheiro. Muitas pessoas simplesmente aceitam seus hábitos atuais ou se recusam a trabalhar para mudá-los, ao mesmo tempo em que se queixam e, muitas vezes, cedem a uma vida de dependência e preocupações.

Apesar das contestações de alguns críticos de seu trabalho, meu pai não era ingênuo, e declarou com muita clareza que as chances de se tornar extraordinariamente rico começando do zero não eram muito altas. Porém, suas pesquisas demonstraram várias vezes que os comportamentos podem mudar a própria conjuntura, e sua vida foi um exemplo disso. Ele mudou meticulosa e consistentemente seu comportamento a fim de alcançar a independência financeira e superar sua origem incrivelmente humilde.

Meu pai nunca quis criar uma segunda edição de *O Milionário Mora ao Lado*, um livro que se tornou um clássico desde sua publicação, em 1996, em parte porque ele preferiu criar para seus leitores novas obras, que oferecessem opiniões diferentes (ou novas) sobre o tema da riqueza e de ficar rico nos EUA. Seus trabalhos seguintes incluíram *A Mente Milionária*, *Millionaire Women Next Door* ["A Milionária Mora ao Lado", em tradução livre] e *Stop Acting Rich* ["Pare de Agir Como Rico", em tradução livre].

A pesquisa e o desenvolvimento para este livro começaram em 2012, em preparação para o 20º aniversário da publicação de *O Milionário Mora ao Lado*, em 2016. A meta original era examinar tendências ao longo do tempo relacionadas a alguns temas novos, assim como incluir comparações com os dados coletados para as obras anteriores de meu pai.

Juntos, decidimos dar outra olhada nos milionários dos Estados Unidos, a fim de verificar que mudanças (se houvesse) podiam ser vistas 20 anos depois da publicação original de *O Milionário Mora ao Lado*, assim como de seus outros trabalhos. Nosso objetivo foi reexaminar as principais características de comportamento de milionários que moram ao lado, ao mesmo tempo em que analisávamos como se constrói riqueza hoje. Meu pai, fundador do Affluent Market Institute e autor do título original, trouxe ao projeto seu ponto de vista de baby boomer e conhecimento de pesquisa de marketing, enquanto eu, da Geração X e psicóloga do trabalho, trabalhava com ele.

Tínhamos outro plano preparado, que mudou significativamente o livro que você está lendo. Meu pai foi morto por um motorista alcoolizado em 2015, na véspera do dia em que a primeira leva de convites de pesquisa seria enviada. Após sua morte, assumi a tarefa de compilar suas notas e as descobertas das pesquisas de nosso último estudo, reunindo as anotações, os blogs e as ideias que ele queria incluir em um livro novo, em capítulos em que haveria também a interpretação de novos dados, além daqueles que ele tinha me aconselhado a coletar alguns anos antes. Essa tarefa agridoce me tomou mais de três anos. Embora eu tivesse acesso a suas notas e seus escritos, não consegui substituir sua visão única sobre os novos dados e as manchetes atuais. Para isso, eu teria que humildemente apresentar minhas próprias interpretações.

Houve vários motivos para que eu sentisse que esse projeto, apesar da ausência de meu pai, deveria ser concluído. Eles são os mesmos pelos quais pesquisas nos campos da ciência do consumo, planejamento financeiro, finança comportamental e psicologia social, dedicadas a ajudar indivíduos a se tornar financeiramente bem-sucedidos, devem continuar também. Resumindo, precisamos de um estudo científico contínuo sobre como as pessoas podem construir riqueza por conta própria, para confirmar ou refutar mitos sobre riqueza, casos e histórias estimulantes. Precisamos usar rigor científico para separar o que *parece bom* do que *realmente funciona*.

Ainda há muitos mitos sobre riqueza nos Estados Unidos. Renda continua sendo confundida com riqueza pela mídia, pelo governo e na mente dos norte-americanos. Muitas vezes, qualquer pessoa que tenha reunido uma fortuna por conta própria é encarada com desconfiança, como se o único caminho para o sucesso financeiro exigisse elevados graus de "pronto-socorro econômico" (PSE) (doações financeiras de membros da família), ganhar na loteria ou ser desonesto. Imagens luminosas e cintilantes enchem nossos feeds nas mídias sociais e continuam a nos confundir sobre a realidade de se tornar financeiramente bem-sucedido.

Muitas pessoas também são extremamente despreparadas e, em alguns casos, incapazes de gerenciar as próprias questões financeiras. Quase metade dos norte-americanos não conseguiria arcar com uma despesa de US$400 sem vender algo ou fazer um empréstimo.[2] Como nação, continuamos a nos preocupar com nossas finanças. A Associação Americana de Psicologia constatou que cerca de 64% dos norte-americanos acham que o dinheiro é uma fonte de estresse "um tanto ou muito significativa" em suas vidas.[3] Isso acompanha os altos e baixos da economia, mas o dinheiro costuma ser o principal fator de estresse para os norte-americanos, à frente do trabalho, problemas de saúde e questões familiares.

Finalmente, é importante notar que alguns críticos de *O Milionário Mora ao Lado* sugeriram que o boom da bolsa de valores, alimentado pela economia em desenvolvimento da internet, em meados dos anos de 1990, foi a razão para o sucesso de indivíduos incluídos no livro ou, por outro lado, que o viés da sobrevivência (alegando que os dados apenas analisaram os que conseguiram ficar ricos, mas não se as mesmas características eram encontradas naqueles que fracassaram) foi a explicação para os resultados. Os críticos ignoraram que houve comparações claras (e, muitas vezes, diferenças significativas) em seu trabalho entre *acumuladores prodigiosos de riqueza*, que foram eficazes em transformar sua renda em riqueza e os *subacumuladores de riqueza*, que, com o mesmo nível de renda, tinham pouco a mostrar em suas contas. Os mesmos comportamentos e hábitos examinados em *O Milionário Mora ao Lado* também foram aplicados às populações do mercado de massa e a indivíduos afluentes de massas — isto é, os que ainda não "sobreviveram" para se tornar ricos —, e os dados dessas populações de não milionários são consistentes ao revelar a correlação positiva entre formação de riqueza acelerada e fatores como tomar decisões financeiras prudentes, ignorar pressões sociais para gastar e focar metas.[4]

Este livro não inclui apenas descrições e interpretações dos dados coletados exatamente antes e depois da morte de meu pai, mas também passagens que ele escreveu, normalmente em forma de blog, e que tinha marcado para incluir no livro. A maioria dos dados apresentados neste livro foi coletada em 2015 e 2016, mas incluí também resultados de outras pesquisas complementares realizadas entre 2012 e 2018, juntamente com dados e informações coletados por minha empresa de pesquisa de informações, DataPoints, em várias datas diferentes.

Em termos de voz narrativa, decidi usar o pronome *nós* em todo o livro. Em alguns casos, porém, o leitor verá quadros laterais que mostram o trabalho individual de meu pai, incluindo notas, blogs, ideias para capítulos e revisão de dados. Eu os achei essenciais para o livro, e queria que o leitor soubesse que aquelas eram as palavras dele. Em outros casos, incluí algumas seções em minha própria voz, observando que estou me referindo à minha experiência e pesquisa.

A morte prematura de meu pai em 2015 deixou um vazio não só na vida de seus familiares, mas, com base nos inúmeros contatos que recebemos em seu site e outras fontes no período após sua morte, também na vida dos leitores de seus livros e blog, que procuravam orientação ou estímulo em suas jornadas em direção à independência financeira.

Com todos esses elementos móveis como cenário, ofereço este livro como uma continuação do trabalho e pesquisa de meu pai. Nos dias que se seguiram à tragédia que lhe tirou a vida, algumas pessoas na mídia usaram a oportunidade de afirmar que o conceito "o milionário mora ao lado" estava acabado. Não é o que nossos dados dizem. Espero que este livro demonstre que o milionário que mora ao lado está muito vivo e bem e que o sucesso financeiro continua a ser possível para quase qualquer pessoa que queira trabalhar por ele.

Sarah Stanley Fallaw
Atlanta, Geórgia
Junho de 2018

Capítulo 1

O Milionário que Mora ao Lado Está Vivo e Bem

Acredite que pode ser feito. Quando você realmente acredita que algo pode ser feito, sua mente vai achar meios de fazê-lo. Acreditar em uma solução prepara o caminho para a solução.

— Dave Schwartz, *A Mágica de Pensar Grande*

O Dr. Thomas J. Stanley passou a maior parte de sua vida profissional estudando o modo como norte-americanos alcançaram sucesso financeiro por conta própria. Ele analisou donos de empresas, executivos, professores, engenheiros e toda uma série de indivíduos com renda de média a acima da média para responder à pergunta: por que algumas pessoas são mais capazes de *transformar* renda em riqueza? Os livros publicados a partir de uma vida de pesquisa respondendo a essa pergunta venderam mais de 5 milhões de exemplares.

Por que esse trabalho exerceu tamanho impacto? Talvez porque a pesquisa revelou que a riqueza pode ser atingida por meio de nosso comportamento; não há precondições como privilégio de nascimento ou etnia. Apesar de manchetes sensacionalistas informando o contrário, hoje ainda é possível construir riqueza sem uma herança considerável ou um bilhete premiado de loteria. Enquanto as liberdades que usufruímos nos Estados Unidos existirem, haverá pessoas que construirão riqueza, não devido à sorte ou à cor da pele ou ao sucesso dos pais, mas devido às metas que estabeleceram, aos comportamentos adotados para atingi-las e à capacidade de ignorar distrações e opositores ao longo do caminho.

As características que, 20 anos atrás, criaram *um milionário que mora ao lado* continuam válidas. Viver abaixo de seu orçamento é apenas uma forma de expressar uma equação matemática: uma equação que funciona independentemente da mudança do cenário político, ambiente econômico e de modismos. A matemática sempre funciona, mas as distrações do dia, seja a mentalidade de "trading up" [ou seja, fazer uma troca por algo mais caro] dos anos 1990 ou início dos 2000, ou a sempre presente mídia social atual, afastam muitas pessoas do simples poder de poupar mais do que gastam. Os crescentes custos da assistência médica e da educação também exigem que pensemos de modo diferente sobre como levamos a vida: o estilo de vida tradicional ou o caminho profissional que nossos pais e avós seguiram podem não levar à construção de fortuna hoje em dia.

Ainda assim, alguns críticos argumentaram que o próprio conceito do milionário que mora ao lado acabou, que a explosão do mercado de ações alimentada pela internet dos anos 1990 levou às histórias de sucesso que meu pai descreveu em *O Milionário Mora ao Lado*, e que o viés de sobrevivência estava agindo em nosso conjunto de dados (ou seja, a ideia de que analisamos apenas os "vencedores" e que os "perdedores" econômicos podem ter partilhado as mesmas características). Felizmente, porém, para os que estão procurando independência financeira, nosso estudo mais recente e os dados resultantes indicam que comportamentos, hábitos e estilos de vida que levam à construção de fortuna não mudaram nos últimos 20 anos, e eles não dependem de questões econômicas, sociais ou tecnológicas da época. Constatamos que, mesmo em populações não prósperas, as mesmas características separam os que são mais eficientes em transformar renda em riqueza dos que são menos bem-sucedidos.

Identificando Milionários que Moram ao Lado

Há uma técnica para encontrar milionários, mas, como eles são um pequeno subgrupo da população norte-americana, conseguir um grande número deles para qualquer trabalho de pesquisa pode ser desafiador. Existem imensos conjuntos de dados e endereços ligados a códigos postais que permitem aos pesquisadores reunir amostras dentro de bairros presumivelmente de alta renda e elevado patrimônio financeiro, embora nem todos os residentes desses bairros sejam milionários. Pesquisas tradicionais e procedimentos de mercado-alvo não são métodos necessariamente infalíveis para encontrar milionários que moram ao lado, porque muitas vezes eles ficam ricos sem gastar uma fortuna em sua primeira casa, diminuindo assim a probabilidade de morarem em vizinhanças abastadas. Embora eles possam ser vistos em esforços de crowdsourcing e blogs sobre independência financeira, normalmente mantêm a verdade sobre seu sucesso financeiro em segredo. Afinal, a disposição de não *parecer* ricos os ajudou a chegar até aqui.

Porém, hoje continua a haver um grupo de pessoas que constroem riqueza sozinhas e, certamente, em seus próprios termos. Muitos milionários que moram ao lado descritos neste livro e em trabalhos anteriores nos escreveram para contar suas histórias. Embora esse grupo não se orgulhe em anunciar seu sucesso ao mundo, eles costumam gostar de partilhar suas experiências (muitas vezes anonimamente) com outras pessoas interessadas em seguir seu exemplo. Em nossa pesquisa com amostras coletivas também encontramos pessoas adequadamente classificadas como milionários *emergentes* que moram ao lado. Essas pessoas ainda não são milionárias, mas certamente estão no caminho certo.

Identificar os que têm a habilidade de transformar renda em riqueza exige mais que uma compra isolada ou designação profissional. Na verdade, os milionários que moram ao lado que meu pai estudou e entrevistou em 1996 muitas vezes trabalhavam no que algumas pessoas poderiam encarar como setores monótonos ou comuns, como contabilidade ou ferro-velho. Hoje, assim como em 1996, profissionais como engenheiros e professores muitas vezes têm as características, personalidades e habilidades que lhes permitem transformar prodigiosamente sua renda em riqueza. Contudo, nem *todos* os proprietários de pequenas empresas, de ferro-velho ou outros conseguem fazer isso. Da mesma forma, nem *todos* os proprietários de carros mais velhos, relógios baratos e casas modestas têm o conhecimento, as técnicas, as habilidades e as competências necessárias para construir riqueza por conta própria. Como meu pai demonstrou, esses são indicadores, mas não necessariamente *previsores*. Não, em vez disso, temos que considerar um padrão de comportamentos e experiências mais amplo em comparação com uma única decisão financeira ou opção por estilo de vida.

Alguém Esqueceu de Contar à Comunidade de Independência Financeira

Desde a publicação de *O Milionário Mora ao Lado*, em 1996, desenvolveu-se toda uma comunidade que foca seu estilo de vida e seus esforços na capacidade de se aposentar (ou ter a opção de deixar o trabalho assalariado) em uma etapa da vida em que hoje isso praticamente não ocorre. Trinta e tantos anos com economias suficientes para se aposentar? Alguns dos melhores indícios de que os milionários que moram ao lado estão vivos e bem é a dinâmica comunidade online comumente chamada de "FIRE" [do inglês, financial independence/retire early — independência financeira/aposentadoria precoce, em tradução livre]. Em 2011, um blogueiro de pseudônimo Mr. Money Moustache começou a documentar seus hábitos de poupança e gastos, suas práticas de investimento e sua filosofia sobre comportamento de consumo (usando uma linguagem pitoresca como "A sua vida atual de classe média é um Vulcão de Desperdício em Erupção", que é uma de minhas preferidas).[1] Apesar de não ter sido o primeiro a falar sobre frugalidade e vida frugal online, ele foi um dos primeiros a ser amplamente lido e citado. Mr. Moustache deixou o emprego assalariado aos 30 anos com um patrimônio total de cerca de US$900 mil. Com seus artigos e outros semelhantes aos dele, nasceu um movimento cultural.

Hoje, mais de 1.700 blogs relacionados à FIRE podem ser encontrados classificados no Rockstar Finance (uma espécie de diretório para o movimento FIRE).[2] A maioria envolve alguma variação de um tema semelhante: o foco em poupar dinheiro e ser capaz de fazer o que quiser com sua vida o mais rápido possível. Muitos blogueiros na comunidade se referem a *O Milionário Mora ao Lado* como um trabalho transformador em suas jornadas. Os estudos de caso e as descrições das jornadas pessoais desses blogueiros são volumosos demais para serem descritos em um livro e incluem uma grande variedade de abordagens, que variam de médicos e advogados que ganham elevados seis dígitos a outros profissionais com salários menores. Alguns escritores desses blogs têm quantias multimilionárias acumuladas, mas ainda não abandonaram o navio de suas carreiras, enquanto outros com patrimônio líquido inferior a US$1 milhão já se aposentaram. Eles pregam a determinação e a disciplina para planejar um estilo de vida que lhes permita parar de sentir-se em débito com uma empresa ou organização e poder decidir por conta própria o que fazer com seus dias. Novamente, essas pessoas não têm 60 ou 70 anos, mas 20, 30 e 40.

Gaste 30 minutos, examine alguns desses blogs e conheça essas pessoas. Observe o estilo de vida que descrevem e os detalhes de como chegaram lá. Talvez você não *goste* da vida que elas levam, mas seria difícil argumentar que seus comportamentos e escolhas não *funcionam* para elas. Ficará claro que o milionário que mora ao lado está vivo e bem nessa comunidade em especial.

Respeito pelo Dinheiro: Um Pré-requisito para a Riqueza

Allison Lamar, que cresceu em uma parte remota dos Estados Unidos, tinha uma mãe com problemas de alcoolismo e um pai que lutava para pagar as contas enquanto cuidava da esposa. No final, foram os avós de Allison que serviram de mentores para ajudá-la a assumir o controle de sua vida financeira. Quando entrevistei Allison, ela compartilhou seu ponto de vista com estes conselhos sobre o respeito ao dinheiro: "Cuide do dinheiro com responsabilidade e ele vai cuidar de você mais tarde. Quando as pessoas dizem que não ligam para o dinheiro, acredito que seja uma desculpa para não lidar com ele."

Hoje Allison tem 54 anos, é mãe de dois filhos em idade universitária e proprietária de uma casa. Ficou noiva, se casou e mora na mesma cidade há 20 anos. Ela me disse que foram suas primeiras experiências e comportamentos correspondentes que lhe permitiram criar riqueza e alcançar o status de milionária duas vezes:

Eu era a mais velha e ia ajudar a descobrir como (mamãe) viveria. Havia coisas que eu, com 13 anos, queria, e não senti pena de mim mesma por não tê--las... Comecei a entregar jornais e trabalhava mesmo quando estava -40°C. Realizar, trabalhar e solucionar problemas faz parte de minha natureza... Não havia muita diversão em nossa vida... Eu passava muito tempo com meus avós. Meu avô trabalhou duro a vida toda e ficou rico. Eu vi o quanto ele estava desapontado com alguns de meus primos que se sentiam no direito de usufruir de sua fortuna. Agora você vê isso diretamente no Facebook — vê todas essas pessoas com vidas aparentemente incríveis, mas, na verdade, não é assim... Meu pai e meus avós sempre me diziam para poupar 10%. Mesmo quando eu estava na faculdade, ganhando US$6,50 por hora, eu poupava 10%. Meus amigos riam e diziam: "Por que você não espera até ter um emprego de verdade?" Era o hábito — eu o criei e nunca parei... Não era um sacrifício para mim —, era só um hábito. Eu me sentia como se estivesse reverenciando meus avós ao poupar para me tornar uma milionária. Eu estava muito feliz com o processo de ficar milionária: atingia uma meta, e logo criava outra. Eu seria uma milionária — não era complicado. Simplesmente trabalhei para isso... Trabalhar duro — às vezes é bom trabalhar 14 horas por dia. Vale a pena fazer esses sacrifícios. Você olha para trás e, de alguma forma, eles parecem doces — dirigir um carro sem ar-condicionado, por exemplo —, são doces... Eu me tornei milionária pela primeira vez por volta dos 35 anos, e hoje tenho um patrimônio líquido de US$2 milhões. Estou com 54 anos. Meus amigos nem desconfiam disso, porque ajo como uma pessoa "normal". O dinheiro em si é "bom", mas estou mais preocupada com o que ele pode fazer do que com o acúmulo do dinheiro em si.

Allison deu sua opinião sobre por que tantas pessoas se sentem desafiadas quando se trata de construir fortuna:

- Elas jogam o jogo das comparações, usando sinais sociais para decidir o que é importante e como competir com outras pessoas. "Os pais, especialmente, podem ser muito competitivos", ela diz.

- "As pessoas precisam enfrentar a realidade de onde estão." Em outras palavras, conscientizar-se e valorizar sua situação financeira pode levar a decisões realistas sobre como avançar.

- Elas acham que decisões banais não geram consequências. Allison aprendeu a valorizar o poder cumulativo de decisões triviais quando trabalhou em temperaturas abaixo de zero no Meio-Oeste para ganhar dinheiro.

As primeiras influências e experiências de Allison ajudaram a moldar sua jornada financeira. Ela poderia ter desistido ou tomado atalhos em muitos pontos ao longo do caminho. Mas, por respeitar seu dinheiro e adotar uma visão de longo prazo, em parte resultado da influência dos avós, sua jornada agora está lhe proporcionando grande liberdade.

> *Você precisa enfrentar a situação em que se encontra e não ter medo, mas ficar atento — e enfrentar a realidade de seu balanço patrimonial... Isso realmente aconteceu quando me divorciei. Eu sabia que tinha opções. Algumas mulheres ficam em um relacionamento porque não entendem o dinheiro e têm medo. Eu sabia que tinha opções... Trabalho no corpo de bombeiros — trabalho porque quero trabalhar. Ganho mais dinheiro agora com meus investimentos do que com o emprego, e as pessoas não têm a menor ideia disso. Gosto das coisas assim.*

Allison contou sua história não pela fama ou fortuna, não por um post no Instagram, mas para demonstrar às pessoas que, apesar das circunstâncias, atingir sucesso econômico depende não do que ocorreu no passado, mas dos comportamentos de hoje e amanhã, comportamentos que foram descritos em 1996 e ainda são válidos atualmente.

Mais Milionários que Moram ao Lado: Odiar os Métodos, Amar os Resultados?

Ninguém discute o alcance e a influência de Dave Ramsey no mundo das finanças pessoais. Segundo o site do Ramsey Group, 13 milhões de pessoas sintonizam o programa de rádio do sr. Ramsey, transmitido em rede nacional, e mais de 2,5 milhões participaram de suas aulas de 12 semanas na Financial Peace University.

Alguns aspectos de suas mensagens atraíram críticas de outros supostos "especialistas". Vamos deixar que outros se digladiem nas discussões sobre conselhos financeiros específicos. Nós vamos nos concentrar no aspecto comportamental de sua metodologia e nos resultados a ela relacionados. O sr. Ramsey orienta as pessoas a saldar suas dívidas menores primeiro, assim proporcionando um incentivo psicológico para continuar pagando as demais, e, por fim, as maiores (por exemplo, empréstimos estudantis, hipotecas), deixando a casa em ordem para poupar e investir. E, em seu grupo, parece que a pressão do consenso pode servir de influência positiva nas finanças pessoais. Os cursos de treinamento (frequentemente várias semanas de reuniões em grupo), os materiais, os livros e as tecnologias associados fornecerão amplo reforço de comportamentos financeiros positivos.

Muitos leitores e fãs de meu pai mencionaram o sr. Ramsey e sua organização como o meio pelo qual puderam corrigir seu comportamento financeiro e alcançar o sucesso econômico, muitos se aproximando ou tendo acabado de atingir a meta de obter o status de milionário ao descrever sua jornada. Como a comunidade FIRE, esses indivíduos geralmente demonstram resultados associados a comportamentos que levam à riqueza, tornando-se milionários no processo.

Conheça os (Muito Vivos) Jacobsons

Os Jacobsons não são, de jeito nenhum, notícia de primeira página. Eles não ganharam na loteria nem fundaram uma empresa de tecnologia que foi comprada pela Amazon ou pelo Google. Sua fortuna veio de um estilo de vida simples e estável e décadas de escolhas que levaram à construção de riqueza. É provável que sua casa de 180m² não faça parte de nenhum conjunto de dados de códigos postais que inclui os proprietários mais ricos dos Estados Unidos. Eles seguiram o que poderia ser descrito como um caminho típico do milionário que mora ao lado. Depois de acumular essa fortuna, continuam a gastá-la de um jeito que garante que seja sustentável e cresça, como a sra. Jacobson descreveu em uma carta enviada ao meu pai, que foi citada no prefácio atualizado de *O Milionário Mora ao Lado*, em 2010:[3]

> *Casei com o homem certo e levamos um estilo de vida simples. Estamos casados há 22 anos, temos 3 filhos, 3 cães e 2 cavalos. Vivemos na mesma casa modesta de 180m² (uma casa estilo 1975) há 20 anos. Tenho mestrado em engenharia química; meu marido tem doutorado em engenharia química e agora é VP em uma indústria química.*
>
> *Eu tirava nota 10 no ensino médio; fiz 1170 pontos no SAT [equivalente ao Enem]. Fui a primeira pessoa da família a frequentar a faculdade. Nasci no interior do Arkansas. Depois da faculdade, meu marido e eu encontramos bons empregos; vivíamos com um salário e poupávamos o outro. Sempre que recebíamos um aumento, simplesmente poupávamos mais. Hoje sou uma dona de casa.*
>
> *Já somos milionários. Entretanto, ainda temos três filhos que cursarão a faculdade, portanto não nos sentimos ricos. Às vezes meus filhos me perguntam se somos pobres, porque digo que peçam o prato mais barato do cardápio!*

Vale a pena mencionar que a residência média das famílias nos Estados Unidos tem cerca de 220m² (cerca de 40m² a mais que a casa dos Jacobsons). Contudo, embora a casa da família esteja abaixo da média em termos de tamanho, eles se encontram entre os primeiros 10% em termos de patrimônio líquido. Estatisticamente, quanto maior a casa, menos o proprietário tem para transformar em riqueza. Aproximadamente 92% dos proprietários de casas não são milionários, mas muitos deles vivem em casas com mais de 180m².

Os Jacobsons não precisam se preocupar com o déficit de US$400 trilhões que deve atingir os planos de previdência nos próximos 30 anos.[4] Como os norte-americanos agora vivem mais, e menos opções de aposentadoria estão disponíveis, o peso de garantir independência financeira e conforto na aposentadoria provavelmente será a responsabilidade principal do indivíduo, e os Jacobsons não querem se arriscar. Independentemente das manchetes contrárias, eles são milionários que moram ao lado, e estão muito vivos e bem.

Mas Não É para Mim!

Algumas pessoas não conseguem imaginar as primeiras experiências profissionais de Allison Lamar, e o estilo de vida dos Jacobsons não é para qualquer um. Talvez algumas pessoas não queiram pedir os pratos mais baratos do cardápio. Algumas pessoas podem querer uma casa maior por inúmeros motivos. E aposentar-se aos 35 anos, mas "ter" que levar um estilo de vida frugal não atrai muitas pessoas. É compreensível que nem todos possam ou queiram viver desse modo.

Mas consumir hoje na expectativa de maiores níveis de renda amanhã e tentar ficar à frente na "corrida armamentista de consumo" com aparelhos eletrônicos, carros e acessórios são problemas universais que desviam as pessoas do caminho do sucesso econômico e certamente do caminho do milionário que mora ao lado. Indivíduos que adotam essa estratégia são alvos fáceis dos comerciantes, dificultando ainda mais a tarefa de manter o foco na meta da independência financeira. A "corrida armamentista de consumo" e o fato de que grande parte da população está se envolvendo nessas batalhas muitas vezes são questões negligenciadas em comentários politicamente carregados sobre o estado de acúmulo de riqueza. Mas, como vimos repetidas vezes, comportamentos impulsionam riqueza.

Pense em quantas pessoas que você conhece vivem:

- em uma casa que não podem manter sem seu nível atual de renda;

- em uma vizinhança repleta de sinais visíveis de riqueza;

- com amigos ou familiares que não querem assumir a responsabilidade por seu futuro financeiro;

- com poucas economias para a aposentadoria ou outros eventos da vida (por exemplo, faculdade); e

- com a preocupação constante de que seu estilo de vida esteja em perigo.

As pessoas presas em cenários como esses não têm liberdade de fazer nada fora da norma, como começar um novo negócio ou resistir a um desastre econômico. Talvez você não queira o estilo de vida frugal descrito antes por nossos milionários que moram ao lado. Nesse caso, você precisará de uma renda elevada para alimentar o consumo *e* estar preparado para o que puder lhe acontecer no futuro.

Renda Não É Riqueza

Nos Estados Unidos, há grande liberdade para escolher o tipo de vida que se quer levar e o modo pelo qual construímos ou conservamos a riqueza. Qualquer que seja o caminho escolhido, gerar renda para a sua família será uma preocupação importante em algum ponto do processo. Mas renda não é o mesmo que *riqueza*. Renda é o que você leva para casa *hoje*. *Riqueza* é o que você terá *amanhã*. E no dia seguinte. E no outro.

Riqueza não é renda; renda não é riqueza.

Riqueza é o quanto você acumula. O patrimônio líquido é seu balanço patrimonial — seus ativos menos suas obrigações. A renda é o que você traz durante um período de tempo e que informa em sua declaração anual do imposto de renda. A renda periódica certamente afeta seu patrimônio líquido (balanço patrimonial), mas não define a verdadeira riqueza. Pense em um indivíduo que ganha um salário anual de US$1 milhão e gasta US$1,2 milhão em compras no mesmo ano. O impacto da riqueza (balanço patrimonial) seria *negativo* em US$200 mil.

Muitas vezes, a mídia retrata a riqueza como *renda*, em vez de *patrimônio líquido*, criando a percepção errada de que simplesmente receber um cheque gordo necessariamente leva à riqueza. Uma semelhança entre o grupo de pessoas com renda elevada e patrimônio elevado é que a maioria dessas pessoas é economicamente produtiva como resultado de seus próprios esforços.

A riqueza pessoal nos Estados Unidos está aumentando ao longo do tempo. Em 2017 havia cerca de 11,5 milhões de famílias milionárias,[5] aproximadamente 9% de todos os domicílios norte-americanos.[6] Em comparação, em 1996 havia 3,5 milhões de famílias milionárias, representando 3,5% de todas as famílias na época. A riqueza pessoal nos Estados Unidos era de US$22 trilhões em 1996, mas cerca de metade dessa riqueza estava nas mãos de 3,5% das famílias. A distribuição é igualmente desproporcional hoje: com uma riqueza pessoal de aproximadamente US$84,9 trilhões em 2016, cerca de 76% está nas mãos de 10% das famílias.[7]

Sob qualquer ótica, os Estados Unidos são um país rico. Mas a maioria das pessoas no país hoje está longe de ser rica. Não se confunda quando ouve que o patrimônio líquido *médio* de uma família norte-americana é de US$692.100.[8] Talvez você pense que mesmo se um trabalhador comum norte-americano perder o emprego, ele vai poder viver de sua riqueza durante cinco ou seis anos. Mas há um problema com esses números. Eles são enganosos. A presença de domicílios com alto patrimônio líquido (pense em bilionários como Warren Buffett ou Bill Gates) distorce a média desproporcionalmente.

A *mediana* do patrimônio líquido das famílias pinta um quadro muito mais preciso do caráter da riqueza nos Estados Unidos. A mediana é a da família típica, o ponto médio de mais de 124 milhões de famílias classificadas de baixo para cima ao longo da escala do patrimônio líquido. Com poucas exceções, e explicitadas, usamos o valor *mediano* quando discutimos dólares neste livro. Por exemplo, a renda mediana nos Estados Unidos (em 2013) era de US$59.039, enquanto a *média* era de US$83.143.[9] O patrimônio líquido mediano dos norte-americanos em 2016 foi de US$97.300[10] — longe do número insubstancial de US$692.100 (média) — e acanhado em relação ao custo anual de estada em uma casa de repouso para idosos.[11] Isso significa que menos de metade de todas as famílias nos Estados Unidos tem o suficiente para pagar por esse serviço, mesmo que vendam tudo o que possuem.

A maioria das famílias norte-americanas está longe de ser financeiramente independente, o que definimos como sendo capazes de viver por algum período de tempo sem o salário de um empregador ou outro rendimento de trabalho. Tampouco a maioria será capaz de se aposentar com conforto. E as más notícias não param aí. E se o valor dos imóveis for excluído do cálculo do total do patrimônio líquido mediano? Então o número mediano cai para cerca de US$25.116, ou cerca de metade da renda anual mediana gerada por uma típica família norte-americana. Quem vai cuidar dessas pessoas quando elas não puderem mais se sustentar? Não aposte no governo. Em um futuro não tão distante, é provável que você só possa contar consigo mesmo e seus entes queridos. A sobrevivência, assim como a caridade, começa em casa.

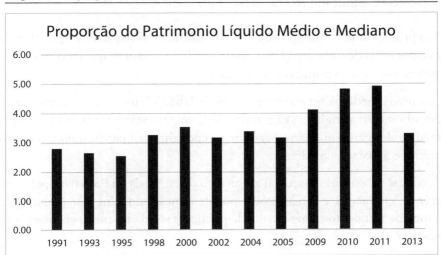

Figura: A Proporção do Patrimonio Líquido Medio e Mediano por Anos Disponíveis[12]

Vamos analisar o patrimônio líquido como indicador de status de riqueza. Ouvimos com frequência, diretamente e pela mídia, o seguinte: "Um milhão de dólares? Isso não é mais nada." Assim, embora US$1 milhão certamente valha menos hoje do que há 20 anos (US$1,5 milhão hoje corresponde aproximadamente a US$1 milhão em 1996),[13] ainda é mais do que 10 vezes o patrimônio líquido mediano nos Estados Unidos.

Como ocorreu em 1996, a maioria das famílias está longe de atingir o status de milionários. E hoje, ainda mais, o status de milionário na aposentadoria pode não ser suficiente para perpetuar um estilo de vida que inclui consumo intenso. Se esse é seu estilo de vida, então é essencial garantir altos níveis de renda recorrente. Mas a renda advinda do trabalho pode ser efêmera. Os que realmente querem ser financeiramente independentes contam com economias e renda passiva que o capital investido pode gerar.

Um Retrato do Milionário da Atualidade

Então quem são os milionários hoje em dia? Queremos determinar se há diferenças ao longo do tempo em estilos de vida, comportamentos e atitudes dos milionários, os "especialistas no assunto" de acúmulo de riqueza. Houve comportamentos-chave que transcenderam o tempo e levaram à construção de riqueza? Como é esse grupo de indivíduos que reuniu um patrimônio líquido mediano de US$3,5

O *Novo* Milionário Mora ao Lado

milhões (o patrimônio líquido mediano em nossa amostra de pesquisa mais recente) hoje? Veja a seguir um retrato desses milionários:

- São principalmente homens na casa dos 60 anos (87%), casados (69%) ou casados mais de uma vez (25%). Mais de 80% acreditam que os cônjuges são fatores essenciais ao sucesso econômico.

- Sua renda mediana no ano anterior foi de US$250 mil, e seu patrimônio líquido médio atingiu US$3,5 milhões. Comparados ao norte-americano médio, eles ganham quatro vezes mais, enquanto seu patrimônio líquido é de cerca de 36 vezes a média.

- A educação tem sido essencial ao sucesso deles. Mais de 93% têm, pelo menos, graduação, e cerca de 60% possuem mestrado. Um pouco mais que a metade frequentou uma faculdade pública [faculdades menos conceituadas nos EUA].

- Cerca de 20% estão aposentados. Os 80% que ainda não o fizeram trabalham aproximadamente 45 horas por semana como empresários, advogados, engenheiros, gerentes, médicos e consultores.

- Vivem com o que ganham, visto que mais de 86% não auferiram nenhuma renda com aplicações ou propriedades no ano anterior, e apenas 10% receberam doações de parentes na forma de dinheiro, títulos, propriedades ou veículos.

- Cerca de 90% estão satisfeitos com a vida, e cerca de 80% afirmam que estão em boas condições físicas gerais e dormem, em média, 7 horas e 39 minutos por noite.

- Levam um estilo de vida frugal, e se atêm a um orçamento. Setenta por cento sabem quanto gastam com comida, roupas e moradia por ano, e 59% sempre tiveram vidas simples. Mais de 60% consideram a frugalidade um fator essencial ao seu sucesso.

- Nunca gastam mais que US$50 em uma calça jeans, US$150 em um par de óculos escuros e US$300 em um relógio.

- Mas não compram em liquidações pessoalmente. Cerca de 77% deles não entraram em uma loja na Black Friday nos últimos cinco anos.

- Carros de luxo? Eles costumam dirigir Toyotas, Hondas ou Fords com, pelo menos, três anos de uso. Na média, gastaram US$35 mil na compra do último carro. O máximo que gastaram em um carro? US$40 mil.

- Por volta de 70% disseram que os pais levavam uma vida simples. A maioria tinha pais casados e que assim permaneceram até os filhos atingirem pelo menos 18 anos (86,3%). Perto de 75% dos pais os encorajaram a se destacar, mas só 42% acreditam que ter pais atentos foi crucial para seu sucesso. Menos de 1/3 afirma que os pais estavam em melhores condições que outros na sua infância.

- Eles são investidores confiantes: 70% dizem que sabem mais sobre investimentos do que a maioria das pessoas, e só cerca de 1/3 diz que conta com um consultor de investimentos. Mais de 70% têm pelo menos uma conta em uma empresa de investimentos que oferece todos os serviços nessa área.

- Contudo, eles cometeram erros ao longo do caminho. Mais de 60% venderam ótimas ações muito cedo, mais de 73% venderam péssimas ações muito tarde, e cerca de 40% tentaram prever o movimento do mercado.

- Quando se trata de investimentos, correr riscos os ajudou no início. Enquanto 56% diriam que sua estratégia atual de investimentos é "equilibrada", mais da metade chama sua estratégia de investimentos de arriscada ou muito arriscada.

- Quando querem orientação profissional em investimentos, não pagam muito por ela: 56% gastaram 1% de sua renda do ano anterior em honorários, enquanto 33% não pagaram nada.

- Eles prestam ajuda por meio de um "pronto-socorro econômico"? Sim, um pouco menos de 2/3 doam aos filhos e netos. Cerca de 34% gastam 1% de sua renda, e 23% gastam 5% da renda com doações a parentes.

Esse retrato do milionário norte-americano atual é apenas um ponto de partida. O verdadeiro valor de estudar os ricos está em entender o que eles fizeram ao longo do caminho para alcançar sucesso financeiro, ou seja, os padrões de comportamento que levaram ao sucesso. Também é essencial destacar os estudos de caso de outros milionários que ofereceram explicações detalhadas sobre suas atitudes, estilos de vida e comportamentos nos últimos anos.

A Pesquisa

A maior parte dos dados neste livro vem da pesquisa que conduzimos junto a norte-americanos ricos entre 2015 e 2016 (veja o Apêndice A). Isso nos permitiu fazer comparações ao longo do tempo entre os comportamentos e hábitos dos milionários. Também usamos dados coletados em diferentes datas pelo Affluent

Market Institute e DataPoints. Grande parte dessas informações é mostrada nas tabelas que aparecem ao longo do livro.

Em muitos casos, descrevemos as descobertas sobre *milionários* em nossa amostra mais recente, isto é, indivíduos com um patrimônio líquido de US$1 milhão ou mais. Em outros casos, e especificamente para ajudar a orientar a revisão do sucesso econômico, dividimos a amostra em dois grupos usando a fórmula de patrimônio esperado inicialmente descrito em *O Milionário Mora ao Lado*. Calculamos o patrimônio líquido esperado multiplicando idade por renda e dividindo o resultado por 10, ou:

Patrimônio líquido esperado = Idade x Renda x 0,10

O principal propósito dessa abordagem é demonstrar empiricamente (e numericamente) a eficiência com que um indivíduo ou grupo pôde transformar renda em riqueza.

Alguns comentaristas questionaram se as descobertas de *O Milionário Mora ao Lado* e obras anteriores são indevidamente influenciadas por um *viés de sobrevivência*: em outras palavras, que a amostra da pesquisa focou apenas os que "tiveram êxito" em termos de patrimônio líquido, receita ou carreira, e, portanto, as conclusões sobre o comportamento de empreendedores também poderiam estar presentes no restante da população menos bem-sucedida. Temos dois contrapontos a essa objeção.

Primeiro, além de simplesmente divulgar médias e porcentagens relacionadas às características dos milionários, obras anteriores examinaram os diferentes hábitos, comportamentos e atitudes dos que chamamos de "prodigiosos acumuladores de riqueza" *e* "subacumuladores de riqueza". Para examinar possíveis diferenças nos comportamentos e nas atitudes desses grupos em nosso estudo atual, dividimos a amostra de afluentes em quartis com base na diferença entre seu *patrimônio líquido real* e *patrimônio líquido esperado*. Essa diferença oferece uma medida do sucesso financeiro: os indivíduos no quartil inferior são considerados *subacumuladores de riqueza* (SARs): levando em conta sua idade e renda, eles costumam ter menos riquezas do que o esperado. Da mesma forma, tendo em conta nível de renda e idade atuais, os do quartil superior são considerados *prodigiosos acumuladores de riqueza* (PARs) e costumam ter um patrimônio líquido muito maior do que o esperado. A divisão entre esses grupos é *normativa*, ou, em outras palavras, é uma amostra específica baseada em idade, renda e patrimônio líquido. Isso permite que comparemos grupos com base em uma métrica consistente de sucesso analisando *tanto* os segmentos bem-sucedidos quanto os não tão bem-sucedidos. Essa mesma metodologia pode ser usada independentemente da população em questão.

Segundo, demonstramos o poder dos padrões de comportamentos financeiros na previsão do patrimônio líquido, independentemente da idade ou renda. Em outras palavras, há comportamentos-chave relacionados ao seu patrimônio líquido quer você seja jovem ou velho, ou apenas no início da carreira ou com uma renda de seis dígitos. Durante os últimos anos, me uni ao meu pai em seu campo de pesquisa, fazendo a transição do estudo de como os empregados seriam bem-sucedidos em empregos específicos ao estudo de como indivíduos são bem-sucedidos na construção de riqueza. Usando a ciência de previsão de desempenho no trabalho de líderes ou empregados, vemos os mesmos hábitos, comportamentos e atitudes que distinguem os que são hábeis em transformar renda em riqueza, dos que também não estão em amostras de norte-americanos cuja renda está na faixa mais elevada como alvo do consumo de massa — isto é, uma amostra em que uma parte significativa dos participantes ainda não "chegou lá". Em outras palavras, os mesmos fatores para criar riqueza estão relacionados ao patrimônio líquido em toda a faixa da escala de riqueza (incluindo os que não são ricos). E também sabemos que muitas das mesmas tarefas relacionadas a finanças que são realizadas em famílias com patrimônio líquido elevado são realizadas em famílias de alta renda:[14] as tarefas e as competências exigidas para conduzi-las são parecidas. Observamos no Capítulo 5 que *padrões de comportamento*, independentemente da adesão a um grupo, relacionam-se ao acúmulo de riqueza.

De certa forma, a pesquisa e os textos nos últimos 20 anos serviram de *análise de cargo*,[15] ou exame científico do que é necessário para construir riqueza. A análise de cargo é usada no mundo dos recursos humanos para estudar as principais tarefas e características de indivíduos competentes em seu emprego ou profissão. Essas competências são então testadas para verificar se são previsores válidos (ou corretos) de sucesso futuro naquele emprego. Essa disciplina é usada para auxiliar empregadores a selecionar candidatos com maior probabilidade êxito em um cargo ou função.

Na função de gerir finanças, medimos o sucesso pela diferença entre o patrimônio líquido real e o esperado. O comportamento e a experiência do passado estão entre os melhores previsores de desempenho futuro quando um empregador contrata um novo empregado. Para os que tentam construir riqueza — que, em nossa opinião, é uma das funções essenciais de qualquer pessoa à frente de uma família —, há tarefas definidas que compõem o trabalho[16] e conjuntos de comportamentos nítidos que *preveem* o quão bem realizaremos esse trabalho.[17]

O *Novo* Milionário Mora ao Lado

Naturalmente, sabemos que o patrimônio líquido é fortemente influenciado pela renda e pela idade: uma renda mais alta confere maior potencial às pessoas para construir riqueza. Quanto mais velha é uma pessoa, mais tempo ela teve para acumular riqueza. E uma grande herança também ajuda. Apesar desses fatores, comportamentos e experiências são importantes quando se trata de criar riqueza, independentemente de estarmos estudando os ricos, como é o caso deste livro, ou pessoas pertencentes aos segmentos do mercado de massa, incluindo aqueles dos extratos de renda mais elevada. Padrões de comportamento e experiência são importantes ao acumular riqueza, e esses mesmos padrões — incluindo disciplina para gastar, poupar e comportamento no gerenciamento financeiro — são diferentes em subacumuladores de riqueza e prodigiosos acumuladores de riqueza, independentemente de idade, renda ou porcentagem de riqueza herdada.

Que conclusões foram reforçadas por nossa pesquisa? As principais lições de sucesso financeiro são universais e claras. Elas não mudam por causa de eleições, tecnologia ou normas culturais. Também não mudam devido a uma economia em um forte ciclo de alta. As mesmas técnicas, habilidades e competências exigidas para se tornar financeiramente independente e bem-sucedido por conta própria são atemporais. Fora questões de status, idade e nível de renda, você pode encontrar seu caminho para a riqueza e emancipação financeira.

Tabela 1-1. Porcentagem de Renda Recebida por Meio de Fundos, Espólios e Heranças no Ano Anterior por Porcentagem de Milionários (1996 e 2016)

Ano	0%	1%–5%	10%–30%	50%	75% ou Mais
1996	80	7,8	9,7	1,2	0,9
2016	86	6,5	5,9	0,7	0,7

Podemos escolher nosso estilo de vida e se buscaremos ou não nossa independência econômica. Podemos imitar os que nos cercam (e ser alvo fácil para o marketing e vendedores) ou podemos buscar nossa liberdade econômica discretamente.

O que a independência financeira — não ter preocupações como dívidas, patrões ou salário — lhe permite fazer? Ela lhe confere liberdade. Você fica livre para resolver problemas como achar melhor; para ser voluntário ou passar tempo com a família; para aceitar um emprego que pague menos, mas proporciona mais satisfação; ou para criar suas próprias oportunidades econômicas. E junte isto à sua lista: ser livre para, aos 35, 40 anos, abandonar aquela apertada estação de trabalho e o salário, como muitos na comunidade FIRE contam em suas histórias de liberdade econômica.

Ainda a Terra da Liberdade

Meu pai nos lembrava com frequência que tínhamos muita liberdade em nosso país para, falando francamente, fazer o que quiséssemos. Muitas vezes, ele falava sobre a avó, que emigrou da Hungria para os Estados Unidos com pouco mais que uma sacola no início dos anos 1900. Ele escreveu este trecho focando a natureza da liberdade e das finanças:

Na Declaração da Independência, Thomas Jefferson resumidamente especifica os direitos dos indivíduos: "Consideramos estas verdades como autoevidentes, que todos os homens são criados iguais, que são dotados pelo Criador de certos direitos inalienáveis, dentre os quais: Vida, Liberdade e busca por Felicidade."

Nós, norte-americanos, temos a oportunidade de crescer, realizar, prosperar e construir independência financeira. Considerando esse modelo, não é surpresa que tantas pessoas do mundo tenham feito fila para emigrar para os Estados Unidos em toda sua história.

A pesquisa da professora Denise Spellberg sobre Jefferson recebeu destaque em *The Chronicle of Higher Education*.[18] Jefferson era defensor da liberdade religiosa e foi fortemente influenciado por John Locke. Em 1689, Locke escreveu "Uma Carta Sobre Tolerância". A professora Spellberg cita Locke: "Nenhum Pagão, nenhum Maometano, nenhum Judeu deve ser excluído dos Direitos Civis da Comunidade por causa de sua religião." Mas isso não foi tudo que Jefferson leu ao preparar a redação da *Declaração da Independência*. Ele leu o Alcorão que ainda está em sua biblioteca hoje.

O modelo de Jefferson para a liberdade proporcionou uma base para o desenvolvimento de nossa grande nação. Pois são as muitas oportunidades de realização que resultam nas milhões de histórias de sucesso em nossa sociedade. Alguns países podem se autoproclamar democracias, mas uma verdadeira democracia se comprova pelo comportamento e resultados obtidos pelas pessoas. É interessante observar que inúmeros imigrantes e seus filhos prosperaram em nosso país enquanto mal conseguiam sobreviver em sua terra natal.

A liberdade econômica, tal como a que experimentamos nos Estados Unidos, tem um preço: a disciplina e o trabalho necessários para chegar lá e conservá-la. E nem todos estão dispostos a pagá-lo.

Oportunidades de Prosperar

O sucesso financeiro nos Estados Unidos não costuma ocorrer para quem recebe dinheiro, apesar do crescente número de transferências de riqueza em larga escala da geração de baby boomers para seus descendentes, ganhadores de loteria e celebridades que capturam a imaginação do público. E sempre haverá histórias de pessoas que esbanjaram seus bens. Na verdade, até mesmo os filhos de milionários que construíram seu patrimônio do zero têm pequena probabilidade de ter o mesmo nível de sucesso econômico.

Como nossa pesquisa mostrou, o caminho para ser economicamente bem-sucedido exige pensar na vida e no dinheiro de um jeito diferente, como ilustrado no exemplo dos integrantes da comunidade FIRE. Ele exige disciplina e trabalho duro. Requer conhecimento dos próprios pontos positivos e negativos, do ambiente e dos mercados. Ele requer grande habilidade para alocar recursos — financeiros, emocionais, cognitivos e de tempo, para citar alguns.

Para muitos, isso significa ser frugal enquanto se constrói riqueza, não ser suscetível a modismos e não adotar quaisquer mitos sobre como "agir como rico". Em outros casos, trata-se de gerenciar uma renda significativa agora, de modo a permitir-se ter liberdade mais tarde. Em outras palavras, não comprar uma casa que exija um salário anual recorrente de seis ou sete dígitos e, em geral, viver de maneira a poupar e investir acima da média. Para outros, é gastar os recursos emocionais e cognitivos para criar uma vida profissional que propicie autonomia e liberdade financeiras. Todos esses caminhos exigem coragem e perseverança.

Infelizmente, como apenas 28% dos norte-americanos se sentem "extremamente ou muito preparados" para a aposentadoria,[19] e somente 54% poderiam enfrentar um gasto emergencial de US$400,[20] as experiências de Allison Lamar ou famílias como os Jacobsons parecem extremamente fora do comum. Apesar da proliferação dos livros de autoajuda, blogs de finanças pessoais e supostos especialistas que normalmente têm algo a vender, os norte-americanos ainda estão em uma posição desconfortável em termos de bem-estar financeiro. Talvez isso ocorra porque adotar um estilo de vida simples e construir uma riqueza ao longo do tempo são conceitos simplistas demais para vender publicidade e, aparentemente, difíceis demais para a maioria dos norte-americanos colocar em prática. O lado das despesas do livro-razão é o desafio, especialmente para aqueles com rendas acima da média.

Caminhos para a Riqueza

Apesar do cenário nacional um tanto sombrio, há muitas estradas que levam ao sucesso econômico. Que caminhos para a riqueza estão disponíveis nos Estados Unidos? Veja a última pesquisa que realizamos, tendo em vista alguns códigos postais privilegiados no país. Como discutimos anteriormente, é limitada a habilidade de simplesmente geocodificar para encontrar milionários que moram ao lado. Quem tem dois empregos ou o milionário que está vivendo na mesma casa que comprou quando começou a trabalhar não está representado aqui. Ainda que possamos discernir caminhos distintos para o sucesso econômico nessa amostra de norte-americanos com patrimônio líquido elevado e superelevado, a verdade é que:

Não existe um caminho único para a independência financeira.

Se houvesse, a indústria caseira de blogs, livros, publicações, podcasts e planejamento financeiro em geral certamente não existiria. Esse mercado, em parte fundado segundo a noção de que a riqueza é algo que poderia ser *criado*, não somente herdado ou recebido — essencialmente a premissa principal de *O Milionário Mora ao Lado* —, agora tem suas próprias conferências, críticos e líderes informais.

Mas mesmo *O Milionário Mora ao Lado* descreveu em detalhes apenas alguns caminhos para a riqueza, detalhes esses tipicamente definidos por disciplina nos gastos, foco na poupança e rigor na gestão do dinheiro. Na realidade, atingir sucesso econômico é uma empreitada *individual*, mas alguns elementos em comum surgiram nos mais de 16 mil estudos de casos, entrevistas e levantamentos que conduzimos e cartas que recebemos. Neste livro, destacamos esses pontos ao mesmo tempo em que demonstramos como, em mais de 20 anos desde a publicação de *O Milionário Mora ao Lado*, muitos comportamentos e fatores de sucesso que levam à independência e riqueza perduram até hoje.

Aqui analisamos como determinadas decisões e comportamentos relativos a consumo, orçamento, carreiras, investimento e gestão financeira em geral podem afetar a geração de riqueza. Focamos o modo como as áreas de tecnologia, mídia e consumismo mudaram entre os anos de 1990 e 2000, quando realizamos a pesquisa para o livro anterior, e hoje. Por exemplo, estávamos interessados em como as mesmas tecnologias que conferiram liberdade aos que queriam se instruir, gerenciar suas finanças e criar seus próprios empreendimentos também podem desviá-los das metas financeiras (e outras). Queríamos entender como a elevação de custos, como na educação e assistência médica, impactariam pessoas com uma vida naturalmente frugal. Como tendências comportamentais e financeiras nos investimentos, que captaram a atenção de muitos no setor de serviços financeiros, impactam prodigiosos acumuladores de riqueza? Eles cometem os mesmos erros?

Tabela 1-2. Carreiras dos Grupos da Amostra de Afluentes

Caminho	Idade Média	Renda Anual Mediana	Diferença Média entre Patrimônio Líquido Real vs. Esperado	Amostra de Cargos
Pessoas com salários acima da média	57,4	US$250 mil	US$1,360 milhão	Diretor de TI, Engenheiro, Diretor, Gerente, Professor
Pessoas com renda elevada	58,2	US$400 mil	US$1,160 milhão	Advogado, Médico, Vice-presidente, Diretor de Empresa de Investimentos, Gerente de Investimentos
Donos de pequenas firmas/ empresários	59,8	US$400 mil	US$2,510 milhões	Contabilidade, Engenharia, TI, Setor Imobiliário

Nota: O patrimônio líquido mediano para cada grupo foi de US$3,5 milhões. Quanto maior a diferença entre patrimônio líquido real e esperado, mais alta é a probabilidade de ser um prodigioso acumulador de riqueza.

Pessoas com Salários Acima da Média

Embora *O Milionário Mora ao Lado* incluísse outros exemplos de norte-americanos economicamente bem-sucedidos graças a seu próprio esforço, o protótipo do milionário que mora ao lado neste livro é um indivíduo que trabalha em uma profissão um tanto "entediante" com uma renda acima da média, e que é frugal e indiferente às tendências e normas sociais. Porém, esse é um caminho que pode não ser adequado a todos. A estratégia é uma boa defesa, e o estilo de vida é tipicamente simples e despretensioso. Setenta por cento dos milionários declaram que sempre foram frugais. Esse comportamento transcende tipos de emprego e níveis de renda.

Profissionais de Renda Elevada

O grupo de pessoas com rendas elevadas, mas baixo patrimônio líquido, tipicamente inclui executivos com cargos de liderança em grandes corporações, assim como profissionais como gerentes de investimento, médicos, dentistas etc. Caso em seu ambiente as pessoas se caracterizem por hábitos de consumo exuberantes, esse grupo muitas vezes é tentado a se equiparar com seus pares, comprando casas grandes, automóveis de luxo e outros bens de consumo caros. Construir riqueza com uma renda elevada exige disciplina considerável na área do consumo. Para ter filhos economicamente autossuficientes, esse grupo deve aplicar e ensinar uma dose consistente de frugalidade.

Donos de Pequenas Empresas

Supondo que eles tenham criatividade, coragem e determinação, e uma clara habilidade de identificar oportunidades, donos de pequenos negócios tendem a ter um patrimônio líquido maior do que os que são empregados. Para o dono de pequena empresa, sua fonte de renda vem de um negócio que ele criou e que financia todos os seus outros investimentos. Porém, isso não representa automaticamente renda e riqueza expressivas. Pense que os mais de 25 milhões de norte-americanos que eram empresários individuais em 2015 tinham uma renda média líquida anual de apenas US$13.154.[21]

Quem Tem Dois Empregos, Freelancers e a Comunidade FIRE

Cerca de 1/3 de todos os norte-americanos economicamente ativos trabalham em dois empregos, o que significa que geram renda além e fora de seu emprego regular de meio período ou período integral. Procurar múltiplas fontes de renda é um comportamento prototípico do milionário que mora ao lado. É muito mais fácil ter múltiplas fontes de renda do que há uma década. Com recursos tecnológicos ao seu alcance, você pode criar múltiplos negócios em questão de minutos. Tipicamente, as pessoas com dois empregos mais bem-sucedidas têm experiência e acesso a clientes em potencial para identificar suas necessidades e testar o mercado.

Muitos desses indivíduos com dois empregos e freelancers são o que podemos chamar de "ricos ocultos" — em outras palavras, eles não podem ser "encontrados" em uma amostra de vizinhanças abastadas ou por outros meios tradicionais. Mas, em nossos levantamentos, pudemos encontrar vários tipos de milionários que moram ao lado emergentes e reais que usam o crowdsourcing[22] para complementar sua renda. Eles representam desenvolvedores, empregados administrativos, professores, advogados, profissionais de marketing, vendedores, enfermeiros — uma gama completa de tipos de empregos, interesses e níveis. Esse grupo muitas vezes valoriza o sucesso econômico da família e a liberdade financeira em detrimento do consumo de bens.

Capítulos Favoritos de *O Milionário Mora ao Lado*

Muitas vezes, milionários procuravam meu pai para contar suas experiências e oferecer feedback sobre O Milionário Mora ao Lado *e seus outros livros. Invariavelmente, ele perguntava do que tinham gostado no livro, e o feedback coletivo foi capturado neste texto, escrito em 2014:*

Gosto de perguntar aos milionários que leram *O Milionário Mora ao Lado* qual é seu capítulo favorito. Talvez você se surpreenda ao saber que não é o Capítulo 2 ("Frugal, Frugal, Frugal"), um capítulo que detalha o estilo de vida frugal de milionários em termos dos preços modestos pagos por roupas, calçados, relógios, veículos a motor etc. Isso é meramente uma revisão para milionários, declarando quem são. Entretanto, esse capítulo (que está em terceiro lugar) é o que eles geralmente dizem para os filhos lerem!

O Capítulo 5 ("Pronto-socorro Econômico") está em segundo lugar. Muitas vezes, depois que um milionário atinge o limiar de independência financeira, surge uma nova série de questões. O típico milionário que mora ao lado tem três filhos e de seis a oito netos. O modo como os milionários interagem com seus descendentes em termos financeiros pode ser motivo de muita preocupação e aborrecimento. Naturalmente, nem todos os filhos de milionários são malsucedidos. Contudo, como mencionado em *O Milionário Mora ao Lado*, "em oito de dez categorias profissionais, destinatários de doações (os que recebem atendimento no pronto-socorro econômico) têm menores níveis de patrimônio líquido (riqueza) do que os que não as recebem". Essas profissões incluem contadores, advogados, profissionais de marketing, empresários, gerentes seniores, engenheiros, médicos e gerentes de médio escalão. Naturalmente, esses dados não representam o "tratamento hospitalar" econômico. Lembre-se de que um em quatro filhos (com idades entre 25 e 34 anos) de pais de renda elevada vivem com eles.

O Capítulo 6 ("Ação Afirmativa, Estilo Família") é o primeiro em popularidade. O subtítulo desse capítulo, "Seus Filhos Adultos São Economicamente Autossuficientes", resume bem seu conteúdo. No entanto, os pais muitas vezes distribuem sua riqueza de uma maneira que instiga atrito entre seus filhos adultos. Os filhos que são menos produtivos em termos econômicos muitas vezes recebem a fatia do leão do capital dos pais. Os resultados dessa desigualdade na distribuição são previsíveis. Ela enfraquece ainda mais o filho mais fraco e fortalece o filho mais forte. Ou, como um milionário me disse: "Os (filhos) que conquistam o fazem por superar obstáculos... nunca foi negado (a eles) o direito de enfrentar adversidades. Na verdade, outros foram enganados... protegidos... (e) nunca realmente foram vacinados contra o medo, a preocupação e a sensação de dependência."

Outra Visita a Ken

Pessoas economicamente bem-sucedidas geralmente têm um guia, um norte, bem como um plano para gerar riqueza ao longo do tempo. Elas tomam decisões que levam às suas metas financeiras, sem pensar em caminhos mais fáceis. A busca pela emancipação econômica pode começar em qualquer época, mas quanto antes, melhor, como no caso de Ken, que meu pai entrevistou e descreveu há mais de uma década em *O Milionário Mora ao Lado*. De fato, o pai dele foi um exemplo de sucesso econômico, mas Ken e o resto da família só souberam do fato após sua morte. Assim, sem conhecer ou se beneficiar da riqueza da família, Ken começou a percorrer seu próprio caminho financeiro. Mostramos a experiência dele como um bom exemplo de tomada de decisão sensata, mas difícil em relação ao estilo de vida e riqueza. Pense nesse caso enquanto observa como você e sua família estão planejando atingir o sucesso econômico.

Valores Aprendidos em Casa

Ken cresceu em um ambiente frugal, embora seu pai fosse um cirurgião de renda elevada. Apesar de conquistas serem enfatizadas, o consumo ostensivo era desencorajado. Ken também foi incentivado a manter uma boa forma física jogando golfe e praticando corrida. Quando seu pai morreu, deixou para a mãe um patrimônio de mais de US$10 milhões. Como Ken explica o sucesso da família em acumular riqueza?

> *Meu pai era frugal. Nunca soubemos que ele era rico até recebermos um demonstrativo contábil de seu espólio. Ficamos chocados. Ele costumava comprar um carro novo, um Buick, a cada oito anos. Isso ocorria quando as rodas estavam caindo! Fico extremamente satisfeito em poupar e investir... isso foi o que meu pai fez. Tal pai, tal filho. Eu sou frugal; minha esposa é ainda mais frugal. Compro carros usados de pequenas empresas de arrendamento, muitas vezes descapitalizadas, que recuperam veículos de clientes que não podem fazer os pagamentos. Recentemente, comprei um carro por US$22 mil... de um ano e meio de idade. Seu preço de mercado era US$35 mil. A empresa de arrendamento tinha quatro modelos iguais. Eu simplesmente ligo para as empresas de arrendamento listadas nas Páginas Amarelas.*

Hoje, com 60 e poucos anos, Ken está no caminho de ultrapassar a riqueza considerável acumulada pelo pai. Ele costumava dizer ao filho: "O que as pessoas possuem não me impressiona. Eu me impressiono com o que elas conseguem... sempre se esforce para ser o melhor em seu ramo... não persiga o dinheiro. Se você

O *Novo* Milionário Mora ao Lado

for o melhor em seu ramo, o dinheiro vai achá-lo." (No Capítulo 3, falamos o que influencia o modo como construímos riqueza, incluindo as primeiras experiências.)

Local Estratégico

No início, Ken e a esposa viviam em uma região agradável de Manhattan, de onde se podia ir a pé até o trabalho. Mas quando o casal começou a elaborar o plano financeiro de 30 anos (sim, um plano de 30 anos!), logo se deram conta de que seria difícil acumular riqueza em uma das cidades mais caras do mundo. Então Ken propôs ao chefe trabalhar em uma cidade ao sul. Quando ele concordou, Ken e a mulher compraram uma casa em um subúrbio de Atlanta por cerca de US$300 mil, na qual ainda moram, 30 anos depois. (Nos Capítulos 3 e 4 discutimos casas e outros fatores de consumo na construção da riqueza.)

Aproveitando os Pontos Fortes e as Experiências Profissionais Iniciais

Ken usou suas habilidades de trabalhar com pessoas para criar um grupo de internet na universidade estadual onde fez seu mestrado. Ele procurou um membro do corpo docente para apadrinhar um projeto de campo relacionado à sua área de interesse, que era transmissão esportiva. Depois de se formar, conseguiu um emprego de transmissão de esportes pela televisão, principalmente por ter experiência com um projeto de campo. No início, seu salário anual foi de cerca de US$100 mil. Nesse emprego, ele era responsável por uma das quatro regiões do país. Três outros gerentes eram formados por faculdades da Ivy League [grupo de universidades de grande prestígio nos EUA]. Então por que Ken foi contratado para um cargo do mesmo nível? Basicamente, porque ele tinha a experiência proporcionada pelo projeto de campo realizado no programa de mestrado. (No Capítulo 5 falaremos sobre os fatores que influenciam o sucesso dos milionários e destacaremos como os mesmo fatores estão relacionados ao sucesso em outros aspectos da vida profissional. Depois, falamos sobre experiências profissionais iniciais no Capítulo 6.)

Alocando Recursos

Como meio de transporte, Ken e a mulher compraram várias minivans, com as quais ficavam de 8 a 10 anos cada. (No Capítulo 4 falaremos sobre consumo e frugalidade, marcas contínuas de norte-americanos empreendedores e economicamente bem-sucedidos. No Capítulo 7 discutiremos como norte-americanos ricos lidaram com a alocação de seus recursos, inclusive em investimentos.)

Ken ignorou o mito de que, para ter sucesso, precisaria gastar prodigamente em educação. Frequentou escolas e universidades públicas, assim como seus filhos. Ele e a mulher escolheram seu bairro em parte porque tinha as escolas mais bem classificadas do estado. Hoje, o custo total das mensalidades de escolas particulares na região de Ken gira em torno de US$110 mil e US$264 mil por aluno por 12 anos de estudo. Imagine qual teria que ser a renda bruta de alguém para pagar esses valores. Não é surpresa que 72% dos milionários que entrevistamos relatam que procuraram uma vizinhança com escolas públicas excelentes ao comprarem uma casa. Ken e a mulher economizaram mais de US$300 mil desse modo. Só essa decisão rendeu à família uma pequena fortuna, considerando que essa despesa anual não incorrida se transformou em investimento ao longo das décadas. (Falaremos mais sobre os mitos da riqueza e os mitos que cercam a educação nos Capítulos 2 e 5.)

O resultado?

Ken aposentou-se aos 55 anos com mais de 10 milhões de dólares.

Requisitos para Obter Sucesso Econômico pelo Esforço Individual

E quanto às pessoas com renda média e acima da média que buscam independência financeira hoje? Se você quisesse simplesmente explicar como um indivíduo pode acumular riqueza ao longo do tempo e acreditasse que ainda fosse possível, como o faria? Talvez dissesse que um dos jeitos é gastar menos do que se ganha e então poupar e investir o dinheiro restante de modo que este cresça sozinho. É simples, mas não é fácil. A verdadeira dificuldade está nas pressões externas que nos dizem para não dar esses simples passos.

Juntamente com as pesquisas mais recentes, este livro procura focar os principais hábitos, características e comportamentos dos norte-americanos economicamente bem-sucedidos graças a seus próprios esforços [os assim chamados "self-made man"], tomando por base um espaço de tempo de 40 anos, longo o suficiente para verificar se esses padrões mudaram ao longo das décadas. O que constatamos é que eles se mantiveram constantes, independentemente da explosão das pontocom ou do estouro da bolha imobiliária. Os componentes comportamentais do sucesso econômico têm sido constantes, não importando o ocupante de plantão na Casa Branca. Quer seja a atitude de escolher a refeição a preço promocional dos Jacobsons ou o plano financeiro de 30 anos de Ken, eles são fatores essenciais que separam os que transformam renda em riqueza dos que não o fazem.

Mudanças Ambientais Impactam a Criação de Riqueza?

Muita coisa mudou desde que *O Milionário Mora ao Lado* foi publicado, em 1996. Sem dúvida, a maior mudança ocorreu na proliferação da tecnologia pessoal. Esses avanços nos proporcionaram a mídia social, que possibilita criar ou manter relacionamentos com um número quase infinito de parentes ou amigos com facilidade. No lado positivo, a mídia social fornece um meio de ficar conectado com outras pessoas virtualmente. No negativo, também é um meio para que o pessoal de marketing nos lembre constantemente os bens de consumo de que "precisamos" e vejamos experiências relacionadas ao consumo que nossos amigos e parentes estão vivendo: compras, festas, eventos, entretenimento e até cursos caros. Mesmo que, de algum modo, você consiga evitar o aspecto do marketing da mídia social, poderá ter dificuldades em evitar ser influenciado pelo comportamento de amigos e familiares, já que 70% dos norte-americanos estão na mídia social.[23] Essa inundação contínua do que outras pessoas estão fazendo, dirigindo e comprando torna cada vez mais importante ser disciplinado e evitar a influência dos vizinhos gastadores.

No início dos anos 1990, a capacidade de um investidor de realizar as próprias negociações com títulos era restrita, mas hoje as ferramentas estão disponíveis para todos. Esse fato derrubou os preços da contratação de consultores financeiros e está mudando a natureza do planejamento financeiro e de investimento para norte-americanos médios e para aqueles com uma riqueza expressiva. Discutiremos esse tema em mais detalhes no Capítulo 7, quando nosso foco muda para investimentos.

Finalmente, o boom econômico nos anos 1990 fez com que alguns críticos e pessoas do mundo acadêmico supusessem que havia mais chances de aumentar a riqueza por conta própria do que há hoje. De fato, o custo de vida em geral aumentou desde 1996, mas não mais do que na saúde e educação. O custo do ensino superior, em especial, tem aumentado acima da inflação, e artigos e livros recentes questionam o valor de um curso de quatro a seis anos hoje.[24] Esses custos indicam que acumular riqueza seguindo os comportamentos e hábitos de quem começou do zero está fora de alcance para a maioria? Não podemos afirmar que esses custos não impactam nossa habilidade de nos tornarmos ricos por conta própria. Em vez disso, com base em nossa pesquisa, vemos simplesmente que as mesmas características que criaram os milionários que moram ao lado dessa forma nos anos 1980 e 1990 podem ser aplicadas às mudanças: frugalidade, disciplina e pensamento diferenciado continuam a possibilitar que os que desejam e se esforçam para ser ricos persigam seu objetivo.

A Disciplina da Riqueza

No transcorrer de nosso estudo sobre os afluentes, surge um tema comum celebrado por uns e condenado por outros: a disciplina. Nossa amostra de milionários a classifica como um fator de sucesso essencial. Em 2000, 95% dos milionários concordaram que ela foi crítica para seu sucesso, e em 2016, 91% deles classificaram *ser disciplinado* como um fator de sucesso importante.

Especificamente, a disciplina é necessária para tomar a *renda* e transformá-la em *riqueza*. Essa disciplina inclui (a) saber quanto você ganha, (b) saber quanto você gasta e (c) criar um orçamento ou plano de gastos, de modo a garantir que a diferença fique no campo positivo. A equação matemática envolve soma e subtração básicas. A *disciplina* é o componente da construção de riqueza que lhe permite fazer a matemática funcionar.

Em princípio, quanto mais você poupa, mais oportunidades tem para investir. Então podemos aplicar outra equação matemática: juros compostos. Aqui, também, a disciplina entra em ação. A "mágica" dessa matemática não pode ser vista em negociações frequentes, timing do mercado ou investimentos exóticos, a menos que você faça parte da minúscula população de investidores que conseguem segura e consistentemente "vencer o mercado".

A *disciplina* é o fator que aborrece os que procuram desculpas para não reunir fortuna, especialmente na população que ganha muito, mas gasta muito. É possível que essas pessoas vivam em áreas urbanas caras e tenham contraído altas dívidas com a faculdade por acharem que tinham essa obrigação.

A palavra com "d" faz alguns de nós hesitar porque exige que façamos escolhas e não tenhamos tudo que queremos? Muitas vezes, a disciplina requer que se nade contra a corrente das influências sociais e, talvez, até contra o modo como fomos criados ou crenças de longa data sobre o que você tem direito de ter *hoje*.

Disciplina e Consciência

Os milionários de nosso estudo mais recente, tal como os estudados anteriormente, costumam estar atentos a sua saúde financeira. Eles estão plenamente conscientes dos aspectos pequenos, talvez banais, de sua vida financeira, mesmo que tenham níveis de renda e de patrimônio líquido muito mais elevados do que os do norte-americano médio. Em nosso estudo mais recente, 70% dos milionários

O *Novo* Milionário Mora ao Lado

sabem quanto gastam com comida, roupas e habitação a cada ano. Mais de 65% deles, apesar do alto patrimônio líquido, continuam a administrar a casa com um orçamento limitado. Eles participam de atividades que se alinham com a construção e sustentação de riqueza, como estudar investimentos, ler revistas especializadas e trabalhar.

A maioria dos norte-americanos economicamente bem-sucedidos tem ou adquire consciência de suas próprias habilidades, técnicas e competências e como elas podem ser transformadas em carreiras, empregos e negócios. Eles têm a habilidade e sagacidade de examinar tendências no ambiente, no mercado e em suas comunidades e atender a necessidades crescentes e futuras com seus serviços ou produtos. Tipicamente, essa consciência é conseguida por meio de orientação paterna, das primeiras experiências profissionais e de tentativa e erro.

A consciência é exigida para fazer escolhas congruentes com seus pontos fortes, interesses, metas familiares e o que está acontecendo no campo de atuação que você escolheu, incluindo vizinhança, círculos sociais, mercado profissional ou ramo de atividade.

Alocação de Recursos
A alocação de tempo, energia e dinheiro de maneira intencional e disciplinada é essencial a todas as metas, financeiras ou não. Como discutimos no Capítulo 3 de *O Milionário Mora ao Lado* e no Capítulo 9 de *A Mente Milionária*, os que são ou se tornam economicamente bem-sucedidos têm a habilidade de alocar seus recursos com eficiência para atingir suas metas e não se afastar de seu objetivo. Prodigiosos acumuladores de riqueza gastam mais tempo planejando investimentos futuros do que subacumuladores de riqueza. O mesmo ocorre hoje em dia. Milionários que moram ao lado ainda gastam tempo em atividades que favorecem a construção de riqueza ou "constroem riqueza" nas áreas de saúde e bem-estar. (Como veremos no Capítulo 5, milionários gastam cerca da metade do tempo que os norte-americanos médios dedicam a jogar videogames, mas duas vezes mais tempo a se exercitar e ler por prazer.)

> *A independência econômica pertence aos que têm disposição de alocar tempo, dinheiro, energia e recursos cognitivos para atingir metas financeiras.*

Desafiando Tendências

Suponha, por um momento, que tudo que você leu na imprensa ou mídia popular referente ao acúmulo de riqueza nos Estados Unidos seja verdade: que com o aumento nos custos relacionados à assistência médica e educação, a falta de fundos de pensão e aposentadoria por parte dos empregadores e o aumento de mecanismos pelos quais as empresas podem influenciar seu comportamento de consumo, poucas pessoas podem construir riqueza por conta própria. E se você aceitar a ideia de que somente o 1% ou os 10% (ou outra porcentagem) mais ricos continuarão a poder fazer isso?

E se você decidir que quer desafiar as tendências, que quer tentar fazer sozinho o que alguns dizem ser praticamente impossível hoje? Espero que leia os próximos capítulos com uma luz de esperança em um mundo no qual muitos dizem que fazer qualquer coisa por conta própria não é possível sem a ajuda do governo, doações ou uma incrível boa sorte. De que você precisará? Certamente, de alguma reflexão e, mais importante, de algumas mudanças críticas em atitudes e comportamentos relacionados à riqueza, como:

- Você tem que compreender e derrubar muitos dos mitos relacionados ao que é a riqueza e como é acumulada. Precisa parar de culpar os que obtiveram sucesso econômico e, em vez disso, examinar como pode ter êxito com base em seus próprios conhecimentos e talentos únicos.

- Você precisará examinar como todos a sua volta hoje, e os que estiveram perto em sua infância, enfrentaram questões financeiras. Precisará reconhecer que os erros de seus pais e cuidadores não precisam ser seus. Talvez o mais importante, você precisará reconhecer o nível de influência exercido em seus comportamentos financeiros pelos que o cercam e tomar decisões conscientes sobre se permitirá ou não que essas influências persistam.

- Deverá analisar seu comportamento de consumo, começando com compras importantes, incluindo sua casa e seu carro, assim como compras menores. Onde você e sua família se "instalarão" terá influência considerável sobre outras decisões financeiras importantes. Você terá que determinar se essas decisões de compra o levarão às suas metas financeiras gerais ou se estão sendo tomadas para imitar os que são brilhantemente ricos ou, como ocorre com mais frequência, os que fingem ter uma grande fortuna.

- Parte de sua autorreflexão deve incluir uma autoavaliação de seus pontos fortes e fracos referentes a todos os aspectos financeiros. Como suas características únicas ajudam a criar e atingir metas financeiras? Você terá que acrescentar à sua lista de metas de autoaperfeiçoamento as relacionadas a questões financeiras: tornar-se mais focado, mais frugal e mais confiante em decisões financeiras.

- Será necessário gerar receita por conta própria e, assim, incluir uma reflexão sobre o que o trabalho significa para você, onde, como e por quanto tempo quer passar mais de 40 horas por semana labutando por alguma entidade, ou se tem condições de criar um negócio próprio, com seus inevitáveis altos e baixos, para gerar renda. Quem sabe, em vez disso, você decida procurar obter uma aposentadoria precoce em seus próprios termos, poupando dinheiro radicalmente durante seus primeiros anos de trabalho e deixando os mais de 30 anos de um expediente das 9h às 5h (ou, agora, 8h às 6h) para os outros.

- Finalmente, para que essa receita cresça, será necessário investi-la, e você terá que decidir, após uma reflexão, como fazê-lo e onde conseguir orientação financeira. Você também terá que tomar decisões deliberadas sobre como gastar recursos cognitivos. Esses recursos, nossa atenção e tempo, não são renováveis, e, ou aumentam nossas oportunidades de liberdade financeira ou nos mantêm escravizados pelo ciclo renda-gastos-renda-gastos.

Capítulo 2

Ignorando os Mitos

Há quem se faça rico, não tendo coisa alguma; e quem se faça pobre, tendo grande riqueza.

— Provérbios 13:7

Apesar das mudanças significativas no governo, no ambiente social e nos mercados econômicos nos Estados Unidos, o conselho nos últimos 20 anos aos que estavam no início da vida adulta pode ser resumido por esta afirmação: para construir e conservar riqueza ao longo do tempo, será necessário abordar todos os aspectos da gestão financeira — gastar, poupar, gerar receita, investir — de um modo diferente e mais disciplinado do que o de qualquer outra pessoa próxima a você. Isso exige ação de sua parte, não somente mera convicção, atitude ou personalidade. Ainda que esses últimos três impactem seu comportamento, sua habilidade de construir e desenvolver riqueza ao longo do tempo será, basicamente, moldada pelo que *você faz*, não pelo que está em sua mente.

O que representam para o milionário atual que mora ao lado, e para os futuros, os aumentos significativos no custo de assistência médica ou o aumento de 153% no preço dos cursos universitários entre 1984 e 2016?[1] Isso significa que gerações atuais e futuras que desejam construir riqueza por conta própria e em seus próprios termos terão que mudar a atitude em relação a esses gastos. Elas terão que mudar o modo de agir, a decisão sobre qual faculdade frequentar (ou se o farão) ou como planejar sua trajetória profissional. Não podemos controlar custos, políticas governamentais ou mercados financeiros. Podemos controlar o que gastamos, como investimos, as oportunidades que procuramos e outros aspectos de nossa vida financeira, para o bem ou para o mal.

O que É Necessário?

O que realmente é necessário para construir riqueza? Ainda é possível ficar rico nos Estados Unidos hoje em dia? Meu pai escreveu o seguinte resumo do sucesso econômico em 2014, definindo o que (ainda) é necessário para ser financeiramente independente:

Contrariando o que muitas vezes é divulgado pela mídia, há oportunidades maiores de enriquecimento em nossa economia hoje do que em toda a história do país. Contudo, para aproveitá-las, é importante avaliar os oito elementos-chave da equação do sucesso econômico citados no meu livro *A Mente Milionária*:

1. Entender os principais fatores de sucesso que nossa economia continua e continuará a recompensar: trabalho duro, integridade e foco.

2. Nunca permitir que um histórico acadêmico sem brilho impeça a possibilidade de se tornar economicamente produtivo.

3. Ter coragem de assumir alguns riscos financeiros. E aprender como superar um fracasso.

4. Selecionar uma vocação que não seja só diferenciada e lucrativa, mas da qual você goste muito.

5. Ser cuidadoso na escolha do cônjuge. Pessoas economicamente produtivas se casam com pessoas que tenham características compatíveis com o sucesso.

6. Gerenciar uma casa economicamente produtiva. Muitos milionários preferem consertar a comprar algo novo.

7. Seguir o exemplo de milionários ao escolher uma casa. Estude, pesquise e negocie agressivamente.

8. Adotar um estilo de vida equilibrado. Muitos milionários são namorados "muquiranas". Não é preciso muito dinheiro para apreciar a companhia de familiares e amigos.

Essas são obviedades básicas fundamentadas em princípios incontestáveis. Porém, permanece o fato de que muitas pessoas continuam a aceitar os *mitos* que envolvem a riqueza, dessa forma reduzindo a probabilidade de assumir a responsabilidade de criar fortuna por conta própria.

Mito 1: Você É Seu Grupo

Acreditar que você tem a mesma probabilidade de sucesso de pessoas próximas com características demográficas semelhantes é ignorar características exclusivas e a motivação que realmente lhe permitem ter sucesso por conta própria. Se analisarmos um passado não muito distante, havia *leis* que serviam de obstáculo para certos grupos, não com base em suas habilidades, conhecimentos ou técnicas, mas na cor da pele ou gênero. Isso não ocorreu 500 anos atrás, mas apenas há algumas *décadas* no espelho retrovisor.

Mesmo hoje, alguns de nós de diferentes gerações (novamente, um grupo por data de nascimento) riem de millennials com seus *lattes* e torradas de abacate ou, talvez, de modo mais positivo, diz-se que nunca haverá outra geração igual à dos baby boomers. De vários modos, essas conclusões gerais sobre grupos de pessoas, embora convenientes e, talvez, úteis em termos de marketing e políticas, são menos úteis quando queremos descobrir o que é necessário para gerar riqueza.

O resultado evidente desse raciocínio? Ele oferece uma desculpa a todos nós. Responsabilize o fato de estar neste ou naquele grupo por não conseguir avançar ou por agir de determinada forma. "Você é uma mulher da Geração X, branca, com três filhos, casada e mora nesse CEP. Vou colocá-la *aqui*."

Um sábio professor certa vez lembrou seus alunos de psicologia de que "há mais variedade *dentro* de um grupo do que *entre* grupos". Em outras palavras, há mais variedade em nossa psicologia e comportamentos em um grupo (por exemplo, variação nos interesses, personalidades e habilidades) do que entre duas categorias demográficas. Em vez disso, como veremos no Capítulo 5, nossos *comportamentos*, não a cor da pele ou quando nascemos, podem impactar significativamente nossa capacidade de gerar ou manter riqueza ao longo do tempo.

Etnia e Motivação?

Uma das áreas de interesse de *O Milionário Mora ao Lado* está relacionada à descendência ou à origem de seus pais e avós. Quando participei das pesquisas de meu pai, anos atrás, comecei a direcionar o foco para características que poderiam mudar ao longo do tempo e comportamentos que poderiam ser alterados. Fazer parte de grupos, embora seja interessante e fácil de relatar em artigos e resultados de pesquisas, não ajuda muito a mudar, crescer e ter sucesso.

Porém, da mesma forma, é difícil imaginar que a experiência de emigrar para os Estados Unidos, estimulada pelo desejo de melhorar a vida da família, não exerça efeito na habilidade de os norte-americanos da primeira geração construírem riqueza por conta própria. Esse desejo e motivação de atingir nosso litoral ou fronteiras pode explicar mais sobre o sucesso entre populações de imigrantes do que sua etnia.

Considere o seguinte exemplo de um milionário que mora ao lado que veio para os Estados Unidos e seus *comportamentos* e escolhas que lhe permitiram ter sucesso econômico, apesar dos desafios de recomeçar em um novo país:

> *Eu sou um imigrante da primeira geração que se mudou para os EUA com sete anos. Em geral, nossa família era pobre, mas não miserável. A escola que frequentei no ensino médio não tinha um curso preparatório para a universidade, e cerca de metade dos calouros não se formou. Felizmente, reconheci o valor da educação e consegui ingressar na Universidade da Califórnia.*
>
> *Decidi estudar Ciência da Computação, em parte devido às perspectivas de carreira. Meu primeiro emprego depois de formado, em 1996, pagava US$38 mil por ano. A economia melhorou rapidamente, assim como meu salário. As moradias eram relativamente mais baratas, e dei uma entrada de 10% em um apartamento de US$192 mil em São Francisco. Em 2000, surgiu uma boa oportunidade em Nova York em um grande banco de investimentos. Acabei trabalhando 12 anos em Nova York. Meu salário era relativamente bom, mas nada absurdo (a média total chegava a US$200 mil por ano).*
>
> *Investi com critério e no ano passado decidi me "aposentar" e me mudar para o... Oregon. Recebo cerca de US$3 mil por mês de aluguel e outros US$3 mil–US$4 mil por mês em dividendos. Eu tenho uma IRA (Individual Retirement Account [Conta de Aposentadoria Individual, em tradução livre]) que rende dividendos de US$1.500 por mês. Aos 41 anos, se quiser, não preciso mais trabalhar.*
>
> *Outras observações: não tenho um carro agora, e o carro mais caro que já comprei custou US$2.200. Nunca tive um relógio. Nunca gastei mais de US$200 em um par de sapatos.*

É difícil imaginar que a história dessa pessoa não tenha causado um impacto significativo em sua ética profissional e seu comportamento de gastos e, por fim, em seu sucesso financeiro

Mito 2: Renda É Igual a Riqueza

Embora tenhamos acabado de ressaltar o oposto no Capítulo 1, é essencial lembrar que os dois conceitos, o de renda e o de riqueza, muitas vezes são mal empregados. As pessoas que aumentam o consumo à medida que sua renda aumenta continuam a supor que ambos são iguais. E acreditar nesse mito dá a falsa impressão de que os

Imigrar para os Estados Unidos?
É Só o Primeiro Passo

Naturalmente, ir para os Estados Unidos não é o suficiente. Nem todos que chegam, assim como nem todos que vivem aqui, se dão conta de que a liberdade que têm nos Estados Unidos oferece a oportunidade de trabalhar muito, criar empresas e viver a vida do jeito que se quer. Não, nossas ruas não são pavimentadas com ouro, como meu pai nos lembrou em um ensaio alguns anos atrás:

Natasha falou 30 minutos sem parar a fim de responder à seguinte pergunta: "O que você acha de morar nos Estados Unidos?" Natasha, ou Natasha "Lamentóvisk", não é feliz morando nos EUA. Ela, cabeleireira e única proprietária que aluga sua cadeira, e o marido, que instala e conserta pisos de madeira, vieram da Rússia em 2004. Ambos imaginaram que estariam ricos agora, mas nem chegaram perto. Aparentemente, o casal leu apenas as manchetes sobre a grande riqueza pessoal de cerca de US$65 trilhões nos Estados Unidos. E não se esqueça de todos os bilionários que apareceram na *Forbes* 400; até a imprensa russa deu destaque aos multimilhões pagos a atletas profissionais, executivos seniores de empresas e até reitores de universidades.

Natasha talvez tenha ficado ainda mais impressionada com as estimativas do Federal Reserve (equivalente ao Banco Central) sobre o patrimônio líquido médio nos EUA, de aproximadamente US$575 mil. Mesmo antes de imigrarem, ele estava acima de US$400 mil. Ela e o marido acharam que, uma vez instalados no país, provariam rapidamente ser ótimos geradores de riqueza. Atenção, Sra. Lamentóvisk: oculto nos detalhes está o fato de que o patrimônio líquido mediano de um domicílio norte-americano é inferior a US$85 mil, ou cerca de 15% da média de US$575 mil. E a renda mediana está longe de US$1 milhão; ela é de cerca de US$52 mil, ligeiramente mais que a renda dos Lamentóvisks. Não é fácil se tornar um milionário ganhando US$50 mil por ano.[2]

Natasha também está desanimada com o valor de mercado de sua casa. Eles a compraram com uma pequena entrada um pouco antes da derrocada do mercado imobiliário e supôs que o valor de mercado aumentaria rapidamente. Hoje, porém, ela vale 70% do preço de compra. Na realidade, até em períodos de alta, a valorização real líquida de uma casa é muito menor do que as pessoas calculam.

O casal russo se equivocou ao imaginar que a riqueza simplesmente aconteceria para eles nos EUA sem muito trabalho, disciplina ou sacrifício. Para os imigrantes, com exceção dos mais afortunados, isso também é um mito.

que *parecem* ser ricos (vizinhos dirigindo carros de luxo ou amigos vestindo jeans de mais de US$200) são abastados, quando, na verdade, isso apenas significa que eles gastam mais do que verdadeiros milionários nessas compras. "Juntamente com muitos pais, alunos e professores, vários escritores, repórteres e políticos precisam voltar à escola. Renda continua a ser confundida com riqueza", meu pai escreveu. Muitas pessoas acreditam que renda é igual a riqueza. Na verdade, até a *Tax Foundation* [organização sem fins lucrativos que coleta dados e publica pesquisas sobre políticas tributárias dos EUA] fala sobre "milionários" em termos de suas declarações de imposto de renda versus seu patrimônio líquido.[3]

Quando usamos o termo *riqueza*, estamos nos referindo ao patrimônio líquido de uma família, ou seja, todos os seus bens menos suas obrigações financeiras. Definimos renda familiar de modo simples: é a renda (realizada) que é ou deve ser informada na declaração do imposto de renda. A confusão sobre esses dois termos leva a conclusões erradas sobre vários temas econômicos e sociais. O efeito prático dessa confusão é que ela distorce a métrica ou os números aos quais prestamos atenção enquanto tentamos alcançar a independência financeira e econômica.

A Renda de um Milionário Representa Apenas 8,2% de Sua Riqueza

Há vários anos, Brit, 36 anos, e sua mulher estavam atrapalhados com uma pesada hipoteca imobiliária, seu patrimônio líquido era negativo e deviam mais de US$60 mil só nos cartões de crédito. Hoje o casal tem um patrimônio líquido positivo de cerca de US$20 mil. Brit explica que pagar as dívidas foi extremamente difícil e exigiu muito sacrifício. O casal está extremamente orgulhoso de seu feito. Mas, apesar disso, Brit afirma que está deprimido: "esgotado... não vejo como conseguiremos ficar ricos algum dia, mesmo com os dois trabalhando muito".

As pessoas que acreditam que nunca serão ricas geralmente cumprem essa profecia. Meu pai explicou a Brit, que já foi um membro do verdadeiro clube dos "afluentes de declaração de renda" [pessoas consumistas e de renda elevada sujeita a pesada tributação], que ele tinha uma excelente chance de se tornar "o milionário que mora ao lado" e que esse milionário típico tinha 57 anos (na época). A disposição e disciplina que esse casal demonstrou para saldar suas dívidas está dando resultados. A mesma determinação pode ser usada para destinar pelo menos 15% de sua renda para poupança e investimento.

O que se poderia esperar de um membro típico da fraternidade do milionário que mora ao lado?

1. Analisando a equação de riqueza mostrada no Capítulo 1, o patrimônio líquido real excede o valor esperado por um fator de dois ou mais.

2. O valor de mercado de uma casa é inferior a 20% do patrimônio líquido.

3. O débito se iguala ao equivalente a menos que 5% do patrimônio líquido.

4. O imposto sobre a renda anual equivale a cerca de 2% do patrimônio líquido.

5. A renda total anual realizada é aproximadamente 8,2% do patrimônio líquido (mediano), ou o equivalente a US$8,20 de renda em cada US$100 de riqueza.

Esse valor de US$8,20 da pesquisa de meu pai é relativamente consistente com as descobertas de outros pesquisadores. Por exemplo, três estudiosos empregados pelo Departamento do Tesouro compararam as características de riqueza de milionários em 36.352 declarações de impostos sobre transmissão de herança de pessoas falecidas em 2007 com a receita desses indivíduos quando vivos. Esses milionários, casados e com idade inferior a 70 anos (como a maioria dos tipos de milionários que moram ao lado que meu pai pesquisou), realizaram o equivalente a US$8,45 para cada US$100 de seu patrimônio líquido. Esse valor está muito próximo do número encontrado nas pesquisas de meu pai (US$8,20).[4]

Naturalmente, renda e patrimônio líquido são fatores relacionados, mas não equivalentes. Cada um deve ser usado de modos diferentes para avaliar a saúde e o progresso financeiro em geral.

Mito 3: Pode-se Julgar a Riqueza de uma Pessoa pelo que Ela Dirige, Compra e Veste

Todos têm uma opinião sobre "os ricos", perpetuada, em parte, por relatos da mídia e diferentes facções políticas usadas para propósitos próprios. Desfazer mitos sobre a riqueza, tanto o que é preciso para criá-la quanto o que os ricos fazem com ela, foi um assunto importante em toda a vida de pesquisas de meu pai. Muitas vezes, ele comprovou os mitos nos estudos de caso que relatou sobre pessoas que demonstraram um claro apego a esses mitos. Por exemplo, veja o Guarda Rico, pseudônimo de uma pessoa que meu pai conheceu em 2010 em um parque nacional em Atlanta. Suas observações sobre o Sr. Rico ilustram os perigos de se apegar a mitos sobre a riqueza, e como falsas suposições sobre dinheiro, e os que o têm ou não, podem impactar a satisfação e a diligência em buscar a própria emancipação financeira.

Notamos o guarda-florestal quando saímos do grande estacionamento ao lado da área da floresta. Ele estava exatamente abrindo o talão de multas quando minha mulher me perguntou: "Você colocou o cartão de estacionamento no painel?" Eu não tinha colocado; deixei-o no console. Assim, eu disse ao guarda: "É melhor eu correr e colocar o cartão no painel, antes que leve uma multa." Ele sorriu, apontou para o estacionamento e me perguntou que carro eu tinha. "Um Toyota 4-Runner", respondi.

Ele então disse algo que nos chocou: "Provavelmente nunca vou chegar aos Toyotas. A maioria das pessoas que dirige Toyotas... Fords... Chevrolets pagam os US$3 para usar o parque. São as pessoas com Mercedes, BMWs, Jaguars, as piores, e Range Rovers que geralmente não pagam. Faço isso há muito tempo. Os ricos não pagam impostos. Eles não pagam para estacionar."

Nossa pesquisa empírica não abrange hábitos de estacionamento dos ricos. Assim, não podemos dizer se o Guarda Rico estava certo em sua suposição de que pessoas que dirigem marcas de automóveis caras têm maior probabilidade de zombar da ideia de pagar taxas de estacionamento. É interessante notar que o Guarda Rico afirmou que as pessoas que dirigem carros caros são definidas como "ricas". Contudo, como meu pai observou em *Stop Acting Rich*, 86% dos que dirigem automóveis de luxo não são milionários. Assim, é possível que muitas pessoas que dirigem carros caros não tenham dinheiro sobrando para pagar o estacionamento, ou dar uma gorjeta em um restaurante ou para o manobrista etc.

Dirigir Como um Rico ou Ser Rico

O Guarda Rico acreditava no sistema "primeiro os ricos" ao distribuir multas. Ele escolhia marcas de automóveis de prestígio para multar primeiro, porque achava que os ricos não pagam impostos e não pagam estacionamentos. E o Guarda Rico achava que os ricos dirigem carros de luxo. Mas, como mostrado no blog de meu pai e em *Stop Acting Rich*, "O preço mediano pago por milionários por suas aquisições mais recentes foi de apenas US$31.367. O preço habitual pago por decamilionários foi de US$41.997... Muitos milionários dirigem os chamados carros comuns, populares..." Em nosso estudo atual, o preço mediano pago por milionários por seus carros mais recentes foi de US$35 mil.

Mas o Guarda Rico é como muitas pessoas que definem *rico* em termos de renda, e não de patrimônio líquido. Certamente, muitos motoristas sentem a necessidade de exibir suas realizações socioeconômicas adquirindo carros de prestígio. Eles podem achar que pessoas que geram rendas elevadas dirigem carros de luxo. E, da mesma forma, motoristas de carros mais comuns exibem credenciais de uma renda média. Mas dados concretos indicam que o nível de prestígio de um carro e a renda de seu motorista estão longe de estabelecer uma relação perfeita. Na verdade, muitos motoristas de carros de luxo não têm níveis de renda ou de patrimônio líquido que os qualificaria como tendo elevado desempenho econômico.

Dentro desse contexto, Joann Muller, na Forbes.com,[5] escreveu um artigo chamado "O que os Ricos Realmente Dirigem". Ela define os ricos em termos de renda, não de patrimônio líquido: "as pessoas mais ricas têm maior probabilidade de comprar marcas de luxo (39% para pessoas com renda familiar acima de US$250 mil vs. 8% para pessoas que ganham menos de US$100 mil por ano). Sessenta e um por cento das pessoas que ganham US$250 mil ou mais nunca compram carros de luxo."

Sua análise indica que as famílias com rendas elevadas têm maior probabilidade de dirigir carros de luxo. Porém, só porque alguém está dirigindo um carro de luxo, não significa necessariamente que o motorista tem uma renda elevada — ou um patrimônio líquido elevado.

Todavia, como meu pai escreveu em 2012: "(Eu) calculo que há 2,5 milhões de famílias, ou cerca de 2,2% do total, que tenham rendas anuais realizadas de US$250 mil ou mais. Usando as estimativas da Sra. Muller de que 39% dos 'ricos' compram marcas de luxo, pode-se calcular que a quantidade que o faz seja de aproximadamente 975 mil. Ah, mas essa população é muito menor do que a de famílias que dirigem carros de prestígio, mas têm rendas anuais inferiores a US$100 mil. Cerca de 30 milhões de domicílios têm renda anual entre US$50 mil e menos de US$100 mil. Resumindo: 8% de 30 milhões = 2,4 milhões que estão comprando carros de luxo, mas não se encontram na categoria dos chamados ricos. Essa população é cerca de 2,5 vezes maior que a população de alta renda/compradora de carros de luxo."[6]

É possível que sejam os pseudoafluentes, ou seja, aqueles que aspiram alcançar prestígio social, os que estão mantendo os fabricantes de marcas de luxo na ativa?

Tanto em nosso levantamento atual quanto na pesquisa de 2007 que levou em conta 1.594 famílias de alta renda/elevado patrimônio líquido, notamos que *renda familiar anual realizada* é um previsor melhor de preços pagos por veículos motorizados do que patrimônio líquido (riqueza). No estudo de 2007, 48,5% dos pesquisados com rendas de US$200 mil ou mais pagaram menos de US$32 mil pelo veículo adquirido mais recentemente. Mais do que um em três, ou 35,9% dos pertencentes à faixa de US$500 mil ou mais, pagaram menos de US$32 mil. Mais da metade, ou 54%, dos pertencentes à faixa entre US$200 mil e menos de US$500 mil pagaram menos de US$32 mil.

No Meu Clube Não!

Talvez a lição mais atemporal que podemos extrair de O Milionário Mora ao Lado *seja a ideia de que um milionário não "age como rico". Meu pai escreveu este artigo em 2011, destacando, mais uma vez, o conceito de que os milionários muitas vezes não mostram o que são:*

Buscar tipos afluentes — os milionários que moram ao lado — continua a ser um objetivo dos que prestam serviços de consultoria profissional atualmente. Contudo, nem todos que se põem a vender ou atender a essa população terão êxito. Quem está entre os melhores em atender às necessidades dos milionários que moram ao lado? Com frequência, são os que tiveram experiências com esse tipo de pessoas durante seus anos de formação.

Tony Schuman, um gerente de investimentos bem-sucedido, percebeu no início da vida as diferenças significativas entre o milionário que mora ao lado discreto e o pseudoafluente. Tony entregava jornais aos 10 anos de idade. Ele conta que "operários sempre pagavam em dia e davam gorjetas. [Em comparação, como exemplo] uma mulher, advogada, corria em volta da casa 20 minutos ou mais antes de pensar em me dar 55 centavos pelo jornal. Ela e o marido trabalhavam, mas nunca davam gorjetas".

Mais tarde, Tony foi ajudante de jogadores de golfe, assim como eu. Suas primeiras impressões eram semelhantes às minhas sobre os tipos de pessoas que podem ser encontrados nos clubes de golfe. Eu mencionei em *Stop Acting Rich* que os milionários que fizeram fortuna sozinhos [os "self-made men"], que acompanhei nas partidas em campos de golfe público, davam gorjetas muito melhores do que a maioria dos pseudoafluentes que acompanhei em clubes de campos particulares. Mas os que davam gorjetas eram generosos. Tony compartilhou as seguintes observações:

Rememorando agora, percebo que aprendi mais sobre negócios trabalhando lá do que nos anos passados na faculdade de administração. Os self-made men davam boas gorjetas e me encorajavam enquanto eu trabalhava para ajudar com as despesas da faculdade. Um sócio mentor, Sr. R., tinha uma grande empreiteira e financiou mais da metade das obras do clube. Por causa dos invernos gelados de Connecticut, ele tinha que trabalhar dobrado nos meses de verão. Ele não podia jogar golfe aos sábados com os outros sócios porque estava trabalhando. O Sr. R ia ao clube nos sábados à tarde para uma cerveja no pátio... usando seu uniforme de trabalho cáqui de "milionário que mora ao lado" e botas com bicos de aço. Um dia, a mulher de um sócio novo que se denominou decana do clube viu o Sr. R tomando sua cerveja e fumando um charuto no pátio... Ela gritou com ele... que ele, como mero operário, não

> tinha o direito de sentar-se no pátio para beber e fumar. E soltou sua bomba final... "Quem você pensa que é? Você acha que é dono deste lugar?" Com toda calma, o Sr. R respondeu: "Quase, senhora, quase." Naturalmente, ela correu para gritar com o gerente, que lhe informou que o Sr. R era dono de cerca de 75% do clube e que, se ela tinha mais perguntas, deveria falar diretamente com ele.

Mito 4: Os "Ricos" Não Pagam Sua Cota Justa

O Guarda Rico não gostava dos "ricos" por outras questões ligadas ao trabalho. Ele achava que os ricos não pagam sua cota justa dos impostos nos EUA, e que eles são responsáveis pela redução na arrecadação de impostos do estado que o empregava, que, por sua vez, precisou fazer cortes e mudanças em sua descrição de cargo.

O mito referente à renda e à riqueza é útil aqui para compreender por que o Sr. Rico acha que os "ricos" não pagam sua parte dos tributos. O Sr. Rico confundia carros de luxo e *riqueza* — e, aqui, ele estava errado de novo.

Para o Guarda Rico, teria sido sensato considerar os impostos pagos por pessoas com renda elevada, extremamente ricas, que podem comprar os carros de luxo subtraindo apenas uma parcela mínima do que guardam em seus cofres ou salário anual.

Imposto de Renda: Outro Item de Valor Elevado

O presidente e CEO da Berkshire Hathaway, Warren Buffett, é o melhor entre os melhores em transformar renda em riqueza. Como ele conseguiu? Pode-se dizer que foram investimentos acertados combinados a sua reputação de grande integridade e seu conhecido estilo de vida frugal. Quando se trata de consumo, ele parece ter os valores tradicionais do Meio-Oeste dos EUA. Apesar da grande riqueza, mora em uma casa relativamente modesta e dirige carros norte-americanos. Ah, mas não é só isso. Como meu pai declarou em *O Milionário Mora ao Lado:* "Milionários sabem que, quanto mais gastarem, mais renda precisam gerar. Quanto mais geram, mais precisam alocar para o imposto de renda. Assim... adotam uma regra importante: para gerar riqueza, minimize sua renda realizada (tributável) e maximize sua renda não realizada (riqueza/valorização de capital sem um fluxo de caixa)."

O típico milionário da casa ao lado tem uma renda realizada equivalente a somente 8,2% de sua fortuna (mediana). Mas o Sr. Buffett consegue minimizar sua renda que resulta do patrimônio líquido. Segundo a lista da *Forbes 400* de 2012,

Os Benefícios do Consumo Continuado de Supercarros

Em Stop Acting Rich, *meu pai descreveu um homem que chamou de Sr. "Multiplinski", que rabiscou as seguintes notas nas margens de uma das pesquisas de meu pai: "Eu não tenho uma Ferrari, tenho três! (...) Rolex? Tenho três e... Breitling, Cartier, Movado, Omega, Tag Heuer... (coleção de vinhos) 2 mil garrafas." Meu pai explicou por que o Sr. Multiplinski, um membro dos "ricos reluzentes", não se acanhava em divulgar suas realizações financeiras: ele "tem uma necessidade muito forte (...) de se separar de suas origens muito pobres na classe trabalhadora (...) os que viajam longas distâncias ao longo da escala de riqueza em uma geração (costumam) gastar em excesso em símbolos de status". Ele também disse o seguinte:*

O primeiro emprego de tempo integral do Sr. M foi em vendas. Foi um sucesso instantâneo. Ele pagou todo o curso universitário com "comissões... só com comissões". Comprou sua primeira casa aos 21 anos e ultrapassou o limiar de US$1 milhão quando tinha 32. Ele ainda não tinha 30 anos quando seu empregador lhe ofereceu um cargo com participação acionária.

O Sr. M é um self-made man em todo o sentido da expressão, mas é um grande gastador. Para gastar muito, é preciso ganhar muito. E se você ganha muito, paga muito para o "leão". A título de exemplo, pense na Ferrari de US$330 mil comprada pelo Sr. M. Considerando o que ele destina aos impostos federais, estaduais e municipais, quanta renda teve que gerar para fazer essa compra? Precisou ganhar US$600 mil só para pagar (em dinheiro, nesse caso) sua Ferrari [esse cálculo foi feito com base no sistema tributário dos EUA]. O saldo de US$270 mil vai para o leão e seus parentes estaduais. Os ricos reluzentes são, como escrevi em *O Milionário Mora ao Lado*:

Verdadeiros patriotas... grandes rendas (muitos impostos) cunham uma nova medalha para esse tipo de patriotismo.[7]

Muitas pessoas nos Estados Unidos não entendem a importância do papel desempenhado pelos componentes da população de ricos reluzentes. Algumas pessoas acham que os Srs. Ms de nosso país não pagam sua parcela justa de impostos. Algumas até acham que nenhum deles chegou lá sozinho. Ao contrário, supõem que foi por vias tortas ou por herança. É essa crença que pode se tornar munição para alguns políticos ambiciosos.

Por um momento, pense no seguinte cenário. Imagine que um casal riquíssimo decida, certo dia, passar um fim de semana prolongado em um resort de luxo na montanha. É um trajeto longo em sua Ferrari top de linha. Como relatado por Justin Berkowitz, em 2013, na revista *Car and Driver*, assim que o casal se aproxima do resort, seu carro e vários outros "carros de luxo tiveram que encostar e [seus donos] ficar sentados enquanto o escritório da matriz checava suas declarações do imposto de renda (!). Um em seis — 42 veículos no total — eram dirigidos por alguém que tinha informado uma minguada renda anual insuficiente para ser dono de um supercarro... Encorajados, fiscais de tributos montaram postos de controle... e até apareceram em uma reunião de um clube de donos de Ferraris... (Agora) o governo está iniciando uma verificação automatizada de registros de impostos para todos os que fazem compras caras".[8]

Isso de fato ocorreu em 2013, na Itália. A inveja de classe foi alavancada, como indica o título de Berkowitz: "Posto de verificação Carlo: Como Fiscais de Tributos Acabaram com o Mercado de Supercarros da Itália". E se esse sistema fosse adotado nos EUA? Não só haveria perda de mercado das "supermarcas", mas, cansados de perseguição, os Srs. Ms poderiam parar de comprar inúmeros carros esportivos de US$330 mil. Como resultado, eles podem não sentir necessidade de continuar a gerar elevados níveis de renda tributável para pagar por esses símbolos de sucesso.

Vamos cumprimentar os ricos reluzentes, e não odiá-los. Muitos pagam o equivalente a 50% da renda auferida em vários impostos federais e estaduais. É interessante notar que cerca de 50% das famílias norte-americanas pagam 0% de sua renda ao leão. Mas, e quanto aos 6 entre 42 motoristas que a polícia italiana descobriu ter uma renda insuficiente para pagar por seus supercarros? Será possível que a maioria ou todos estejam vivendo aquém do considerável capital que possuem?

o Sr. Buffett tinha um patrimônio líquido de US$46 bilhões. A *CNN Money* relatou que "sua renda tributável era de US$39.814.784" em 2010.[9] Isso é o equivalente a apenas 0,087% de seu patrimônio líquido! Ou seja, a porcentagem da renda realizada do patrimônio líquido do milionário típico que mora ao lado (8,2%) é quase 95 vezes maior do que a do Sr. Buffett (8,2%/0,087%).

Considere também outro fator nessa equação: o imposto de renda que resulta do patrimônio líquido. O típico milionário que mora ao lado paga o equivalente a aproximadamente 2% (mediana) de seu patrimônio líquido em impostos por ano. Mas aqui, novamente, o Sr. Buffett é muito melhor em minimizar seu imposto de renda. Segundo a Reuters, ele "pagou apenas US$6,9 milhões em impostos de renda federais em 2010".[10]

Em termos nominais, US$6,9 milhões em imposto de renda pode parecer uma quantia significativa de dinheiro. Mas analise a declaração de renda do Sr. Buffett em relação a seu patrimônio líquido — isto é, US$6,9 milhões como porcentagem de sua fortuna de US$46 bilhões. A esta taxa, ele está pagando o equivalente a somente 0,015% de seu patrimônio líquido. Compare isso com os 2% pagos pelo milionário mediano que mora ao lado. Essa taxa é mais de 133 vezes maior do que a do Sr. Buffett. Na verdade, se fosse cobrada do Sr. Buffett a mesma taxa (2%), ele deveria ao Departamento do Tesouro US$920 milhões, ou quase US$1 bilhão. Você pode dizer que é antiamericano não pagar sua cota justa. Mas o Sr. Buffett recebe isenção especial nesse aspecto. Por quê? Ele prometeu deixar a maioria de seu patrimônio para causas nobres. E, segundo a *Forbes*, já demonstrou generosidade considerável: "Ele doou US$1,5 bilhão à Fundação Gates em julho de 2012, totalizando US$17,5 bilhões em doações... em agosto, destinou US$3 bilhões em ações para suas fundações para a infância."[11]

E certamente ajuda sua causa o fato de que a maior parte, se não toda sua renda tributável, vem em forma de ganhos de capital de longo prazo — realizada pela disposição de bens de capital mantidos por longos períodos de tempo —, que incorrem em alíquotas de imposto de renda federal preferencialmente baixas.

Quem tem maior probabilidade de distribuir dinheiro de seu patrimônio eficientemente, o governo ou organizações de caridade esclarecidas? Você sabe a resposta, e, aparentemente, o Sr. Buffett também sabe.

Mito 5: Se Eu Não Conseguir, Posso Culpar os Ricos

Muitas das cartas e e-mails que recebemos foram escritas por pessoas que culpam os outros por sua falta de sucesso econômico com comentários como estes:

> *Eu realmente seria rico se não tivesse pagado 3% do valor de meu portfólio todos esses anos para um gerente de investimentos. Ele ganhou dinheiro todos os anos; eu não.*

> *Meu irmão de 28 anos, que abandonou a escola e ainda mora em casa, acabou de receber 90% do espólio de minha avó. O fato de eu ter um MBA não ajudou!*

> *Se ao menos eu tivesse me formado em administração, não em belas-artes (como meus pais queriam)...*

A maioria das pessoas bem-sucedidas economicamente sabe como usar a adversidade como trampolim. Elas aprenderam a aproveitar as desvantagens, reviravoltas, tendências, nepotismo, decisões ruins e falta de sorte. Não ficam remoendo situações desafortunadas; elas direcionam sua energia emocional para ter êxito, não para se lamentar. Vários milionários nos disseram que seu sucesso dependia diretamente da experiência com decisões inadequadas com parentes, professores, empregados, consultores financeiros caros, imprensa e uma miríade dos assim chamados árbitros imparciais. Ou, como um multimilionário recentemente deserdado disse: "de provar que meus pais apostaram nos cavalos errados".

Sabemos que a incapacidade aprendida, a crença de que, não importa que comportamento você tenha, não é possível impactar seu sucesso, pode ser um forte obstáculo à criação de riqueza. Em nosso trabalho, vimos o conceito de *quem é responsável* relacionado a criar e manter riqueza no longo prazo. Em muitas amostras, a característica de se comportar e acreditar que nossas ações impactam nossa situação financeira final está relacionada ao patrimônio líquido, independentemente de renda ou idade.[12] Os que acreditam que pouco pode ser feito por conta própria para impactar seu sucesso financeiro costumam se empenhar em comportamentos relativos a finanças menos vantajosos.[13] De fato, parece que acreditar em mitos pode ser muito prejudicial para o sucesso econômico de longo prazo.

Porém, muitas das assim chamadas "soluções" para as condições econômicas nos Estados Unidos têm regulações e controles governamentais em sua essência. Quando ouvimos a mídia, entrevistados e outros, suas soluções geralmente têm a ver com controle. Seja à direita ou à esquerda do espectro político, parece haver a suposição de que podemos regular o modo de uma pessoa se tornar rica. Em vez disso, diríamos que atingir metas começa em casa e em nossa mente, mudando atitudes primeiro e depois comportamentos subsequentes (embora os últimos possam mudar primeiro): desafiar o modo como as coisas sempre foram para você ou sua família, ignorando o que os outros estão fazendo em termos de consumismo frenético, e focar tempo e energia na concretização de metas, financeiras ou não.

Mais com o Guarda Rico

De volta ao nosso funcionário do estacionamento: Guarda Rico sempre gostou da vida ao ar livre. Essa é uma das principais razões pela qual aceitou um emprego como guarda-florestal estadual. Antes da última recessão, foi designado a patrulhar parques e florestas. Ele adorava seu trabalho. Orgulho e melhora na autoestima foram produtos das tarefas envolvidas em proteger os recursos naturais do estado. Mas logo depois da recessão de 2008 as coisas mudaram para o Guarda Rico. Cortes e congelamento nas contratações exigiram que ele assumisse uma diferente descrição de cargo. Hoje ele não patrulha mais as áreas de floresta nem procura mais transgressores das leis de caça: está relegado a ser um monitor, patrulhar estacionamentos e emitir multas para os que não pagam para estacionar. Às vezes fica nas cabines dos estacionamentos cobrando as tarifas.

Hoje o Guarda Rico não gosta de seu trabalho, mas compreende que, se quiser continuar a trabalhar para o estado, deve aceitar suas atribuições relacionadas ao estacionamento. Em sua mente, não é a recessão a principal causa de sua baixa satisfação com o emprego. A recessão, segundo o Guarda Rico, foi causada pelos "ricos". Observe que ele não elaborou nem detalhou uma definição de "os ricos" e como causaram a recessão. Apenas tem certeza de que os ricos acabaram sendo responsáveis pela mudança na descrição de cargo. Culpa-os por não ser mais um "protetor dos recursos naturais". Ele se tornou essencialmente um atendente de estacionamento e "vendedor de tíquetes". Pode-se descrevê-lo como infeliz com o emprego e zangado com os ricos.

O Guarda Rico nem mesmo tentou melhorar suas qualificações profissionais com cursos de educação contínua. Ele poderia ter se tornado mais "vendável". Se gosta tanto de bosques, florestas e árvores, poderia ter feito cursos noturnos em gestão racional de madeira, culturas florestais, e assim por diante. Várias faculdades nessa área oferecem esses e muitos outros cursos relacionados a esse campo. Muitas vezes, ao voltar à escola, os alunos têm a chance de interagir com colegas cujos empregadores estejam querendo contratar funcionários para essas áreas.

Desde quando começaram a trabalhar, o Guarda Rico e sua mulher tiveram uma boa chance de se tornar parte do segmento de "blue-collars" afluentes. Em vez disso, com dupla renda familiar, resolveram adotar o estilo dos afluentes de declaração de renda. Os "blue-collars" [classe de trabalhadores manuais, de maior ou menor qualificação profissional], em função de seu status ocupacional de classe baixa a média, nível educacional e características socioeconômicas, não têm a "obrigação social" de viver em uma casa cara em uma vizinhança elegante. Tampouco têm a obrigação social de usar roupas caras no trabalho. Nem de se sentirem obrigados a se arrumar para ocasiões sociais. Considerando suas despesas baixas, aquele casal poderia facilmente ter poupado ou investido 20% de sua renda anual realizada todos os anos em que trabalharam. Porém, eles foram para outra direção: nada de orçamento, plano financeiro ou contribuições ao "fundo pague a si mesmo primeiro".

Mito 6: Eu Não Consigo Avançar Sozinho

Em geral, os EUA ainda são um país onde se pode criar um negócio e ter êxito a despeito de sua religião, a cor de sua pele ou se sua família chegou aqui ontem ou há 250 anos. Se você pode produzir algo ou um serviço valioso, seja como empregado ou autônomo, tem a oportunidade de prosperar. Essa liberdade continua a atrair pessoas de todas as nações para nossas terras: aproximadamente 13% dos 311 milhões de cidadãos são norte-americanos de primeira geração.[14]

Independentemente de há quanto tempo sua família está nos Estados Unidos ou qual é seu país de origem, as questões essenciais relacionadas à riqueza que precisam ser respondidas são as seguintes:

- Você pode criar algo (produto ou serviço) de valor que gere receita e, então, guardar e investir esse dinheiro para fazê-lo crescer?

- Você pode usar suas habilidades e experiência para criar uma carreira trabalhando para terceiros que lhe permita poupar continuamente e gerar satisfação?

- Você pode ser suficientemente disciplinado para poupar dinheiro e consideravelmente consciente para entender como os mercados (financeiro, profissional) estão mudando e como suas habilidades precisam mudar com o tempo?

- Você consegue ignorar as distrações causadas pela mídia e pelo consumismo?

Qualquer pessoa, não importa etnia, raça, religião ou gênero, pode usar suas habilidades e outras características para agregar valor pelo trabalho ou para fundar seu próprio negócio. Contudo, é preciso trabalhar muito e ter disciplina — ainda mais se as cartas em sua mão forem desfavoráveis.

O tema da desigualdade é popular. É verdade que o 1/5 mais pobre das famílias produtoras de renda nos EUA são progressivamente responsáveis por uma porcentagem cada vez menor da renda total, enquanto o 1/5 mais rico continua a ser responsável por uma crescente proporção da renda.

Então é verdade, como a mídia alega, que "os ricos estão ficando mais ricos, enquanto os pobres estão ficando mais pobres"? Note que, atualmente, como em 1996, a maioria das pessoas, incluindo a imprensa, confunde renda com riqueza. Diz-se que os EUA são a terra das oportunidades econômicas. Nossos dados indicam que isso ainda é verdade. As variações entre as categorias superiores e inferiores de renda são reais. Mas nem todos que estiveram na categoria inferior há 20 anos continuam ali hoje. Nem todos os que estiveram no topo continuam nessa posição. Há uma grande mobilidade socioeconômica no país. Mesmo em apenas uma geração, as pessoas costumam encontrar essa mobilidade em ambos os sentidos. Ela é ainda mais pronunciada dentro do contexto de múltiplas gerações. Como muitos pais descobrem tarde demais, a maioria dos filhos de milionários que enriqueceram sozinhos não repete o sucesso dos pais.

Ainda assim, muitos continuam a argumentar que essa riqueza certamente é herdada, e os que estão ficando mais ricos simplesmente receberam doações ou transferências. Contrariando essa afirmação, 86% dos milionários relatam ter 0% da renda do ano anterior gerada por doações, heranças ou fundos fiduciários, e um pouco mais de 86% não receberam mais de 10% de seu patrimônio líquido dessas

O *Novo* Milionário Mora ao Lado

fontes de transferência.[15] De fato, como em 1996, nossos dados indicam que a maioria dos milionários constrói riqueza por conta própria.

Fazendo Fortuna Sozinho nos Estados Unidos?

Ficar rico com os próprios esforços não é uma tendência nova nos Estados Unidos. Segundo o economista Stanley Lebergott, um estudo de 1892 sobre milionários descobriu que 84% eram afluentes de primeira geração. Nossas descobertas também são congruentes com as do professor Steven G. Horwitz. Ele discorda dos economistas que nos dizem que "os EUA estão testemunhando um aumento na distância entre ricos e pobres". A classificação de alguém como rico ou pobre não é inalterável, como em muitas nações não democráticas. Como Horowitz afirma: "Segundo dados do Tesouro dos EUA, surpreendentes 86% de famílias que pertenciam ao 1/5 mais pobre em 1979 saíram da pobreza em 1988." O 1/5 mais pobre a que ele se refere é composto de "famílias recém-formadas... recém-formados do ensino médio, novos imigrantes... subindo os primeiros degraus da escada econômica".[16]

Em termos de riqueza real (sem usar renda como um substituto), temos constatado com frequência que pelo menos 80% dos milionários dos EUA fizeram fortuna sozinhos. Em *Stop Acting Rich*, com dados coletados em 2005 e 2006, aproximadamente um em cada quatro milionários (24%) relatou que seus pais eram blue-collars (a maior categoria profissional a produzir milionários). Dezenove por cento eram donos de pequenos negócios, e 4% eram fazendeiros. Por outro lado, apenas 9% eram executivos seniores corporativos, enquanto 3% eram médicos. Apenas 47% dos pais e 40% das mães concluíram o curso superior. Cerca de um em três milionários pagou por seus estudos universitários. Cerca de 42% dos milionários tinham um patrimônio de zero ou menos quando começaram a trabalhar em período integral. A maioria (88%) relatou receber zero dólares de fundos, espólios, doações etc. de parentes no ano anterior à pesquisa. Hoje, somente 1/3 dos milionários indicou que seus pais estavam em melhor situação do que os pais de colegas da escola, e, essencialmente, a mesma porcentagem (aproximadamente de 63% a 65%) indicou que os pais eram muito frugais.

Mito 7: Os Ricos São Maus

Há uma preocupação crescente entre pessoas ricas de que membros da imprensa e da classe política os estejam retratando como "maus". Não há dúvida de que entre a população de aproximadamente 5 a 10 milhões de famílias de milionários no país há algumas "pessoas do mal". Mas a maioria dos ricos conseguiu essa posição

Estados Unidos: Onde os Milionários Ainda Enriquecem Sozinhos

Um dos aspectos mais surpreendentes de O Milionário Mora ao Lado *foi a constatação de que 80% dos milionários enriqueceram sozinhos. Continuamos a ver essa tendência atualmente, apesar de alguns insistirem que o tempo de se tornar rico sem uma pesada ajuda de um pronto-socorro econômico ou uma sorte incrível passou há muito. Meu pai discutiu isso em um blog em 2014:*

Nas décadas em que pesquisei e estudei milionários, constatei continuamente que de 80% a 86% enriqueceram sozinhos. Isso também se aplica a decamilionários. Em 1982, segundo a *Forbes*, cerca de 38% das pessoas mais ricas dos EUA eram self-made men. Em 2012, a porcentagem saltou para 70%.[17]

No que muitos consideram ser o estudo mais completo de mobilidade socioeconômica nos EUA, os professores Chetty, de Harvard, e Saez, da Califórnia-Berkeley, estudaram cerca de 50 milhões de declarações do imposto de renda de pais e seus filhos adultos.[18] Parte desse estudo, como mencionado no *Wall Street Journal,* afirmou que "A probabilidade de um filho subir a escada econômica é a mesma há três décadas... isso contradiz a narrativa em Washington de que a mobilidade econômica diminuiu nos últimos anos".

Ainda há muitas oportunidades econômicas neste país. No entanto, a maioria dos norte-americanos não é rica. É fácil responsabilizar as pretensas "desigualdades" em nossa economia. Porém, elas são mais resultado de os norte-americanos gastarem toda ou quase toda sua renda em coisas que têm pouco ou nenhum valor duradouro! Eles não têm a disciplina exigida para acumular riqueza. A maioria das famílias vive uma rotina de trabalho e consumo. A família norte-americana comum tem uma renda anual mediana realizada na faixa de US$50 mil a menos de US$75 mil. Somente 6,3% dessas pessoas têm uma renda com ganhos de capital realizado.

Mesmo assim, uma manchete semelhante no *New York Times* de 2014 coincide com as descobertas de Chetty e Saez: "A Mobilidade Ascendente Não Diminuiu, Diz Estudo".[19] Artigos como esse devem ser partilhados com amigos e, especialmente, com os filhos. Quando os vencedores de hoje olham para trás e analisam suas atitudes e crenças durante os primeiros anos, o que eles nos dizem? Muito de seu sucesso pode ser atribuído à crença de que podiam ter êxito e que as oportunidades existem em abundância no país. Sua crença e realidade são congruentes. Infelizmente, um crescente número de relatos na mídia alega que a onda de oportunidades econômicas age cada vez mais contra a mobilidade econômica ascendente.

Lembre-se de que o estudo mencionado lida apenas com contrastes intergeracionais em termos de renda. A renda está relacionada à riqueza,

> ou seja, patrimônio líquido. Contudo, tendo a opção de medir o sucesso econômico, é sensato selecionar o patrimônio líquido, e não a renda. Somente uma minoria da variação na riqueza é explicada pela renda e, claro, vice-versa. Estudos do final dos anos 1800 até hoje indicam que 80% ou mais dos que pertencem à categoria de elevado patrimônio líquido são afluentes que enriqueceram por si. E importa pouco se "afluente" é definido em termos de milionários, decamilionários, 5% melhores, 2% melhores, 1% melhor dos ricos, e assim por diante.

por meios antiquados — conquistaram fortuna legitimamente. Apesar de todas as pesquisas que nós e outros profissionais publicamos sobre valores tradicionais dos mais ricos, não são elas que se tornam manchetes.

Meu pai recebeu o seguinte e-mail do Sr. D.P., do Texas, que sugeriu uma contramedida para esclarecer aos jovens a verdadeira natureza dos ricos:

> *Você pensou em criar/divulgar um programa com base em seu trabalho com* A Mente Milionária *para escolas públicas? Afinal, a maioria das escolas públicas atualmente ensina nossas crianças a desprezar e ficar contra os "ricos"; talvez, se em vez disso os ensinássemos a imitá-los, poderíamos controlar a situação antes que elas ingressem na força de trabalho para gerar mais riqueza para todos. Estou considerando concorrer ao conselho da escola de minha cidade natal e gostaria que as crianças do Texas e dos Estados Unidos usufruíssem de algo parecido.*

É muito lisonjeiro receber comentários como esse. Houve até um homem rico de uma cidade com "uma única escola" em Oklahoma que comprou um exemplar de O Milionário Mora ao Lado para todos os formandos. Essas são apenas algumas das pessoas que dedicaram seu tempo e energia para ensinar nossas crianças como se tornar financeiramente independentes e a valorizar esse objetivo.

Honestidade e Bom Relacionamento

Faz-se muito barulho sobre honestidade e integridade relacionadas à riqueza. O conceito do perverso Sr. Scrooge [personagem de Dickens] parece ser onipresente ao longo do tempo. Certamente o Guarda Rico acredita nesse personagem. Mas a pesquisa sobre o fator de personalidade da consciência e sua prima, a integridade, demonstra sua importância na busca de metas financeiras, como discutiremos no Capítulo 5. E veja o exemplo do Dr. Lawrence, na Pacific Northwest, um optometrista milionário com um patrimônio superior a US$5 milhões hoje, e a criação de um negócio que acabou por usar seus interesses e conhecimento, mas foi fundado com base na garantia de colocar os clientes em primeiro lugar. Ele nos contou:

(Minha) carreira era melhorar e preservar o sistema visual humano. A optometria é uma carreira ligada à saúde que ainda possibilita a independência e o empreendedorismo. Eu criei uma clínica sólida sempre colocando as necessidades e desejos do paciente em primeiro lugar. Com uma combinação de indicações "boca a boca" e tecnologia avançada, gradativamente criei um consultório próspero. Embora minha clínica nunca estivesse "À Venda", um jovem médico me procurou com a intenção de assumir o consultório. Com 61 anos, vendi o consultório e agora trabalho dois dias por semana para ele. Minha intenção original nunca foi a de adquirir fortuna. Entretanto, eu aprendi que, se trabalhamos com intenções boas e honestas, isso pode ocorrer. Sempre seja sincero, honesto, inovador e focado no futuro. Com exceção de nossa casa, todas as compras foram pagas em dinheiro que poupado. Isso elimina as compras emocionais por impulso que frequentemente serão lamentadas mais tarde.

A Família com Muitos Milionários

Certa vez, o diretor de private banking de uma grande instituição financeira em Nova York contou um interessante estudo de caso para meu pai. Um advogado de uma pequena cidade norte-americana indicou um casal muito abastado a esse banqueiro. O casal queria estabelecer um relacionamento bancário com uma instituição de outro estado. Como muitas pessoas ricas que vivem em cidades pequenas, eles não queriam que o estabelecimento local soubesse da "considerável" riqueza que tinham acumulado. Isso era especialmente importante porque estavam prevendo receber dividendos de muitas ações de vários negócios que possuíam. Eles também planejavam doar anonimamente uma parcela significativa de sua fortuna a várias instituições de caridade.

Logo depois que o casal chegou ao banco privado na cidade de Nova York, o banqueiro começou a lhes contar sobre todos os serviços complementares que os clientes poderiam acessar, incluindo entradas de teatro difíceis de conseguir, endosso para se associar a clubes requintados, cooperativas ou residências sofisticadas para venda, compras de obras de arte e antiguidades, e assim por diante. Após cerca de dez minutos, a mulher tirou um livro de sua grande bolsa. Ela o colocou na mesa do banqueiro, apontou para ele e disse: "Isso é o que somos, os milionários que moram ao lado. Se ainda não o leu, deveria fazê-lo."

Depois que o rosto vermelho do banqueiro voltou ao normal, todos riram, o que aliviou a tensão na sala. O casal tinha acabado de deixar muito claro que queria somente os serviços financeiros tradicionais oferecidos por um banco privado, incluindo o anonimato. Eles não estavam interessados em contratar um *consigliere*, tampouco precisavam ter os egos inflados com o acesso ao cenário social de Nova York. Além disso, eles não tinham intenção de comprar uma residência ou qualquer outro tipo de imóvel na cidade de Nova York.

Empatia pelas necessidades dos outros é o segredo do sucesso quando oferecer algum produto a milionários. O banqueiro deste caso deveria ter perguntado ao casal: "Como vocês foram do zero até onde estão hoje?" Em outras palavras, o banqueiro deveria ter permitido ao casal contar sua história. Na maioria dos casos, ninguém pergunta ao milionário que mora ao lado sobre sua história e suas realizações.

Esse casal faz parte de uma "família" norte-americana que tem o maior número de milionários. Sim, eles fazem parte de uma família anônima. Meu pai estava na lista de contatos de vários relatórios anuais de fundações, universidades e outras organizações ilustres ou beneficentes. Parece que, não importa para onde olhasse, o Sr. e a Sra. Anônimos eram mencionados nos relatórios, muitas vezes nas categorias dos cinco, seis, sete dígitos ou mais.

Além dos Mitos

Por que algumas pessoas conseguem construir riqueza? Por que outras pessoas, muitas vezes com uma renda média mais alta, boa instrução e poucas dificuldades, são incapazes de fazer isso por conta própria? Talvez elas concordem com os mitos do Guarda Rico. Sem realmente se dar conta, aceitam a torrente de notícias, opiniões e profecias autorrealizáveis dos mitos da riqueza.

Os economicamente bem-sucedidos nos EUA continuarão a ignorar mitos, incluindo alguns dos adotados pelos assim chamados especialistas e pelos que têm interesses políticos. O desdém do Guarda Rico pelos ricos é energia emocional mal empregada. Ele está envolvido por emoções negativas ao mesmo tempo em que ignora sua própria grave falta de disciplina financeira. Seu feed nas mídias sociais inclui uma dieta constante de notícias tendenciosas e comentários unilaterais. Encare essa questão de outra forma. O Guarda Rico não tem dinheiro ou patrimônio suficiente para poder despender tempo e energia detestando os ricos. Selecionar alvos específicos para sua campanha de multas no estacionamento nunca o tornará financeiramente emancipado.

A Motivação dos Milionários... e Bilionários

O conceito do "rico perverso" algumas vezes é desmistificado pelas próprias organizações que muitas vezes perpetuam os mitos. Veja estes exemplos de meu pai sobre a benevolência dos afluentes:

Em um artigo de 2011 no *New York Times*, Andrew Ross Sorkin analisou a motivação de Steve Jobs em relação ao sucesso e escreveu: "O Sr. Jobs claramente nunca ansiou por dinheiro pelo mero prazer de tê-lo e nunca ostentou sua riqueza. Seu salário na Apple era de US$1 por ano antes de deixar o cargo de CEO..."[20]

O Sr. Jobs, que estava bilionário quando morreu, tinha muito em comum com o típico milionário que mora ao lado que tem grandes conquistas, mas não para ter um estilo de vida voltado ao consumo. Por exemplo, o Sr. Allan, que foi descrito em *O Milionário Mora ao Lado*, declarou resumidamente: "Se sua motivação for ganhar dinheiro para gastar com uma boa vida... você nunca vai conseguir. O dinheiro nunca deve mudar os valores de alguém... ganhar dinheiro é apenas um registro de atividades. É um jeito de dizer como você está se saindo."

O Sr. Jobs é citado no artigo de Sorkin dizendo: "Você sabe, minha principal reação a isso de ter dinheiro é que é divertida toda a atenção dedicada a ele, porque não é a coisa mais inteligente ou valiosa que me aconteceu."

A motivação dos milionários que moram ao lado é incompreendida pela maioria das pessoas. Construir riqueza tem muito mais a ver com se tornar financeiramente independente do que viver em uma mansão cercada por peças caras. Em um artigo de 2011 publicado pelo *The American Thinker*, Chris Corrado oferece um excelente argumento contra os que defendem o aumento dos impostos dos assim chamados "ricos".[21] Ele discute brevemente as características dos milionários descritos em *O Milionário Mora ao Lado*:

"O livro revelador de Thomas J. Stanley nos diz que a maioria dos ricos vive uma vida bastante frugal, e cerca de 80% deles são ricos de primeira geração, recebendo pouco ou nada de sua fortuna por herança... é difícil (para os defensores dos impostos para os ricos) falar sobre o sujeito rico e ganancioso quando ele dirige uma picape 2004 e compra suas roupas na C&A.

Em vez disso, o retrato convencional da riqueza é um homem moralmente questionável em um terno italiano, dirigindo uma Ferrari até seu iate antes de partir em um cruzeiro no Mediterrâneo enquanto fuma charutos finos que acende com notas de US$100 — e não esqueça o jato executivo. Este é o retrato da riqueza a partir da perspectiva da esquerda e é politicamente muito vantajoso. Se alguém merece ser encarado com indignação e ódio por seus excessos, certamente é esse personagem opressivo, não importa o quão fictício ele seja."

Descobrimos que o ódio, em termos gerais, é um substituto significativo — não um complemento — para a construção de riqueza. E se o Guarda Rico realocasse seus recursos de tempo e energia exigidos para manter seu hábito de ódio a uma meta mais produtiva, como se tornar financeiramente independente? Se o fizesse, ele teria muito menos tempo para odiar os ricos e seu emprego atual. É irônico que muitas pessoas com baixa satisfação profissional tenham algo em comum. Eles não tomam medidas deliberadas para garantir que não fiquem dependentes de empregos de que não gostam.

Muitas vezes, escrevemos sobre pessoas de classe média-alta com rendas de boas a ótimas. Considerando seu status econômico, muitos se sentem obrigados a gastar, gastar e gastar em casas requintadas, carros de prestígio, roupas caras, férias luxuosas em resorts exóticos, e assim por diante. Mas o Guarda Rico e sua família não têm esse tipo de obrigação. Então por que eles não estão nem perto de ter segurança financeira? É porque a turma do Guarda Rico pertence à categoria do hiperconsumo.

O Guarda Rico e os que aceitam os mitos da riqueza podem aprender muito com os milionários norte-americanos. A maioria não guarda rancor ou raiva ao subir financeiramente. Sim, eles foram enganados vez ou outra, mas continuam focando o lado positivo. A raiva não constrói carreiras ou balanços patrimoniais. Melhores comportamentos financeiros andam lado a lado com o aumento de satisfação financeira. Cerca de 93% de PARs, os que transformam renda em riqueza com inteligência, relatam estar extremamente satisfeitos com a vida, mais do que os subacumuladores de riqueza (84%). Enquanto 56% dos subacumuladores de riqueza gastam tempo preocupando-se por não atingirem a independência financeira, apenas um entre quatro acumuladores prodigiosos gasta tempo preocupando-se com essa questão. E quase quatro entre cinco subacumuladores se preocupam em se aposentar com conforto, enquanto apenas dois entre cinco acumuladores prodigiosos se preocupam com a mesma questão.

Ignorando Mitos para Construir Riqueza

O que sobra se ignorarmos os mitos de como a riqueza é construída nos Estados Unidos? A resposta é: nossos comportamentos, escolhas e estilo de vida.

Nossa renda, embora estatisticamente relacionada à riqueza, não é riqueza. Quando compreendermos esse fato, começaremos a ver a extrema importância de nossa *porcentagem de poupança*, algo motivado não pelo que ganhamos, mas

Por que Algumas Pessoas São Ricas e Outras São Pobres?

O que podemos dizer para ajudar o Sr. Rico a ver além desses mitos e começar seu próprio caminho em direção ao sucesso econômico? Talvez não muito, se essas crenças forem profundas, mas tentaremos, mesmo assim. Talvez possamos começar com este blog que meu pai escreveu em 2014, que examinou as razões pelas quais as pessoas acreditam no porquê de algumas serem ricas, e outras, pobres:

A resposta a essa pergunta foi o foco de uma pesquisa nacional com 1.504 adultos conduzida anteriormente pelo Centro de Pesquisa Pew.[22] Só cerca de 4 em 10 (38%) dos pesquisados indicaram que ricos são ricos "porque trabalharam mais que os outros".

Porém, como os milionários, as pessoas realmente ricas, explicam seu próprio sucesso econômico? Quase 9 em 10 (88%) classificam "trabalho duro" como fator importante ou muito importante.[23]

Na mesma pesquisa da Pew, 51% dos respondentes afirmaram que os ricos são ricos "porque tiveram mais oportunidades que os outros", enquanto 50% indicaram que os pobres são pobres por causa de "circunstâncias além de seu controle". Compare esses resultados com o fato de que 80% dos milionários do país enriqueceram sozinhos. Note, também, que 95% dos milionários classificaram "ser muito disciplinado" como um componente importante/muito importante para explicar seu sucesso econômico.

O amplo contraste nas crenças da população em geral em comparação às dos milionários tem muitas implicações, especialmente na arena política.

Supondo que o estudo Pew seja representativo da população adulta nos EUA, apenas de 4% a 8% dos respondentes eram milionários, se tanto. Portanto, qual a validade das opiniões dos pesquisados nesse estudo ao explicar as variações na acumulação de riqueza naquele país? A família norte-americana típica tem um patrimônio líquido de pouco mais de US$90 mil e uma renda anual de aproximadamente US$52 mil (números de 2014). O que essas pessoas realmente sabem sobre como ficar rico?

Se seu objetivo é ser financeiramente independente, talvez ache mais produtivo seguir os caminhos, os meios e os estilos de vida dos norte--americanos que fizeram fortuna sozinhos em comparação com os da população em geral.

pelo que fazemos (como consumimos e poupamos). Depende de nós poupar mais do que gastamos e viver abaixo de nossas possibilidades. Essa é a verdadeira matemática da formação da riqueza.

Quando entendermos que um estilo de vida de consumo, mais voltado para parecer rico, está levando a maioria dos norte-americanos para uma vida inteira de dependência, trabalho e pouca liberdade econômica, começaremos a criar um plano alternativo para nossa vida e nossos hábitos. Isso pode parecer muito diferente do que nossos pais ou avós fizeram, e a menos que você tenha sorte, será muito diferente dos que o cercam ou participam de suas mídias sociais.

Quando entendermos que existem poucas instituições ou benfeitores externos que fazem a diferença em nossa autonomia financeira, ficará óbvio que só podemos contar conosco. Nosso futuro financeiro depende de nós, não de nosso empregador, do governo ou mesmo de familiares. Quando começarmos a entender que pouca coisa fora de nossas capacidades nos permitirá construir riqueza, começaremos a tomar decisões sobre como gastamos nosso tempo, energia e dinheiro. Assumir a responsabilidade por nosso futuro financeiro é um componente essencial para a formação da riqueza, como veremos no Capítulo 5.

Se pudermos reconhecer que os que construíram riqueza por esforço próprio não são universalmente maus, ou mesmo bons, começaremos a examinar o comportamento que lhes permitiu ser economicamente bem-sucedidos, em vez de culpá-los por seu sucesso e lamentar nossos próprios fracassos.

Se pudermos deixar de lado os mitos da riqueza nos Estados Unidos, talvez então possamos focar os comportamentos e escolhas que levam à construção da riqueza. São esses comportamentos e decisões que acabarão por nos permitir ter, seja qual for nossa participação em um determinado grupo, a oportunidade de construir nossa riqueza em um país livre.

Somente então começaremos a imitar os comportamentos dos que atingiram um sucesso econômico real. Talvez o Sr. Rico se junte a nós.

Capítulo 3

Influências sobre a Riqueza

Você precisa promover seu próprio crescimento, não importa quão alto era seu avô.

— provérbio irlandês atribuído a Abraham Lincoln

COMO A CIÊNCIA MOSTROU EM QUASE TODOS OS ASPECTOS DE NOSSA VIDA, O QUE motiva nossos atos é uma combinação de natureza (nossas características únicas) e educação (como fomos criados e outras influências externas). Quando pensamos sobre comportamentos, nossa natureza põe limites para o que podemos ou não fazer, e a educação decide, dentro desses limites, como nos desempenharemos, o que decidiremos fazer, e assim por diante.

Em qualquer discussão sobre sucesso econômico é essencial focar algum tempo no aspecto da *educação* da equação e examinar como nossa criação, a escolha de um cônjuge e de amigos e a cultura social podem influenciar como e se somos capazes de transformar renda em riqueza. Por exemplo, constatamos que harmonia na família é um fator marcante na formação do caráter e prosperidade de milionários self- -made men. Nas últimas três décadas, quase 70% dos milionários em levantamentos nacionais informaram ter crescido em um ambiente de amor e harmonia, e quase 3/4 deles afirmaram que os pais os encorajaram a realizar e se sobressair.

Todavia, carinho e afeto nas famílias não é uma condição universal. E não podemos escolher nossas origens, quem são nossos pais ou que tipo de educação inicial recebemos. Podemos querer culpar nossa criação pela situação que vivemos hoje — e algumas dessas acusações podem ser justificadas. Contudo, como adultos que vivem em uma sociedade que não determina nossas escolhas, temos a liberdade de decidir com quem e como passamos nosso tempo, e essas escolhas podem influenciar nossos resultados financeiros. Os que são financeiramente independentes focam suas próprias opções e assumem a responsabilidade por suas atitudes e comportamentos referentes a dinheiro.

Mais do que Uma Aula

Alguns especialistas propuseram uma abordagem educacional para corrigir o analfabetismo financeiro e comportamentos financeiros insatisfatórios. Porém, mudar o comportamento financeiro é mais complexo do que oferecer oficinas ou cursos de seis semanas. Não existe uma aula, um manual ou aplicativo específico que conduza a uma conquista econômica para a vida toda. Ao contrário, é preciso seguir um padrão consistente de comportamentos financeiros. Começando cedo, a probabilidade de sucesso contínuo é maior. Por exemplo, pense como as primeiras experiências de um milionário que mora ao lado, John C., prepararam o caminho para comportamentos que se tornariam o alicerce de seu sucesso e dos padrões de comportamento mostrados por seus filhos:

> *Fui criado por pais frugais. Eles só adquiriram um cartão de crédito quando tinham quase 50 anos — e apenas porque começaram a viajar e precisavam dele para as reservas de hotel e locação de carros. Meu pai gastou uma hora contando a nós seis por que tinham adquirido o cartão de crédito e que ele só deveria ser usado se tivéssemos dinheiro para pagar o total da fatura no vencimento.*
>
> *Eu sou o quarto de seis filhos, e quando eu estava na quarta série meu pai nos fez sentar na sala e explicou como todos iríamos para a faculdade. Ele não poderia pagar um centavo das mensalidades; nós mesmos teríamos que pagá-las. Não poderíamos comprar um carro até nos formarmos, mas ele teria carros usados para que pudéssemos ir para nossos empregos de meio período, que esperava que conseguíssemos ao atingir 15 anos.*
>
> *Nós seis pagamos a faculdade. Nós seis conquistamos três graus de associate degrees [grau acadêmico de dois anos], quatro bacharelados, quatro mestrados e dois MBAs.*
>
> *Meus pais só fizeram uma dívida — em toda a vida. Uma hipoteca que foi paga em 20 anos. Nunca fizeram um refinanciamento hipotecário, um empréstimo para comprar um carro, nem tiveram um saldo no cartão de crédito que não fosse pago no primeiro mês.*
>
> *Eu? Sou formado em Finanças e tenho um MBA em Marketing e Finanças. Nunca tive um cartão de crédito cuja fatura não fosse paga no primeiro mês. Fiz três empréstimos para comprar carros em 20 anos. Sempre com taxas tão baixas que pude ganhar mais dinheiro investindo o valor do empréstimo do que eu pagava de juros.*

Atualmente tenho uma hipoteca e um dos três empréstimos para comprar um automóvel, mas nenhuma outra dívida, os investimentos em meu plano 401(k) [plano de previdência patrocinado pelo empregador] e em meu plano de pensão são inferiores aos meus outros investimentos.

Minha mulher fica em casa para criar nossos dois filhos há 20 anos. O mais velho iniciou a faculdade há duas semanas. Ele conseguiu uma bolsa de estudos, e eu poupei o suficiente para pagar as mensalidades e o alojamento para os quatro anos. Ele vai pagar os livros.

O único emprego pago de meu filho universitário foi em meu negócio paralelo. No quarto ano, ele criava projetos para esse nosso negócio paralelo que eram comprados pelos clientes. Eu disse a ele que deduziria o custo de produção das peças de qualquer valor gerado por seus projetos, e também deduziria os impostos que teria que pagar sobre a receita, já que a venda tinha ocorrido por meio da empresa. Ele poderia ficar com o restante, mas 80% teria que ser posto em uma poupança para a faculdade. Dez por cento também teriam que ir para a poupança, porque, na vida, você tem despesas inesperadas, e é preciso ter dinheiro separado para substituir uma máquina de lavar, consertar o carro, pagar uma conta médica. Os últimos 10% poderiam ser gastos, mas a mãe e eu teríamos que aprovar a compra.

A primeira venda no quarto ano resultou em um ganho de US$3 mil depois de deduzido o valor da produção e dos impostos. Ele tinha US$300 para gastar em que quisesse. Poupou toda a quantia, e somente alguns meses depois decidiu comprar um iPod por menos de US$300.

Quando completou 15 anos, meu filho começou a cuidar da documentação de transporte de mercadorias da empresa. Ele cuidava do recebimento e conferência dos produtos e fazia a contabilidade, e recebia um salário mínimo. Vendeu mais alguns projetos por um bom preço e investiu em CDs no ensino médio, e foi voluntário em um hospital local.

Foi para a universidade com US$15 mil no banco, o triplo de quando eu fui para a faculdade, e começou um negócio próprio enquanto estudava.

Meu outro filho, de 16 anos, está seguindo os passos do irmão. Suas notas também são excelentes, e embora ele não tenha uma conta no banco ainda, tem dois anos para ganhar mais US$5 mil para se igualar ao irmão.

Nenhum dos dois tem carro ou cartão de crédito, e ambos compraram seus próprios equipamentos eletrônicos. Na escola, quando eles queriam o mais recente Game Boy, dizíamos que deveriam vender a versão antiga e usar o dinheiro para ajudar a pagar o novo. Eles aprenderam a manter os aparelhos limpos em suas caixas originais, pois dessa forma poderiam vendê-los por um preço melhor no eBay.

Após algum tempo, perceberam que poderiam comprar eletrônicos usados
por muito menos do que os novos, e muitas vezes vendiam seus modelos antigos
por quase o mesmo valor que tinham pago quando os compraram usados.
Eles vão se tornar afluentes? O tempo dirá. Mas o começo é ótimo.

Obter resultados como esses na família de John é uma combinação de natureza e educação, como discutimos anteriormente. Contudo, educação é um aspecto que podemos controlar hoje. A fim de ter a chance de alcançar os mesmos resultados de John e seus filhos, até que ponto os pais estão dispostos a fazer o seguinte hoje?

- Encorajar seu filho a poupar seu próprio dinheiro.

- Encorajar ou exigir que seus filhos trabalhem.

- Fazer com que seus filhos comprem seus próprios aparelhos eletrônicos (incluindo os smartphones mais modernos).

- Ensinar responsabilidade com bens de consumo e respeito pelos brinquedos que têm.

- Poupar para a faculdade de seu filho (pais e filho).

A abordagem disciplinada de John para criar os filhos, que incluía ensinar-lhes a respeitar o dinheiro, exige seguir um padrão de escolhas difíceis, escolhas que podem não levar a uma vida voltada para o consumo e compartilhamento de mídias sociais.

Treinando para o Sucesso Econômico

Vamos analisar como nossas experiências da infância podem impactar as decisões financeiras que tomamos hoje. Poucos outros fatores ajudam a moldar o modo de poupar e gastar dinheiro como a nossa criação e a influência da família. Não podemos afirmar com certeza que o componente da educação é necessariamente a *causa* da riqueza, mas a relação existe. Pessoas financeiramente bem-sucedidas partilham muitas características semelhantes, como discutiremos em mais detalhes no Capítulo 5. Mas elas também têm experiências semelhantes: muitas vezes, vêm de um ambiente familiar estável, são muito disciplinadas e voltadas para metas. Mesmo sem experiências estáveis na infância e adolescência, elas também têm propensão a superar grandes obstáculos dissecando-os em pequenos pedaços. Na maioria dos casos, um patrimônio líquido de sete dígitos começa com o primeiro tostão poupado, seguido por outro e mais outro — um padrão de comportamentos consistentes ao longo do tempo versus uma temporada de prudência financeira.

Naturalmente, você pode crescer em um lar amoroso e harmonioso e ter pouca ou nenhuma exposição ou experiência de gestão financeira. Em outras palavras, sua infância feliz pode ter sido totalmente destituída de qualquer educação ou modelo financeiro. Nós sabemos, por exemplo, que nos Estados Unidos a educação financeira é constrangedoramente baixa. O TIAA Institute - GFLEC Personal Finance Index [um Índice de Finanças Pessoais] mede o conhecimento financeiro em diferentes áreas de finanças pessoais. Em um de seus estudos, eles constataram que apenas 16% dos norte-americanos tiveram o que chamam de "elevado nível de conhecimento e compreensão de finanças pessoais", que eles determinaram por meio das respostas corretas dos respondentes em mais de 75% das perguntas do levantamento. Do outro lado do espectro, um entre cinco tinha um nível menor de conhecimento.[1]

Pesquisas sobre experiências de vida de crianças e adolescentes demonstram como nossos primeiros anos podem exercer um efeito extraordinário e previsível em nossas carreiras, rendas e personalidades quando adultos. A pesquisa iniciada no departamento de psicologia da Universidade da Geórgia nos anos 1960 por um professor chamado William Owens demonstrou os efeitos do ambiente e experiências de vida em vários resultados relacionados à vida adulta. O Sr. Owens e seus alunos começaram a pesquisar calouros da faculdade no final dos anos 1960 e 1970, e mais tarde, quando eram adultos, nos anos 1990. Os pesquisadores constataram que calouros da faculdade que tiveram experiências de vida semelhantes, incluindo tudo, desde exemplares de revistas e jornais em sua casa ao afeto demonstrado pelos pais, tendem a ter escolhas de carreira, personalidade e níveis de renda semelhantes na vida futura quando adultos.[2] Naturalmente, é mais provável que algumas dessas experiências ocorram em famílias com nível socioeconômico mais elevado.

Em um de nossos estudos com norte-americanos de renda elevada e com elevado patrimônio líquido nos anos de 2012 e 2013, perguntamos sobre padrões de experiências e comportamentos na adolescência na construção da riqueza. Descobrimos que a frugalidade dos pais e a disposição deles em ensinar os filhos a gerenciar o dinheiro impacta a habilidade de eles transformarem renda em riqueza. Nossa pesquisa conduzida com pessoas com renda média e afluentes descobriu que a *frugalidade parental* estava positivamente relacionada ao patrimônio líquido dos filhos. Em outras palavras, se o comportamento geral de seus pais conduziu à formação de riqueza, há uma chance maior de que isso valha para os seus também. Filhos adultos que relataram pais comedidos nos gastos, que discutiam questões relativas a dinheiro e demonstravam boas habilidades de gestão financeira tinham maior probabilidade de serem prodigiosos acumuladores de riqueza, comparados aos que não vivenciaram esse mesmo tipo de educação.

Um estudo da Universidade de Minnesota oferece resultados valiosos sobre a influência do estilo de vida da família e dos pais sobre os filhos no âmbito das finanças.[3] Os pesquisadores descobriram que os pais fornecem três temas de gestão financeira aos filhos, incluindo poupança, administração do dinheiro e modo de discussão e questões financeiras. A grande maioria dos filhos, nesses estudos, aprendeu sobre a propensão da família em poupar e administrar as finanças por meio de observação direta versus conversas referentes a esses comportamentos. Em outras palavras, o comportamento dos pais tende a se fixar nos filhos mais do que discussões do que deve ser feito em relação ao dinheiro.

Apesar desses resultados, quando se trata de saber o que contribuiu para o sucesso deles, nossos milionários costumam classificar a influência dos pais como menos importante que outros fatores, como resiliência e trabalho duro (veja Capítulo 5, Tabela 5.5). Quarenta e dois por cento de milionários indicaram que ter pais engajados e presentes contribuiu para seu sucesso, e 59% declararam que seu sucesso deveu-se a ter pais solidários.

Deixando as Primeiras Experiências para Trás

Que outros tipos de experiências iniciais podem impactar seus resultados financeiros? Além de ver uma boa gestão do dinheiro modelada por nossos pais e cuidadores, o estresse financeiro também pode impactar nossa trajetória financeira. Na verdade, nossos respondentes milionários tinham algumas observações interessantes sobre sua infância, durante a qual testemunharam diretamente como as finanças podem impactar as famílias e os relacionamentos. Muitas dessas situações destacam a importância de deixar experiências negativas para trás:

Eu vi muitas pessoas de minha idade cujos pais jogavam dinheiro para eles como se não fosse nada, e elas acabaram se tornando péssimos exemplos de seres humanos, como, por exemplo, a filha que ganhou uma Mercedes nova de aniversário (seu primeiro carro), bateu na primeira semana e então ganhou outro.

— milionário de Nova Jersey com um
patrimônio líquido de US$1,2 milhão

(Meus) pais foram um ótimo exemplo de como não gerenciar dinheiro.

— milionário de Miami, Flórida,
com um patrimônio líquido de US$1,9 milhão

Eu vi meu pai com dificuldades de administrar dinheiro. Embora tivesse um emprego administrativo, não importa quanto ganhasse, ele nunca tinha dinheiro. Ele o gastava.

— dono de empresa de Nashville, Tennessee,
com um patrimônio líquido de US$1,1 milhão

(Eu) ouvia meus pais discutindo sobre perder a casa. Gostaria de ter aprendido sobre crédito, poupança e investimentos.

— diretor-executivo de Clearwater, Flórida,
com um patrimônio líquido de US$1,7 milhão

O estresse causado pela má gestão de dinheiro geralmente não passa despercebido pelos filhos, como nos conta este milionário emergente que mora ao lado (com um patrimônio líquido de US$825 mil) de uma pequena cidade da Geórgia:

No ensino médio, comecei a compreender o quanto meus pais eram financeiramente estressados, apesar de trabalharem muito. Em retrospecto, hoje me dou conta de que meu pai era terrível *com dinheiro. Se ele ganhasse US$50 mil, gastava US$60 mil. Todas as decisões financeiras eram tomadas com um sentimento de desespero. Minha mãe sofreu muito com a imaturidade/inabilidade financeira dele. Apesar de milhões de dólares passarem por seu negócio, meus pais hoje vivem da previdência social. Culpo meu pai por isso. Hoje, quase todas minhas decisões financeiras são tomadas a partir do ponto de vista de meu pai... simplesmente faço o oposto do que ele faria... eu gostaria de ter aprendido a importância de poupar e investir dinheiro, de utilizar crédito com prudência e acumular patrimônio líquido. Não aprendi nada disso com meus pais. Entretanto, eles amam muito a mim e meus irmãos. Foram ótimos pais, mas não nos ensinaram sobre dinheiro... Com a idade de 33 e 31, minha mulher e eu tínhamos um patrimônio líquido de US$40 mil; hoje, com 50 e 48, temos US$825 mil. O que mudou? Começamos a obter o máximo de nossos investimentos em fundos de aposentadoria. Também nos certificamos de não incorrer em muitas dívidas. Felizmente, descobrimos como administrar nosso dinheiro, mas poderíamos facilmente ter arruinado nossa vida financeira como meus pais fizeram... Não é nada agradável escrever sobre os fracassos de meus pais em relação ao dinheiro, mas espero que minhas opiniões possam ajudar pais atuais e futuros a compreender a importância dos ensinamentos sobre dinheiro aos filhos. Estamos ensinando a importância da gestão do dinheiro ao nosso filho de oito anos. Ele dirá a você rapidamente que a família e os amigos* *são muito mais importantes do que dinheiro. Ao mesmo tempo, dirá também que dinheiro é importante porque uma má administração das finanças pode arruinar sua vida.*

Dependendo das experiências que teve na infância, você pode ter assimilado práticas eficientes ou ineficazes, mas são os comportamentos de *agora* que farão a diferença em seu sucesso econômico.

Respeito pelo Dinheiro

O conhecimento sobre finanças é essencial para construir riqueza, mas a *disciplina* muitas vezes desempenha um papel ainda mais importante em como se poupa e gasta. A combinação dos dois, isto é, conhecimentos financeiros *e* autocontrole nos gastos, pode ser uma mescla poderosa para o futuro sucesso financeiro. Informações sobre finanças e consciência pessoal têm sido associadas positivamente para manter os bens (de maior ou menor liquidez).[4] Pesquisadores de um estudo concluíram que unir conhecimentos financeiros, disciplina e sucesso financeiro proporcionou *"apoio nas intervenções na infância, adolescência e na vida adulta que visavam a melhoria do autocontrole".*[5]

A riqueza é atraída por pessoas que respeitam o dinheiro, e respeito pelo dinheiro inclui a *disciplina* exigida para administrá-lo com eficácia. As pessoas que não planejam seus gastos e nem sabem em que gastaram seu dinheiro todos os anos demonstram falta de respeito pelo dinheiro. Crianças que crescem nesses lares tendem a ficar iguais aos pais e se tornar afluentes de declaração de renda. Cerca de 70% dos milionários de nosso estudo mais recente afirmaram que os pais eram muito frugais.

Meu pai contou que entrevistou muitos tipos de milionários que moram ao lado que nunca tiveram uma renda familiar total realizada superior a US$100 mil anuais, mas eles sabiam dizer quanto tinham alocado a cada categoria de consumo em seu orçamento. E eles também elaboravam um orçamento anual com base na previsão de renda, em categorias de consumo e dinheiro reservado para investimento, aposentadoria, faculdade, e assim por diante. Imagine o impacto nas crianças que são socializadas em um ambiente no qual o dinheiro é respeitado! Ao observarem os pais dando atenção às suas finanças, elas são expostas às habilidades que lhes permitirão construir riqueza na vida adulta.

Pense nas experiências que você viveu na infância relativas à gestão financeira. Se dinheiro era um assunto tabu, ou você nunca ouviu seus pais ou cuidadores dizerem a frase "isso não cabe em nosso orçamento este mês", a base de seus comportamentos financeiros pode apresentar um padrão muito diferente das experiências iniciais de vida de uma milionária que mora ao lado chamada Christy, que meu pai descreveu pela primeira vez em *Millionaire Women Next Door*. Ela atribui grande parte de seu sucesso ao empenho e franqueza dos pais em ajudá-la a criar respeito pelo dinheiro. Seu pai era sargento do exército, e a mãe, dona de casa. O orçamento doméstico e um estilo de vida comedido eram parte de seu processo de socialização inicial. Ela explica: "Todos nos reuníamos na tarde do primeiro domingo de cada mês. Não tínhamos muito dinheiro. Sempre olhávamos o pagamento de meu pai e começávamos a fazer nossa lição de casa."

Seus pais davam prioridade a compromissos assistenciais, depois a contas importantes e, por fim, eram calculadas as despesas futuras para o mês. Christy lembrou o sorriso dos pais enquanto destinavam uma parte do orçamento da família para o fundo da faculdade para os filhos: "Eu sabia o quanto era difícil para eles pouparem para que frequentássemos a faculdade. Porém, sempre que meu pai preenchia um cheque para o fundo da faculdade, ele sorria e dizia: 'Eu adoro preencher cheques que vão pagar as mensalidades. Algum dia, vocês poderão fazer isso para seus filhos.'"

Um dos motivos para o sucesso atual de Christy é o ambiente estimulante que os pais proporcionaram. Christy e os irmãos eram respeitados como membros do conselho de planejamento da família. Eles aprenderam sobre orçamentos e planejamento desde cedo, e tinham que justificar seus pedidos para um caderno ou sapatos novos. Essas experiências prepararam Christy para sua atual vocação como líder empresarial.

Naturalmente, uma frugalidade extrema pode ter um efeito negativo, principalmente se ela passar a sensação de privação. Em alguns casos, as pessoas que a vivenciaram durante a infância podem acabar decidindo que não vale a pena repetir o cuidado para poupar em sua própria casa. O tempo dirá se crianças em lares extremamente frugais encararão o estilo de vida frugal de sua criação de modo positivo. Alguns norte-americanos bem-sucedidos financeiramente que tiveram esse tipo de antecedentes conseguiram assimilar os melhores aspectos da frugalidade extrema e usá-los para seu benefício financeiro.

Jovem Auditora Independente Vive os Princípios Encontrados em *O Milionário Mora ao Lado*

As primeiras experiências e o apoio contínuo de mentores financeiros podem exercer um impacto significativo no sucesso financeiro e preparar os que recebem qualquer tipo de doação financeira para evitar a armadilha do aumento do consumo diante de um ganho inesperado. Analise o seguinte estudo de caso de uma milionária que mora ao lado que manteve comportamentos financeiros eficientes a despeito de uma doação considerável dos pais. Meu pai escreveu o seguinte em 2014:

Muitos tipos de milionários que moram ao lado e os que estão a caminho foram criados em um ambiente acolhedor repleto de harmonia, respeito mútuo, disciplina e frugalidade. Como exemplo, leia este estudo de caso de uma de minhas leitoras:

"Enquanto ainda estava na escola, meus pais deram *O Milionário Mora ao Lado* para que eu e meu irmão lêssemos. O tema interessava a ambos, e encontramos inúmeras semelhanças no modo como nossos pais dirigiam a família. Meu pai era um funcionário público que trabalhava 37,5 horas por semana e sempre esteve presente em nossa vida. Minha mãe era uma dona de casa que adorava comprar objetos em brechós. Saíamos para comer fora quatro vezes por ano... Meu irmão e eu trabalhamos desde quando éramos muito pequenos porque gostávamos! Meus pais nos davam uma mesada para que aprendêssemos a administrar o dinheiro e não apenas pedir por ele quando precisássemos. Meu irmão e eu estamos agora com 20 e tantos anos, e as lições que aprendemos quando éramos jovens gerou resultados... Perdemos nossa mãe três anos atrás, e, com seu falecimento, nossa família recebeu uma quantia expressiva. Meu pai ficou com uma boa parte, mas também transferiu cerca de US$250 mil para meu irmão e para mim. Meu pai continuou a morar na mesma casa e ainda dirige seu Toyota Avalon 2003. Meu irmão decidiu comprar uma casa na mesma vizinhança, e ainda trabalha e dirige seu Toyota Camry 2005. Eu ainda trabalho em um emprego muito desafiador como auditora independente e decidi morar em uma casa com outras quatro garotas, o que é ótimo por muitos motivos, incluindo um aluguel bem abaixo da média ao lado de Washington, DC... Deixei a herança em uma conta de investimentos e continuo a poupar agressivamente 20% de minha renda para a aposentadoria. Não somos avarentos e todos apreciamos alguns pequenos luxos. Para mim, são viagens, para meu irmão, é boa comida, mas está tudo dentro de nossas possibilidades... Conto esta história porque acho que meu irmão e eu somos anormais no país de hoje. Quando a maioria dos jovens de 23 e 26 anos (as idades que tínhamos quando recebemos a herança) recebem uma quantia tão grande (e, muitas vezes, quando recebem até quantias menores), eles param de trabalhar, compram carros esportivos sofisticados, gastam tudo em extravagâncias, viagens e outras numerosas atividades. Meu irmão e eu conservamos nossos empregos, os mesmos carros e não mudamos nem um pouco nosso estilo de vida, simplesmente porque sabemos como ficar satisfeitos."

Assim, preparando os filhos desde cedo para ter uma visão saudável do dinheiro e equipando-os com as ferramentas para administrá-lo com eficiência, esses pais deram aos filhos (e a si mesmos) o valioso presente da liberação do pronto-socorro econômico e um bom início para uma emancipação financeira precoce.

Tabela 3-1. Primeiras Experiências de Milionários

Afirmação	Porcentagem Concordo Muito/ Concordo		
	1996	2000	2016
Pais eram frugais/viviam abaixo das possibilidades?	66	61	70
Pais me encorajavam a realizar e me sobressair?	-	63	73
Cresceu em um ambiente de amor e harmonia?	-	-	70
Pais estavam em situação melhor do que a dos pais dos colegas de classe?	-	-	32

A Experiência dos Hipergastos

O chefe de uma empresa de gestão patrimonial, que trabalha principalmente com pessoas com altas rendas e elevados patrimônios líquidos no sudoeste dos EUA, nos contou que as experiências relativas à riqueza de seus clientes eram diferentes das mostradas em *O Milionário Mora ao Lado*. A maioria de seus clientes era rica não por ser frugal, mas porque sua renda é tão alta que, geralmente, cobre suas despesas. De fato, há algumas pessoas capazes de acumular grande fortuna sem precisar da frugalidade.

Do mesmo modo, em *Stop Acting Rich*, meu pai descreveu pessoas que chamou de "ricos reluzentes". São pessoas cujas rendas e patrimônio líquido são tão elevados que a maioria não tem um orçamento doméstico. Eles não planejam. Parece que não precisam disso. Não importa em que gastem seu dinheiro, é só uma fração de seu patrimônio total. Em outras palavras, mesmo os ricos reluzentes gastam abaixo de suas possibilidades. Se você faz parte desse grupo, ótimo. Você está entre o 1% de pessoas mais ricas nos Estados Unidos.

Começar com uma renda elevada, mas sem atingir o nível de ricos reluzentes, pode conduzir a um caminho diferente. Compare uma criação baseada em frugalidade e limitações de orçamento com uma de gastos excessivos e exibição de comportamentos que nada têm de limitados. Sim, os ricos reluzentes podem fazer isso sem muitas consequências para as gerações futuras. Contudo, a persuasão de alguns dos afluentes de declaração de renda ou a de subacumuladores de riqueza tem probabilidade de exibir um consumo notável nos carros, nas roupas e nos acessórios que usam, ou para onde viajam e como se entretêm. Na verdade, isso está *dizendo* a seus filhos e aos que os cercam no que eles gastam dinheiro e o que valorizam.

Vamos imaginar que os filhos de pais de renda elevada que enriqueceram sozinhos vivam esse tipo de infância: andar em carros luxuosos a caminho de uma escola particular, exibir o que há de mais moderno em moda e tecnologia perante seus pares, fazer viagens para países estrangeiros exóticos, jantar em restaurantes cujos nomes mal conseguem pronunciar. Serão essas crianças capazes de desistir desses luxos quando estiverem vivendo sozinhas? Poderão elas compreender que papai e mamãe têm um nível de riqueza que apenas uns poucos acumularão, e que esse consumo foi alimentado por rendas elevadas? Esses podem ser conceitos que crianças de dez anos não conseguem entender. De fato, o pronto-socorro econômico pode estar no horizonte.

Na verdade, uma das perguntas mais frequentemente feitas pelos leitores de *O Milionário Mora ao Lado* é "por que meus filhos adultos são hiperconsumidores?" A resposta é simples e direta: pais hiperconsumidores costumam criar filhos hiperconsumidores. Esses pais transgrediram a regra número 1 para criar adultos produtivos de *O Milionário Mora ao Lado*:

Nunca diga a seus filhos que você é rico.

Ainda pior, em muitos casos, é o fato de os pais *sinalizarem* riqueza para os filhos por meio de hiperconsumo, mesmo quando não têm a riqueza para sustentá-lo (apenas a renda).

Apesar das rendas elevadas e do alto patrimônio líquido, e apesar de se encontrar na categoria dos ricos reluzentes, alguns pais desse grupo decidem empregar a limitação de gastos. Por quê? Talvez eles reconheçam duas obviedades sobre garantir sucesso financeiro: não contar aos filhos o quanto você é rico e adotar a frugalidade como um componente importante, se não crítico, para construir riqueza.

Para os não suficientemente afortunados para herdar grandes somas ou ser beneficiários de um fundo fiduciário, o único modo certeiro de acumular riqueza ao longo do tempo é *gastar menos do que ganha*. Essa é uma função da disciplina e da matemática. Como discutiremos em mais detalhes no Capítulo 4, a frugalidade é um conjunto de comportamentos que prevê patrimônio líquido independentemente de idade, renda e porcentagem de renda que foi recebida por doações ou herança. É uma exigência para quem constrói riqueza por conta própria. Como meu pai observou em *O Milionário Mora ao Lado*:

Ser frugal é essencial para construir riqueza.

Se você não for um rico reluzente, embora você e seus filhos possam estar em boa situação por causa da riqueza que acumulou, sem seus filhos pouparem e gastarem com prudência (isto é, ser frugais), é menos provável que ela dure para custear as despesas de seus netos. A menos que você seja rico reluzente, seus netos não terão o luxo de não planejar, pelo menos não sem acumular riqueza por conta própria. E se seus pais "agiram como ricos" (algo que talvez você só aprenda mais tarde na vida), você pode ter desenvolvido a sensação de que "não vai conseguir", como eles conseguiram, se sua noção de sucesso exigir uma exibição constante de bens de consumo e itens luxuosos.

O Lado Bom de Desviar-se do Curso

Seus pais e cuidadores, sua criação e lições referentes a dinheiro aprendidas durante a infância podem influenciar seu comportamento em relação a gastos, poupança e investimentos; e, por fim, impactar seu sucesso financeiro. As boas novas são que, apesar do caminho em que estamos devido às nossas experiências iniciais, ele pode ser alterado, embora algumas vezes lentamente, por meio de uma mudança intencional no comportamento.

Vale a pena notar que muitos milionários estudados nos 20 e tantos anos passados tiveram êxito *apesar* de experiências iniciais de adversidade. Mesmo quando as chances eram contrárias, eles encontraram meios de sobreviver e ter sucesso. Nós podemos escolher se o que sofremos no passado ou o modo como nossos cuidadores se comportaram darão o tom de nossa vida financeira para sempre. Leia as histórias de alguns milionários que moram ao lado que nos contaram suas primeiras experiências na vida:

> *Meus pais sempre gastaram muito e, na verdade, nunca pouparam. Parecia que eles eram ricos, mas não eram. Meu pai morreu aos 61 anos com pouco dinheiro para dar à minha mãe. Todo esse sofrimento me fez seguir em uma direção totalmente oposta.*
>
> — dono de empresa com patrimônio líquido
> de US$2 a 2,5 milhões

Eu via meu pai como gastador, gastando "o dinheiro do aluguel" (por assim dizer) em obras de arte extravagantes e outros itens de status que eu não entendia, porque minha mãe se queixava de que não tínhamos dinheiro "suficiente". Era eu quem meu pai mandava atender o telefone em casa. Na época, minha mãe trabalhava como enfermeira em dois turnos. Várias vezes ao mês, era Mastercharge [atual Mastercard] ou American Express tentando encontrá-lo (meu pai)... Eles queriam ser pagos, e digamos que isso impressionou um garoto de 14 anos. Eles se divorciaram quando eu tinha 16, e acho que isso salvou a vida de minha mãe. Portanto, é o seguinte: gastar mais do que se ganha é uma estrada para a ruína.

— executivo de marketing de Ohio com patrimônio líquido
de US$7 milhões

Muitos grandes homens e mulheres puderam ignorar as probabilidades a fim de superá-las. De certo modo, eles mostram uma desconsideração segura em relação ao que *provavelmente* acontecerá e, então, focam a esperança de algo melhor. Pense na taxa de insucesso de novos negócios, na probabilidade de se tornar um líder dentro de uma organização, nas chances de sucesso conjugal ou na possibilidade de se tornar financeiramente independente. Se prestarmos muita atenção às probabilidades sem considerar nossos comportamentos e opções, podemos nem tentar, para começar. Pense neste exemplo de um "em breve milionário que mora ao lado", engenheiro em Wisconsin :

Eu tinha 23 anos, era recém-divorciado, sem qualificação profissional e lutava para sustentar dois filhos com um emprego de salário mínimo. Meus avós estavam viajando pela região e apareceram sem avisar. Meu telefone estava desconectado, e eles não puderam ligar com antecedência. Meu avô me fez a pergunta mais importante que eu já ouvi: "Por que você quer viver desse jeito?" Naturalmente, ninguém quer viver desse jeito, mas ele explicou que vivemos nos EUA e você só fica duro se quiser. Ele acabou me convencendo a frequentar a faculdade e me formar em engenharia. Só nos Estados Unidos!

Ou o caso deste executivo da Geórgia que hoje tem um patrimônio líquido de US$1 a 1,5 milhão:

Minha mãe (que estava perto de se aposentar) perdeu o emprego há alguns anos. Esse acontecimento colocou mais pressão sobre meu pai, que era quatro anos mais velho e trabalhava para pagar uma casa nova e cara que tinham adquirido com uma hipoteca de 30 anos. Em toda minha infância na casa de meus pais, sempre _tive a impressão de que eles passavam por dificuldades financeiras. Sempre pagando coisas com cartão de crédito, financiando carros novos etc. Lembrando esse padrão de comportamento, jurei não viver do mesmo jeito com minha família e tenho feito um bom trabalho em não contrair dívidas, pagando carros à vista, exceto pela grande casa sofisticada com uma pesada hipoteca que temos. Isso abriu meu olhos... (na minha família) eu fui o único a trabalhar (minha mulher ficou em casa com as crianças). Tomei a decisão de saldar a hipoteca o mais depressa possível e oferecer uma verdadeira liberdade financeira para a minha família._

Esses casos representam só algumas das histórias e dos exemplos reunidos nos últimos 20 anos que demonstram que há formas de educação nada adequadas para construir riqueza. Essas pessoas economicamente bem-sucedidas, talvez _por causa_ dessas experiências iniciais, procuraram uma vida de liberdade financeira e se puseram a alcançar essas metas. Contudo, essa mudança na trajetória ocorreu porque elas mudaram suas atitudes em relação aos objetivos financeiros e (mais importante) seus comportamentos, alinhando-os de modo a conduzir à construção de riqueza.

O Verdadeiro Sonho Americano?

Em nossa sociedade hiperconsumista e distraída, esquecemos (ou ignoramos) as grandes liberdades que temos nos Estados Unidos, liberdades conquistadas por indivíduos que se sacrificaram muito. Muitos milionários que contaram suas histórias lembram pouco ou nada da jornada de suas famílias para este país. Muitos de nós não temos ideia da trajetória percorrida por nossos ancestrais, o preço emocional, psicológico e financeiro pago pela viagem para viver e trabalhar nos Estados Unidos. Em vez de refletir sobre essa jornada e respeitar seu custo, nós não damos valor às oportunidades proporcionadas neste país. Aprender com os que se juntaram a nós recentemente, os que emigraram para os Estados Unidos e começaram uma nova vida, nos dá uma perspectiva diferente. Nos próximos parágrafos, outra leitora, Sra. H, fornece uma visão única de como sua mãe imigrante se tornou multimilionária:

Fui criada por minha mãe solteira, que emigrou para os Estados Unidos no início dos anos 1980... (Ela) não falava nem escrevia inglês muito bem... e talvez fosse a pessoa mais frugal que já conheci. Ela administrava a casa como um CEO avarento, cortando gastos...

O dinheiro poupado pela mãe frugal era imediatamente investido nos empreendimentos da família, sendo que o primeiro foi um restaurante. A Sra. H explicou que ela e os irmãos trabalhavam com entusiasmo no restaurante da família já quando estavam na escola. A mãe da Sra. H também economizava comprando roupas para ela e os filhos em vários brechós, bazares e mercados de pulgas. Apesar disso, ninguém na família se achava desfavorecido ou pobre. Enquanto construíam riqueza, a família se considerava em transição, entre recursos modestos e riqueza. Assim, eles nunca se sentiram diminuídos por usar roupas adquiridas em brechós.

Mais tarde, a mãe comprou o prédio que abrigava o restaurante. Depois, com o passar do tempo, comprou mais propriedades geradoras de renda, acabando por adquirir vários shopping centers, aposentando-se como multimilionária. Atualmente, a mãe da Sra. H está usufruindo uma vida de lazer, como fazem quase todos os cidadãos seniores financeiramente independentes.

Lembre-se de que nem todas as pessoas que compram em brechós encontram-se economicamente no zero. Algumas são empresários e clientes espertos, como veremos no próximo capítulo. Elas têm a intenção de construir um negócio e, finalmente, riqueza levando uma vida espartana. Como observamos, esse tipo de estilo de vida não atrai a todos, mas isso não significa que ele não seja um caminho confiável para o acúmulo de riqueza.

O objetivo da Sra. H ao nos escrever não foi o de criticar, mas elogiar a mãe como uma pessoa amorosa e atenciosa. A Sra. H e os irmãos reconheciam que a mãe tinha o sonho de independência financeira para a família. Além disso, os filhos reconheciam que ninguém trabalhava mais arduamente, mais tempo ou gastava menos consigo mesma do que a mãe. Por meio dela, a Sra. H aprendeu a seguinte lição:

> *Ela me ensinou que o valor do verdadeiro caráter não está em como alguém "gastava" dinheiro e permitia que o dinheiro o mudasse, mas como se pode fazer coisas realmente ótimas ao acumular dinheiro e tratando os outros com justiça. Não existe tarefa indigna demais, contanto que seja realizada em um dia honesto de trabalho.*

O que podemos aprender com o método de construir riqueza da mãe da Sra. H? Os resultados associados ao hábito de gastar e poupar com prudência permitem a criação de oportunidades econômicas com que muitos só conseguem sonhar. Independentemente do que os profissionais de marketing e a mídia tentam nos impor em relação a gastos, poupança e ganhos, e do quanto é difícil andar na contramão de como a sociedade nos diz como gastar, uma vida de autonomia financeira exige um padrão de comportamentos disciplinado. Foque a meta de se tornar financeiramente emancipado com clareza. Pense em levar um estilo de vida espartano como um passo temporário no caminho de se tornar um realizador socioeconômico nos Estados Unidos.

Experiências São Importantes

Embora não sejamos psicólogos infantis ou especialistas em criação de filhos, discutimos experiências iniciais de vida por causa (a) da falta de pesquisas que demonstrem que padrões de experiências de vida predizem resultados futuros quando adultos e (b) dos numerosos leitores que nos pediram conselhos nessa área. A combinação de pesquisas sobre estilos de vida, hábitos e psicologia dos que acumulam riqueza por esforço próprio mostrou o seguinte:

- Há evidências de que a frugalidade e hábitos de gestão de dinheiro dos pais levam ao aumento do sucesso econômico dos filhos. Isso tem sido demonstrado por experiências e histórias nos casos contados para nós ao longo dos últimos 20 anos.

- Seja lá qual for o tipo de comportamento financeiro que os pais mostram para os filhos, as escolhas de continuar esses comportamentos (ou não) acabam ficando nas mãos de cada pessoa.

Sim, muitos milionários começam com pais frugais, mas apenas 32% de nossos milionários afirmaram que os pais estavam em melhor situação do que os dos colegas de classe no ensino médio. E, como ainda ocorre hoje, poucos milionários obtêm renda dos frutos colhidos por um parente rico. Na verdade, apenas 14% da renda de nossos milionários resultaram de espólios e fundos, e somente 10% tiram a renda de dinheiro ou doações similares vindas de parentes.

Casamento e Formação de Riqueza

Como passamos uma média de 2,5 horas com nossos cônjuges todos os dias,[6] é fácil compreender a influência do casamento em nosso comportamento e sucesso relacionado às finanças e à riqueza. Pesquisas passadas e mais recentes mostram milionários casados pela primeira ou segunda vez que consistentemente citaram os cônjuges como essenciais ao seu sucesso econômico. Em nossa última pesquisa com milionários, 93% são casados ou casados de novo, e mais de 80% deles concordaram que ter um cônjuge apoiador era um dos principais fatores para seu sucesso econômico. O Departamento Nacional de Pesquisas Econômicas constatou que o patrimônio líquido mediano de casais entre 65 e 69 anos era 2,5 vezes maior do que de uma pessoa solteira na mesma faixa etária.[7] E ficar junto em um relacionamento afetuoso e respeitoso tem vantagens financeiras: um estudo da Universidade Estadual de Ohio constatou que o divórcio reduz a riqueza em uma média de 77%.[8]

Nas funções de uma casa, como discutiremos no Capítulo 5, alguém tem que assumir as várias tarefas relacionadas à gestão financeira. Isso é mais fácil quando ambos os cônjuges pensam da mesma maneira, mesmo que estejam dividindo as tarefas. Casais financeiramente bem-sucedidos costumam trabalhar em conjunto em tarefas relativas às finanças e geralmente concordam sobre metas e métodos para atingi-las.[9] Existem mesmo indícios de que uma classificação de crédito semelhante dos cônjuges são previsores de um futuro juntos.[10] Um milionário aposentado nos contou suas opiniões sobre casamento e riqueza:

Eu diria que conhecer minha mulher foi uma experiência que mudou minha vida. Ela acreditava totalmente em mim. Ela sabia que eu seria bem-sucedido mesmo quando eu tinha dúvidas sobre isso. Nós tínhamos objetivos de vida semelhantes. Vivíamos de acordo com nossos meios e sempre poupamos com um olho no futuro. Ambos trabalhamos nos oito primeiros anos do casamento. Compramos uma casa com base em um salário, sabendo que ela queria ficar em casa (pelo menos até as crianças irem para a escola) para ficar com os filhos. Sabíamos quais eram os benefícios. Seu apoio contínuo durante toda a minha carreira permitiu-me assumir alguns riscos comerciais que prepararam o caminho para uma vida financeiramente independente hoje.

Se, por um momento, encararmos uma família típica como uma empresa, poderemos ver como os líderes dessa família têm diferentes funções na administração de recursos. A mulher de um milionário que mora ao lado nos disse o seguinte:

Meu marido acha engraçado o fato de eu ser a Diretora de Operações da casa, mas também a Diretora de Compras. Em seu papel de Diretor Financeiro, às vezes discordamos sobre como alocar os recursos... bem, e se o orçamento deve ser examinado, usado, fixado etc. Quando há atrito sobre dinheiro, todo o resto parece desmoronar. Contudo, trabalhamos para ter a mesma opinião a maior parte do tempo, mesmo quando temos ideias diferentes sobre dinheiro.

Em alguns casos, um cônjuge tem que assumir a maior parte do gerenciamento financeiro. Novamente, isso é o ideal, principalmente se um deles tende a estar no lado mais perdulário do espectro, o que, segundo a mulher, é o caso deste casal de milionários que moram ao lado:

Meu marido se interessou por nossas finanças somente há alguns anos, quando nos aproximamos da aposentadoria. Estamos casados há 32 anos. Se não fosse por mim, acho que não teríamos economias para mostrar. Tivemos que separar

nossos gastos pessoais no início do casamento para manter a paz. Ele precisava
de uma conta de despesas livres, enquanto eu cuidava das despesas e economias
da casa.

Em *A Mente Milionária*, quase todos os milionários respondentes informaram que seus cônjuges eram honestos (98%), responsáveis (95%), afetuosos (95%), capazes (95%) e solidários (94%). A maioria desses milionários sabia que seus futuros pares possuíam essas qualidades antes de lhes propor casamento. Um decamilionário e executivo sênior nos contou como sua mulher influenciou seu sucesso. Depois de dois anos de casamento, ele perguntou que presente ela queria para o aniversário. Ela respondeu que o melhor presente do mundo seria que ele voltasse à faculdade e se formasse. Ela sugeriu que mudassem para um alojamento estudantil e se propôs a trabalhar em período integral para sustentá-lo. Esse presente acabou produzindo frutos em termos de sua carreira e do estilo de vida do casal

Nós nos lembramos desse estudo de caso quando lemos o e-mail de um executivo de vendas sênior chamado Owen. Quando completou 50 anos, Owen começou a pensar que seus melhores anos tinham passado. Com motivos reais ou imaginários, ele começou a se preocupar. Empregos estavam sendo eliminados. Sua mulher não lhe dava ouvidos! Ela acreditava firmemente no futuro da carreira do marido e gastou US$5 mil do próprio dinheiro para contratar um profissional de recolocação profissional de alto nível para ajudar Owen a encontrar ofertas de emprego.

Um Teste Decisivo para o Futuro Cônjuge?

Alguns leitores progressistas muitas vezes perguntavam sobre a escolha de um cônjuge. Está claro que eles sabiam ou tinham lido que esse fator poderia exercer um impacto significativo em seu sucesso financeiro futuro. Nossa pesquisa não nos fornece uma bola de cristal para solucionar essa questão. Tudo que meu pai podia lhes dizer era que parecia haver certas qualidades em um cônjuge que contribuíam para o casamento bem-sucedido de um milionário. Uma grande maioria (86%) de milionários do sexo masculino relatou em *A Mente Milionária* que "ser altruísta" era uma contribuição importante. Além disso, a maioria desses milionários disse a meu pai que a esposa foi criada em ambientes amorosos, estáveis e acolhedores. Elas também não pareciam ser motivadas pela necessidade de hiperconsumir como compensação para suas origens humildes.

Como descrito no capítulo "Escolha do Cônjuge" de *A Mente Milionária*:

O casal de milionários típico está junto há cerca de 30 anos e sua ligação tende
a ser permanente, além de economicamente produtiva... Peça ao marido ou

Cônjuges... e 1%

Meu pai escreveu este blog há alguns anos para ressaltar a diferença entre culpar um certo grupo por sua situação e aprender com esse grupo:

Em um editorial da *Fortune* vários anos atrás, Nina Easton escreveu: "não culpe os ricos: uma defesa do grupo de 1%". Em vez de constantemente criticar o grupo dos 1%, a maioria das pessoas poderia aprender muito sobre acumular riqueza pela compreensão dos hábitos dessas pessoas ricas. Ela declarou resumidamente: "é divertido se lamentar sobre os gatos gordos e os ricos gananciosos. Mas, se encararmos com seriedade o aumento da desigualdade, deveríamos descobrir o que esse 1% está fazendo certo — e aplicar algumas dessas ideias para acabar com essa diferença."[11]

O título original de *O Milionário Mora ao Lado* era "É Por Isso que Eles São Ricos". Casamentos estáveis e duradouros, embora não sejam necessariamente um previsor de riqueza, costumam acompanhar o status de milionário. E nós sabemos que divórcio, divisão de bens e demonstrar preocupação (financeira) pelos filhos em caso de divórcio são despesas desagradáveis e inesperadas relacionadas à dissolução de um casamento. Como dito em *A Mente Milionária*: "Participação constante no casamento resulta em riqueza significativamente maior. Por outro lado, as pessoas solteiras por muito tempo têm propensão a acumular níveis de fortuna menores durante o ciclo de vida adulto."

Milionários e os que provavelmente exibem esse status têm a habilidade única de selecionar companheiros com determinado conjunto de qualidades. Entre as principais qualidades que os milionários observam em seus cônjuges estão: pragmatismo, altruísmo, valores tradicionais, alicerce emocional, paciência, compreensão.[12]

Entre os quase 670 milionários pesquisados em nível nacional em um estudo anterior, 68% eram casados com o mesmo cônjuge a vida toda, enquanto 25% casaram de novo. No mesmo estudo, 86% dos milionários indicaram que os pais nunca se divorciaram ou se separaram antes de seu 18º aniversário, ligeiramente abaixo dos 90% informados em 2005, em *Stop Acting Rich*.

Está bem documentado o fato de que a renda está altamente correlacionada com a riqueza. Famílias com níveis de renda elevados costumam ser do tipo tradicional marido/esposa. Aproximadamente 85% das declarações de renda na faixa de US$200 mil e acima são realizadas em conjunto. Apenas 18% das declarações de rendas abaixo de US$50 mil são declarações conjuntas.[13] Mais do que nunca, a família de renda elevada é composta por marido e mulher, e ambos trabalham em período integral.

à mulher que explique sua produtividade doméstica... Cada um dá bastante crédito ao outro.

Para cada 100 milionários que dizem que ter um cônjuge solidário não foi importante para explicar seu sucesso econômico, há 1.317 que indicam que seu cônjuge foi importante. Dos 100 que não deram crédito ao parceiro, 22 nunca se casaram e 23 eram divorciados ou separados. Isso deixa apenas 55 em 1.317 (4,2%) que acreditam que o cônjuge não desempenhou um papel importante em seu sucesso econômico.

No Casamento, Honestidade É a Melhor Política

E se você estiver pensando em se casar e tem muitas dívidas? Aqui, honestidade é a melhor política. Você deve avisar seu futuro cônjuge sobre sua situação financeira, e seria inteligente se discutisse como pretende saldar suas dívidas. Fomos lembrados desse fato por um homem chamado Doug, que contou o momento que mudou sua vida:

Para mim, foi conhecer minha (futura) esposa... ela me disse que "não se casaria com alguém que tivesse uma dívida". Levei 14 meses para saldar a dívida (US$45 mil). Ela me apresentou Dave Ramsey e O Milionário Mora ao Lado. *Ambos exerceram um forte impacto em mim.*

Falta de honestidade, especialmente sobre obrigações financeiras, pode levar à interrupção brusca de um relacionamento florescente. Como exemplo, pense no caso de Henry e Sally. Depois de um namoro de vários anos, eles decidiram se casar. Mas, pouco antes do casamento, Henry recebeu uma carta de um dos credores de Sally. Seu nome tinha sido dado como referência de crédito para muitos de seus pedidos de empréstimo. Mais tarde, ele descobriu que ela tinha descumprido os contratos de empréstimo. Ela já tinha deixado de pagar um empréstimo de US$20 mil e estava prestes a fazer o mesmo com outros US$15 mil; esses empréstimos não incluíam os vultosos empréstimos estudantis.

Quando Henry confrontou Sally sobre sua situação financeira, ela propôs uma solução, que implicava que Henry, que tinha uma renda elevada, a "ajudasse" a pagar as expressivas dívidas! Ela achou que seus problemas de dinheiro não seriam uma preocupação importante para Henry assim que ele dissesse "Aceito". Ela avaliou Henry mal. Ele rompeu o noivado. E não foi só por causa dos problemas financeiros e da quebra de confiança. Henry concluiu que Sally era totalmente irresponsável quando se tratava de dinheiro.

As Companhias que Escolhemos

Independentemente do fato de sua vida familiar ter sido amorosa e proporcionado alguma educação sobre gestão financeira e de seu cônjuge ou namorado partilhar de suas opiniões sobre o mundo ou questões financeiras, há duas outras influências importantes sobre as quais temos algum controle e que impactam nossa habilidade de atingir metas financeiras.

A primeira é o jogo de comparações: comparar o que possuímos, o que podemos consumir e nosso sucesso em relação aos outros a nossa volta. O campo da *sociometria* trata de como as pessoas se encaixam em um grupo, e grande parte do foco desse campo é como essas classificações, isto é, onde nos encontramos em relação aos que nos cercam, influenciam nossos comportamentos e atitudes. As pesquisas constataram que nosso bem-estar subjetivo (geralmente como você se sente sobre si mesmo e sua condição de vida) está ligado ao seu status *sociométrico*, e não ao seu status socioeconômico. Em outras palavras, a satisfação com o que você tem não está necessariamente relacionada a sua posição em termos de riqueza ou renda da população nacional, mas, sim, ligada intimamente a sua comunidade.[14] O status sociométrico é definido por quanto os outros em seu grupo de pares imediato (geralmente pessoas com quem você interage diariamente) o respeitam e admiram.

A segunda é ignorar os hábitos de consumo dos que nos cercam. Nossa pesquisa com milionários e também outras populações mostraram de modo consistente que o conceito de ignorar o que os outros fazem (um dos principais assunto de *O Milionário Mora ao Lado*) está relacionado ao patrimônio líquido independentemente de idade e renda.

Por exemplo, sabemos que compras em grupo podem influenciar como encaramos os gastos e, por fim, com que frequência fazemos compras. Descobriu-se que esses resultados costumam estar relacionados a compras presenciais (adolescentes são um bom exemplo).[15] Mesmo com compradores frugais, a frugalidade pode aumentar ou diminuir, dependendo de quem nos cerca, visto que compradores frugais tendem a gastar mais quando estão com amigos que gastam muito.[16] Vamos nos concentrar no consumo no próximo capítulo, mas por ora pensemos naquela família que todos conhecemos, que exibe um alto padrão de consumo, e que chamaremos de os Jones.

Indiferença Social: Quem se Importa com os Jones?

O conceito de ignorar o que os outros estão dirigindo, comprando e vestindo é o que chamamos de *indiferença social*. Os que demonstram altos níveis de indiferença social em todas as categorias de consumo têm mais oportunidades de construir riqueza. Essa indiferença com o que os outros estão dirigindo, vestindo e manipulando (pense no smartphone mais moderno) está relacionada à habilidade de construir riqueza ao longo do tempo.[17] Especificamente, a indiferença social pode ajudar a nos vacinar contra a competição na vida pelo consumo ostensivo.

Quando medida de modo confiável, descobrimos que a indiferença às tendências a nossa volta está relacionada com o patrimônio líquido, não importando idade ou renda. Os que focam obstinadamente o que os outros compram e querem sempre os bens de consumo melhores e mais modernos (como tecnologia e acessórios) têm menor probabilidade de construir riqueza ao longo do tempo. A indiferença social prevê patrimônio líquido independentemente de idade, renda ou quanto dinheiro alguém herdou ou recebeu. Como os acumuladores prodigiosos de riqueza em *O Milionário Mora ao Lado*, os que praticam a indiferença social têm maior probabilidade de construir riqueza.

Os que têm êxito em transformar renda em riqueza demonstram um padrão consistente de comportamentos relacionado ao que os outros têm em sua garagem ou vestem para trabalhar ou postam nas mídias sociais, como este milionário de Ohio:

> *Nos primeiros dez anos da formação de minha empresa, nós (minha mulher e eu) não queríamos/não pretendíamos "acompanhar os Jones"... Meus amigos tinham ingressos para a temporada de jogos, concertos, carros bonitos etc. Eu trabalhava muito, e decidimos não nos juntar a eles em muitas dessas atividades. Em retrospecto, não perdemos nada e não "sofremos" de verdade. Sempre fomos frugais, econômicos, mas não mesquinhos. Nós apenas não fazíamos muito além de desenvolver nosso negócio e criar nossa família — dá muito trabalho —, mas hoje podemos usufruir dos benefícios que alcançamos.*

É impossível vencer na "corrida armamentista do consumo". Sempre haverá uma tendência, um estilo, um modismo para substituir o anterior. Aqueles capazes de transformar sua renda em riqueza ignoram os hábitos de consumo, novos dispositivos e brilhantes acessórios modernos em sua jornada de construção de fortuna. Por exemplo, veja a Sra. C, cuja amiga é extremamente focada em levar vantagem no jogo de consumo da vida:

Mantenha o Sucesso em Segredo

Você já se perguntou por que tantos milionários que moram ao lado minimizam seu considerável sucesso econômico? Eles não sentem necessidade de exibir sua produtividade econômica comprando produtos de luxo e casas caras. No geral, suas verdadeiras conquistas são os distintivos de seu sucesso. Por exemplo, o sucesso financeiro, principalmente a independência econômica, é a própria recompensa. Por outro lado, as pessoas que têm um desejo insaciável de divulgar sua considerável habilidade de gastar acabam como membros da multidão de afluentes de declaração de renda. Sim, é necessário muito dinheiro para convencer a multidão anônima de que você é um grande produtor de renda. Tipicamente, essas pessoas estão vivendo em uma rotina monótona de gastos excessivos. Ao lado de não participar do jogo da comparação está o conceito do status, demonstrar status aos outros com seus padrões de consumo. Como vimos no estudo de milionários e decamilionários, assim como em nossa pesquisa com afluentes de massa e emergentes, os que são indiferentes aos Jones e não têm a necessidade ou motivação de demonstrar status aos outros estão em boa posição de alcançar o sucesso financeiro. Pense, por exemplo, nos membros bem-sucedidos da indústria do entretenimento que preferem ficar nos bastidores e não sob os holofotes. Meu pai ficou especialmente admirado por um artigo no The Wall Street Journal *que demonstrou esse princípio:*[18]

Diane Warren compôs mais de 1.500 canções para muita gente boa, de Celine Dion a Rod Stewart. Na verdade, sua lista de clientes é algo como "Quem é Quem na Música Popular". Descobri que a maioria das pessoas da categoria de "cantores" são afluentes de declaração de renda. Eles precisam constantemente estar no palco diante do público, e não só para ganhar a vida. De certa forma, essas pessoas são formas de vida primitivas. Elas têm que caçar e obter renda e fãs pessoalmente, incansavelmente.

Mas Diane Warren é exatamente o oposto. Ela é membro de um grupo que os antropólogos chamam de "cultivadores". Cultivadores plantam sementes, cultivam plantações e árvores, criam gado e escrevem canções. Canções, ao contrário de apresentações ao vivo, podem ser inventariadas e podem pagar royalties ao compositor para sempre.

Segundo o artigo, "a Sra. Warren não se importa que o ouvinte médio não saiba que ela compôs a música. 'Quero que eles acreditem tanto no cantor que pensem que ele a escreveu. Eu só quero meu nome nela e no cheque!'"

A necessidade de exibir o sucesso por meio do consumo, quer se trate de carros, casas ou experiências, é o principal impedimento para construir riqueza. Ensine seus filhos a beleza de cultivar e a dura realidade de ser um eterno caçador.

Só notei o padrão quando outra amiga o mencionou. Eu comprei um carro; ela comprou um maior e mais caro. Meus filhos iam bem na escola; ela respondia com os prêmios e reconhecimentos recebidos pelos dela. Comprei uma casa e mantive a primeira para renda. Ela comprou uma maior, mais cara e alugou a primeira. Isso acontecia com praticamente tudo — criação dos filhos, educação, férias etc., e ela sempre se dava ao trabalho de ressaltar quanto essas coisas custavam, qual era a renda deles e quantas "coisas" eles tinham.

Se ela pretendia fazer com que eu a imitasse, conseguia exatamente o oposto. Quanto mais ela gastava — e se gabava —, menos eu me dispunha a gastar com essas coisas.

Quando uma garotinha perguntou se a amiga da Sra. C era rica, ela respondeu: "Ter todas essas coisas só mostra quanto a vizinha gastou, não o quanto ela possui." Então a Sra. C pensou: "Tenho uma situação financeira estável e estou no caminho de ter uma aposentadoria confortável. Segundo minha vizinha, ela espera o dia do pagamento para custear o fundo de pensão."

Em *Stop Acting Rich*, essa questão ressalta o impacto do consumismo e como se pode combater seus efeitos nas crianças: "O que acontece quando seus filhos vão à escola e/ou interagem com outras crianças que exibem um monte de produtos de consumo caros? É provável que seus filhos lhe perguntem por que você não lhes dá a mesma coleção de produtos. Diga a eles: nunca julgue a verdadeira qualidade, o calibre de uma pessoa pelo que pode ser comprado. Muitas vezes, pessoas se vestem e dirigem como se fossem ricas, mas não são."[19]

Sentir-se bem consigo mesmo está relacionado à posição que ocupamos em nossos grupos sociais imediatos. Algumas pessoas são mais influenciadas por seu grupo social do que outras. Embora passar tempo com os amigos possa causar um efeito positivo, também pode ser negativo se nos compararmos com os outros que costumam gastar além de suas (ou nossas) posses. Você pode acabar infeliz. E falido.

O Problema com o Status dos Médicos

Médicos e cirurgiões ganham quatro vezes mais por ano que o norte-americano médio (US$210.170 contra US$49.630. Observe que essas são médias, e não medianas). Há cerca de 650 mil médicos e cirurgiões nos Estados Unidos,[20] e eles costumam se inserir em um estereótipo (de certa forma, justificado) de salários elevados que são desafiados a construir riqueza. Notamos isso em nossa pesquisa sobre tendências na DataPoints, onde a maioria dos médicos se insere no 33º percentil ou abaixo de nossa avaliação de frugalidade e também costuma ter uma pontuação baixa em perspicácia financeira, uma medida de conhecimento e *expertise* em

Não Posso Dirigir Isso

Como discutimos, em muitos casos, e talvez em seu caso, há desdém pelas decisões financeiras que algumas pessoas tomam, decisões que são tipicamente refletidas nas compras dos consumidores. Embora elas possam ser financeiramente vantajosas, podem ser vistas com desprezo, como meu pai discutiu em 2014:

Em *Stop Acting Rich,* descrevi os ricos reluzentes como pessoas que geram rendas extremamente elevadas, têm grande fortuna à sua disposição e, então, gastam em carros de grande prestígio, mansões etc. Todavia, não importa em que eles gastem seu dinheiro, é só uma fração de seu patrimônio líquido total. Essas pessoas estão fortemente concentradas em vizinhanças que meu amigo, Jon Robbin, chama de "propriedades de sangue azul".

Passei mais de uma hora na recepção de meu museu de história americana preferido. Enquanto isso, encontro Gillis, um executivo sênior Fortune 100 com elevado salário, pela primeira vez. Depois de uma rápida conversa sobre os artefatos expostos, descobrimos um interesse em comum em automóveis de alta performance. Gillis me disse que teve vários Porches, BMWs e Mercedes V 12. Então me perguntou: "O que você acha do novo Corvette?" Respondi que ele tinha sido muito bem avaliado pela *Car and Driver, Road and Track, Autoweek, Motor Trend.* Então Gillis me disse que realmente quis comprar um, mas simplesmente não pôde fazê-lo. "Se você mora no centro (de uma propriedade de sangue azul) não pode dirigir um Corvette!" Na verdade, esse tema tinha acabado de ser discutido por Gillis e seus vizinhos, que não queriam um Corvette na vizinhança.

Muitas vezes, explico por que pessoas como Gillis não vão dirigir um Corvette. Os ricos reluzentes (Gillis é um deles) que dirigem Porches não querem estar ligados ao que eles percebem ser a "multidão de exibicionistas". Esse é o motivo pelo qual preferem pagar muito mais por um Porsche do que por um Corvette, cujo desempenho é superior ao do Porsche. Em escritos anteriores, perguntei quais das seguintes três variáveis é o melhor indicador de consumo: renda, patrimônio líquido ou valor de mercado da casa. O valor de mercado de uma casa é o melhor das três. Se você morar em uma casa cara situada em uma propriedade de sangue azul, será vítima de enorme pressão social para abdicar do desempenho em favor de marcas de prestígio.

investimentos e gestão financeira. Meu pai tratou da intemporalidade das pessoas de renda elevada, mas de baixo acúmulo de riqueza, no prefácio da edição de 2011 de *O Milionário Mora ao Lado*:

As pessoas com elevada renda realizada são melhores em acumular riqueza hoje do que há 20 anos? "Na verdade, não" é a resposta clara. Quase tudo que escrevi há

*duas décadas se aplica aos dias de hoje. Sim, mesmo hoje, médicos, advogados
e executivos de médio escalão ainda estão abaixo da norma quando se trata de
transformar renda em riqueza. E a maioria dos casais com renda elevada em
geral são mais afluentes de declaração de renda do que afluentes de balanço
patrimonial.[21]*

Muitas vezes, o patrimônio mediano líquido dos médicos é negativo devido,
em grande parte, aos empréstimos estudantis e à idade, mas há outro aspecto importante: a aderência ao estereótipo do status de médico.

É especialmente desafiador o fato de vizinhos, amigos, amigos de amigos nas
mídias sociais e colegas de trabalho serem hiperconsumidores. E pode até ser mais
difícil quando você está em uma ocupação profissional bem definida (isto é, médicos, advogados, executivos). Há um estereótipo amplamente aceito sobre o que
médicos deveriam dirigir ou onde deveriam morar. Pense no seguinte: o máximo
já gasto por milionários em nossa última pesquisa nacional em um relógio chegou
a US$300. Médicos em nossos estudos pagaram US$700. Meu pai escreveu em
O Milionário Mora ao Lado: "Outro motivo pelo qual pessoas com boa instrução
ficam para trás na escala de riqueza tem a ver com o status que lhes é atribuído
pela sociedade. Espera-se que médicos, assim como outros com grau superior,
desempenhem seu papel."[22]

Para construir riqueza, até médicos precisam fugir à regra: eles precisam fazer escolhas que lhes possibilitem ser financeiramente bem-sucedidos versus desempenhar
um papel ditado por aqueles que os rodeiam, seus pares, e o que outros pensam sobre
o que os médicos deveriam fazer. Para construir riqueza, precisamos cuidar de nossa
vida e focar o que é necessário para transformar os altos salários em riqueza. Ignorar
o que o Dr. Jones está dirigindo, onde ele mora e o relógio sofisticado que acabou de
comprar é essencial para construir riqueza.

A Desvantagem Financeira da Economia de Conexão

Jornalistas e leitores continuamente perguntam se é mais difícil se tornar um milionário que mora ao lado hoje do que era nos anos 1980 e 1990. Talvez você tenha
a mesma dúvida. A resposta é sim e não, ou, como muitos psicólogos e cientistas
sociais diriam, depende.

O preço da assistência médica e da educação faz *parecer* improvável poupar
e acumular milhões. Porém, os alicerces da independência econômica e do sucesso financeiro não mudaram, como demonstrado nos estudos de caso, nas
entrevistas e nas pesquisas que conduzimos desde a primeira publicação de *O
Milionário Mora ao Lado*.

Todavia, essa meta fica muito mais difícil por causa do aumento da influência e proliferação da tecnologia. Com base nos conceitos relacionados ao status sociométrico, a tecnologia hoje nos permite maior conexão com amigos, familiares, ex-colegas, conhecidos e celebridades. Essas conexões e sua onipresença proporcionam um meio constante de checar as várias maneiras pelas quais eles gastam seu tempo e dinheiro. À medida que nossos relacionamentos, nossas carreiras e o modo pelo qual nos comunicamos incluem cada vez mais conexões contínuas e persistentes com outros por meio da tecnologia, seríamos negligentes se não incluíssemos seus potenciais riscos financeiros.

Atualmente a influência dos que nos cercam reflete-se em nossos bolsos e gastamos, em média, duas horas nas mídias sociais e 50 minutos *por dia* só no Facebook.[23] Imagine se essas duas horas fossem gastas no desenvolvimento de uma nova habilidade, pesquisando a ideia para um novo negócio, ou no contato direto com amigos, colegas de trabalho ou empregados. Em comparação, os milionários de nossa última amostra gastam 2,5 horas *por semana* em todas as mídias sociais juntas. Sabemos que as redes sociais impactam os tipos de comportamento que achamos aceitáveis, e isso não é diferente com compras e consumo. O que nossos amigos estão comprando, vestindo e mostrando pode nos impactar psicologicamente pelo desejo de integração. Quanto mais tempo passarmos nas mídias sociais, mais o marketing de produtos, serviços ou experiências afetará nossos hábitos de compra.[24]

Como um milionário em uma pesquisa recente nos disse: "Agora você vê isso no mesmo instante no Facebook — você vê todas essas pessoas com vidas que parecem incríveis, mas não é bem assim."

Outro milionário foi mais crítico: "Se as pessoas gastassem metade do tempo que gastam sendo mais seletivas com sua imagem na mídia social, seríamos todos muito melhores. Certamente elas estariam em situação muito melhor. É um gasto de tempo que não leva a nada — é efêmero —, não é um produto duradouro de qualquer valor. Todo esse tempo é desperdiçado, e as pessoas deixam de dedicar tempo a coisas sérias e importantes."

Parece que estar conectado tem um preço: o preço de nossa atenção cognitiva e emocional e, quando consideramos nossas metas financeiras, de nosso dinheiro. Ficamos acostumados ao novo, ao brilhante, ao agora. Mais do que nos anos 1990, a proliferação da tecnologia nos faz parecer camundongos na caixa de Skinner, constantemente tocando os celulares para ver o próximo produto de consumo, a próxima notícia ou fofoca. Os cientistas associaram a atividade e satisfação diante da tela à dopamina e equipararam seu uso a outros hábitos viciantes.[25] Em especial se formos facilmente convencidos por hábitos de consumo de pessoas próximas (parentes, amigos, vizinhos) ou outras que vemos nas mídias sociais (celebridades, políticos, atletas profissionais), é preciso colocar limites a essa conectividade para que alcancemos sucesso econômico.

O Novo Marketing

Ignorar as tendências que nos cercam nas redes sociais, virtuais e presenciais é realmente só o começo de um estilo de vida frugal. Há outra fonte poderosa que a nossa tecnologia possibilita hoje: o marketing social. Até o início dos anos 2000, o alcance do marketing era limitado a métodos não sociais e não rastreáveis. Em outras palavras, você podia virar a página de uma revista, mudar o canal da TV ou da estação de rádio ou ignorar os outdoors pelos quais passava. Os marqueteiros precisavam realizar pesquisas, criar campanhas publicitárias e então promover suas marcas por meio de vários canais não sociais. Nós não tínhamos que lhes dar permissão para interromper nosso dia. Agora, com o marketing via e-mail, feeds na mídia social e rastreamento de sites, muitas vezes temos a opção de reservar nossos recursos cognitivos para fatos importantes. Pense em um momento na definição de "marketing de permissão" do criador do conceito, Seth Godin, e seu foco na maneira respeitosa de usá-lo, métodos que muitas empresas decidem ignorar:

> *Marketing de permissão é o privilégio (não o direito) de enviar mensagens antecipadas, pessoais e relevantes para pessoas que de fato querem recebê-las.*
>
> *Ele reconhece o novo poder dos melhores consumidores de ignorar o marketing. Ele compreende que tratar as pessoas com respeito é a melhor forma de chamar sua atenção.*
>
> *Prestar atenção é uma sentença-chave aqui, porque os profissionais do marketing de permissão compreendem que alguém, quando escolhe prestar atenção, está realmente lhes oferecendo algo precioso. E não há como eles tomarem a atenção de volta se mudarem de ideia. A atenção se torna um bem importante, algo a ser valorizado, não desperdiçado.[28]*

Hoje, suas pegadas digitais conduzem os profissionais de marketing diretamente até você, personalizando o conteúdo, as mensagens e a frequência para seus padrões de comportamento online. Engenhosa e eficiente, essa nova estratégia de marketing apresenta perigos para os que têm propensão a acreditar em imagens e mensagens individualizadas e persuasivas. Uma vacina contra esse marketing, isto é, não revelar os recursos preciosos de atenção e foco, é essencial para construir riqueza. O poder que temos no mercado é não gastar nossos recursos, incluindo

A Ciência do Consumo do Incrível Shampoo

Com formação em pesquisa de marketing, meu pai conhecia muito bem o poder e a influência da psicologia do consumidor em nossos comportamentos. Ele escreveu este artigo em 2010 para demonstrar o absurdo da autoestima ligada ao uso de um shampoo, a influência do marketing em nossas percepções e bem-estar potencial e, talvez mais importante, o poder do marketing e a disciplina necessária para manter nossa atenção cognitiva se quisermos construir e manter riqueza:

Notei que me senti mais animado, orgulhoso, interessado e atento na última semana. Por outro lado, me senti menos hostil, envergonhado, nervoso, ansioso e culpado. Achei que essa euforia podia ter algo a ver com o aumento nas vendas de meus livros ou, possivelmente, o catálogo do novo Toyota 4-Runner 2010 que recebi. Mas então descobri qual deve ser o verdadeiro motivo do aumento dessas sensações — a mudança no meu shampoo!

No verão de 2010, encontrei um frasco de shampoo Pantene "Cuidados Sérios para Cabelos Maravilhosos" em nosso box e comecei a usá-lo. Desde esse dia, meus cabelos têm ficado ótimos. E então eu leio esse interessante artigo no *The Wall Street Journal* que explicava o quanto a Procter e Gamble se empenhou para descobrir como poderia estimular mais consumidores a comprar produtos Pantene.[26] Parece que compensa gastar muito em pesquisa de mercado. Segundo o artigo, o Pantene, da P&G, vendeu US$3 bilhões. No último levantamento da P&G, ela entrevistou cerca de 3.400 mulheres e pediu que classificassem a intensidade de experiência referente a 20 emoções em relação aos seus cabelos. Constatou-se que cabelos danificados estão associados a emoções de hostilidade, vergonha e irritação. A P&G chegou a contratar um professor de psicologia da Yale University para analisar os resultados do levantamento. O professor, Dr. LaFrance, descobriu que "cabelos danificados influenciam negativamente a autoestima, geram inseguranças sociais e fazem as pessoas se concentrarem em aspectos negativos em si mesmas".[27] Quem diria?

Naturalmente, tenho certeza de que as mensagens promocionais da P&G sobre o Pantene prometerão o fim dos "dias de cabelos danificados". Como consequência, está implícito que os usuários terão aumento da autoestima. E achei que era preciso construir riqueza e ficar financeiramente independente para fazer isso.

Em *Stop Acting Rich*, mencionei que meu mentor, o notável professor de marketing Dr. Bill Darden, muitas vezes dizia aos alunos: "Preparem-se para competir no mercado com algum talento real. Os realmente brilhantes nos EUA não trabalham para um Departamento de Estado, nem mesmo em laboratórios de ciências médicas. As mentes brilhantes estão trabalhando em marketing, planejando formas de... nos convencer de que um remédio para hemorroidas

> é superior a outro... que um sabão em pó lava mais branco — dessa forma garantindo que a Mamãe continuará a ser amada e admirada pelo marido e pelos filhos."
>
> Ele falou sério. Se Bill ainda estivesse conosco hoje e pudéssemos lhe pedir para avaliar os esforços de marketing associados à indústria de bebidas (ou de cuidados com os cabelos), ele provavelmente nos diria que, claramente, algumas das melhores mentes dos EUA estão trabalhando no marketing de shampoo.

nossa atenção, com qualquer entidade que possa nos influenciar e afastar do rumo de atingir metas financeiras.

Pense nesta citação do líder de uma das maiores empresas de marketing do mundo quando ele explica o "poder" dos dados que deixamos para trás (ou seja, "Big Data") e o envolvimento em marketing:

> *Conforme muda o comportamento dos compradores e suas "expectativas de pertencimento" aumentam, os anunciantes devem empregar estratégicas holísticas que apresentem ofertas de distribuição em massa, bem como conteúdo relevante, por meio tanto de métodos tradicionais quanto digitais. Atender a essas crescentes expectativas e ao mesmo tempo oferecer valor aos consumidores requer uma análise eficiente dos Big Data criados no mercado.*[29]

O poder da análise de dados e dos rastros que deixamos online deixam poucas dúvidas para quem trabalha com marketing sobre como nos oferecer cada produto e serviço. Os milionários que moram ao lado continuam a ignorar toda essa publicidade e ruído, como fizeram nos anos 1980 e 1990. Os que foram suscetíveis ao constante reforço da mídia e tecnologia descobrirão que precisam de uma disciplina extraordinária para ignorar os anúncios hiperdirecionados e os pseudoartigos que aparecem lado a lado com os posts das fotos de seus amigos.

Pense no marketing atual e em como você poderia acreditar na propaganda exagerada do shampoo Pantene discutido antes:

* O marketing de conteúdo o levaria a ler um artigo na revista *Good Housekeeping* ou *Redbook* que aparentemente teria sido escrito por um editor ou alguém da equipe de redação, mas que, na verdade, foi redigido pela P&G.

- A publicidade na mídia social o "seguiria" pela web depois de você ter procurado um shampoo no Google, de modo que todo site visitado que tem publicidade paga mostrará shampoo.

- Quando você finalmente decidir comprar o shampoo, as classificações oferecidas na Amazon ou em outro lugar foram compradas e pagas por empresas de marketing espertas que oferecem produtos em troca de classificações "honestas" de classificadores comprados e pagos.

A P&G gastou US$7,1 bilhões em publicidade em 2017 para nos influenciar.[30] Para construir riqueza atualmente, precisamos ficar muito atentos ao tipo de informação que nos é apresentada, bem como sua origem e influência potencial em nosso comportamento de compras... e nossa autoestima. Não culpo as empresas pelo uso de métodos de marketing mais eficazes e por explorarem dados: é a função delas, e precisamos nos lembrar de que somos o alvo. Quem foca a construção e manutenção de riqueza será sensato em lembrar que nada é realmente "grátis e nunca será".

A Tendência da Frugalidade

Alguns críticos de O Milionário Mora ao Lado pareceram olhar com um ar de superioridade para o comportamento de compras frugal das pessoas descritas nos estudos de caso. É interessante que a recessão econômica de 2008 a 2012 transformou a frugalidade em uma tendência. Comprar em pontas de estoque, transformar ou reciclar e fazer coisas em casa viraram moda.

Os modernos frugais ficaram mais que satisfeitos em exaltar as virtudes de viver abaixo de suas posses ocasionalmente, quando fosse conveniente e quando ainda fossem capazes de demonstrar seu sucesso por meio do quanto eram frugais... especialmente ao comprar marcas conhecidas abaixo do preço. Para esse grupo e para muitos de nós, inadvertidamente, a moda da frugalidade vem e vai com as mudanças na economia e nas tendências.

Por exemplo, como tendências em outras áreas, o uso de cupons pelos norte-americanos é cíclico. A Inmar é uma empresa de pesquisa de mercado global que rastreia a distribuição (quantos cupons as empresas estão oferecendo) e o resgate (quantas pessoas estão usando os cupons). Seus resultados oferecem uma visão convincente das tendências da frugalidade ao longo do tempo. Em 2011, por exemplo, 3,5 bilhões de cupons foram resgatados. Em 2015, esse número caiu para apenas 2,5 bilhões. Recortar cupons cria um milionário? Não necessariamente, e certamente não se o uso dos cupons for cíclico e o único método aplicado na busca da emanci-

Para Ser Feliz, Pare de Agir como Rico

A busca da riqueza por si só é uma busca vazia. A habilidade de gastar com abandono e consumir com pouca consideração pelo que o consumo significa para a futura liberdade — liberdade significando não ser escravo do trabalho e da geração de receita perpétua — é absolutamente superficial. Meu pai comentava com frequência que o dinheiro não compra felicidade, e que a fé, os relacionamentos, a ajuda a causas nobres e criar significado na vida foram as buscas que proporcionaram aos milionários que ele entrevistou mais satisfação do que o desempenho de seu portfólio. Em 2010, ele escreveu este texto sobre satisfação e felicidade em relação a dinheiro:

O que explica a felicidade na vida? Eu não tenho todas as respostas. Porém, revendo meus livros e blogs, digo que a felicidade na vida tem pouco a ver com a marca ou o preço do relógio que alguém usa, as lojas de que alguém é cliente, a marca do carro que alguém dirige ou a marca da vodca que alguém bebe. A felicidade geral de uma pessoa não tem nada a ver com o preço pago pelo vinho, o tamanho ou valor de mercado de uma casa, nem mesmo o preço pago por um corte de cabelo.

Para lançar mais luz sobre essa questão, examinei o relacionamento entre felicidade na vida e mais de 200 características, comportamentos e atitudes de 1.574 respondentes com altas rendas e elevados patrimônios líquidos em um de meus estudos em nível nacional. Cumpre frisar que as correlações não indicam necessariamente causa e efeito.

Além de fatores como saúde, família e profissão, por que algumas pessoas estão mais satisfeitas com a vida do que outras? Em termos de significado estatístico, quanto mais alto o nível de felicidade, maior é a probabilidade de a pessoa concordar com as seguintes declarações (explicadas por ordem de classificação de variação):

1. Tenho mais riqueza que a maioria das pessoas de meu grupo de riqueza ou renda.

2. Estamos em melhor condição financeira que nossos vizinhos.

3. Doei 5% ou mais de minha renda do ano passado para a caridade.

4. Vivo bem abaixo de minhas posses.

5. Fui criado em um ambiente de amor e harmonia.

6. Meus pais me ensinaram a investir e administrar dinheiro.

7. Politicamente, sou mais conservador que liberal.

8. Herdei menos de 1% de meu patrimônio líquido.

9. Meu cônjuge é mais frugal que eu.

10. No ano passado investi 10% ou mais de minha renda.

Note, também, que patrimônio líquido e renda estão associados a felicidade. Estatisticamente, patrimônio líquido é o mais importante dos dois. Contudo, até mesmo mais importante que o patrimônio líquido é o patrimônio líquido relativo (como sugerido no item 1 acima). Patrimônio líquido relativo trata do quanto a transformação da renda em patrimônio líquido é produtiva, comparada a outros em seu grupo de renda e idade, assim como no contexto do ambiente de sua vizinhança imediata.

Aqueles que podem facilmente custear seu estilo de vida de consumo costumam ser significativamente mais felizes do que os lutam para pagar as contas agindo como ricos. Sempre constatei que aqueles pertencentes ao mesmo grupo de renda ou idade criados por pais amorosos e atenciosos costumam gastar menos e poupar mais de sua renda do que aqueles que não foram criados nesse tipo de ambiente.

pação financeira. Os que sabem construir riqueza demonstram padrões de gastos mais consistentes e disciplinados. Assim, a pergunta sobre quem é frugal atualmente deve, de fato, ser: quem pode ser disciplinado em relação a gastos independentemente da economia, tendências ou situação de vida? *Consistência e disciplina* são comportamentos frugais muito importantes, não devemos simplesmente seguir a tendência com seus vizinhos temporariamente pseudofrugais. Esses são padrões de comportamentos referentes a gastos, não um comedimento sazonal. Essa ideia é particularmente relevante outra vez, agora, no momento em que escrevo este manuscrito, quando uma economia sólida, o pleno emprego e um mercado acionário em alta fizeram com que a frugalidade deixasse (de novo) de ser interessante.

Há oportunidades para ter êxito financeiro para os que fazem escolhas com base em métodos testados e comprovados de construir riqueza. Se você teve experiências positivas na infância em relação a todos os aspectos financeiros, pode ter desenvolvido um padrão de comportamentos que lhe permitirá permanecer na estrada da autonomia econômica com mais facilidade do que se tivesse tido experiências contrárias. Assumir a responsabilidade por nossas decisões financeiras, independentemente de criação, está relacionado com patrimônio líquido. E as escolhas feitas hoje e amanhã sobre com quem partilhamos a vida, escolhas que, pelo menos nos EUA, temos liberdade para fazer, também impactarão nossa trajetória. Escolha com cuidado.

Capítulo 4

Liberdade de Consumo

Digo aos membros da minha família com frequência que minha meta é ganhar juros, e não pagar juros.

— milionário da Geórgia que se aposentou aos 54

O SUCESSO ECONÔMICO PERCORRE DIFERENTES CAMINHOS. PARA OS QUE TÊM uma renda entre média e acima da média nos Estados Unidos, o caminho para o sucesso econômico exige uma certa moderação no consumo. Isso requer consciência e uma vacina contra a gripe do consumismo que assola muitas famílias com níveis de renda significativos.

Há pouquíssimos norte-americanos que, com uma renda de modesta a acima da média, podem sustentar estilos de vida de consumo elevado e se tornar milionários. Vimos que a maioria das pessoas que se tornaram economicamente bem-sucedidas escolheu um caminho de moderação ou simplicidade no consumo enquanto trabalhavam para ter sucesso econômico, como os Jacobsons no Capítulo 1. Em muitos casos, elas continuam essa prática mesmo depois de se tornarem milionárias.

Mesmo que seus pais tenham sido um exemplo de comportamento de gestão financeira ideal e você tenha superado obstáculos para ficar rico, ainda poderá ser vítima de um consumismo intenso, alimentado por quaisquer grupos sociais ou da mídia que possam exercer influência sobre você, ou por suas necessidades que são atendidas pelos bens de consumo mais modernos. A liberdade de consumir, juntamente com a liberdade de escolher como gastar nosso tempo, tem um preço. Se escolhermos tirar vantagem dela, precisamos financiá-la de algum modo. É difícil evitar o ciclo de trabalhar para gastar mesmo se você decidiu morar em uma casa modesta em uma vizinhança modesta e se cercar de pessoas que tenham um estilo de vida semelhante ao seu. Aprendemos a consumir desde a tenra idade, e os Estados Unidos têm muito a oferecer a consumistas profissionais.

No capítulo "Frugal, Frugal, Frugal" de *O Milionário Mora ao Lado*, meu pai escreveu sobre os comportamentos e hábitos de consumo de norte-americanos bem-sucedidos economicamente.[1] A atitude frugal, quando aplicada ao uso de bens de consumo, pode ajudar a família a viver de acordo com suas posses e conduzir a comportamentos que estimulem a poupança. Para muitos, ser um consumidor frugal é uma medalha de honra, como no programa de TV *Extreme Couponing*. Para outros, porém, a frugalidade entra e sai de moda, dependendo das condições econômicas vigentes.

Para o propósito deste livro, e para o estudo da riqueza em geral, definimos pessoas frugais como as que levam um estilo de vida simples e econômico e que vivem consistentemente abaixo de suas posses. Os que são frugais demonstram um padrão de comportamentos financeiros que são econômicos por natureza e abaixo de suas posses. Como notamos no passado:

Um estilo de vida frugal permite ao indivíduo sustentar confortavelmente o nível de consumo de sua família.

Nos últimos 20 anos, nossas pesquisas demonstraram que os milionários alegam ser frugais e que, quando dividimos amostras de afluentes em prodigiosos acumuladores de riqueza (PARs, o quartil superior) e subacumuladores de riqueza (SARs, o quartil inferior), esses grupos são diferentes em termos de suas declarações sobre frugalidade. Em amostras de chefes de famílias de alta renda e emergentes há uma relação clara entre um padrão consistente de comportamentos frugais e patrimônio líquido, independentemente de idade ou renda.[2] Isso se aplica aos pertencentes ao campo dos que têm patrimônio líquido elevado, assim como ao campo dos de renda mediana. Ser frugal ou, pelo menos, adotar um estilo de vida de consumo simples exige doses iguais de disciplina e indiferença social às tendências. Em sua essência, um estilo de vida frugal é evidenciado por elaboração de orçamentos, planejamento, estabelecimento de metas, simplicidade e disciplina. Ser frugal exige conhecimento, habilidade e personalidade, mas, mais importante, exige um determinado conjunto de comportamentos que cria um estilo de vida que nem todos estão dispostos a enfrentar.

Independentemente de você ganhar a vida como executivo, professor ou vendedor de ferro-velho, a frugalidade não sai de moda para os que estão comprometidos em se tornar economicamente bem-sucedidos e financeiramente independentes. Nossos estudos mostraram que 57% dos PARs indicam que sempre foram frugais, enquanto somente 41% dos SARs concordam com a mesma declaração. Isso é consistente com nossas descobertas de 1996.

Os Gastos Começam no Lar

Onde mais encontramos influências sobre nossa tomada de decisões? Sabemos que nossa escolha de vizinhança influencia atitudes em relação a trabalho,[3] mas também influencia nossos gastos. Nós nos comparamos a quem vive em nossa vizinhança e comunidade (lembre-se do conceito de status sociométrico). Em *Stop Acting Rich*, meu pai escreveu: "O maior prejuízo à construção de riqueza é causado pelo ambiente de nossa casa/vizinhança. Se você mora em uma casa e em uma vizinhança cara, vai agir e comprar como seus vizinhos... quanto mais afluente a vizinhança, mais seus residentes gastam em quase todos os produtos e serviços possíveis. Tiramos nossas deixas de consumo dos vizinhos... a maioria dos milionários que enriqueceram sozinhos... puderam construir fortuna precisamente porque nunca moraram em uma casa ou vizinhança em que suas despesas domésticas dificultassem sua construção de riqueza."[4] Como discutimos no capítulo anterior, isso se deve em parte às comparações que fazemos em relação aos que nos rodeiam e à influência que os outros exercem em nossos comportamentos de consumo.[5] Sua vizinhança consiste de afluentes de declaração de renda? Em caso positivo, pare um pouco para pensar em seus padrões de consumo. Eles são seus ou se baseiam em alguém que está mais alinhado com um subacumulador de riqueza?

Mais que uma Casa, É um Estilo de Vida

Além da influência de nossos vizinhos, o preço de nossa casa em relação à nossa renda também impacta a habilidade de acumular riqueza ao longo do tempo. Para a maioria dos norte-americanos é preferível ter a alugar uma casa, mas o segredo de construir riqueza é morar em uma casa que se pode pagar com facilidade. A maioria dos milionários que mora ao lado que estudamos relata que nunca comprou uma casa que valesse mais que três vezes sua renda anual.

O valor mediano de uma casa para milionários em nosso estudo mais recente é de aproximadamente US$850 mil (ou 3,4 vezes sua renda atual), e o preço mediano de compra original foi de US$465 mil. Note que a maioria dos milionários em nosso estudo (66%) não mudou de residência nos últimos dez anos. Considerando que o custo médio de uma mudança nos Estados Unidos é superior a US$12 mil,[6] não mudar é economicamente vantajoso.

O *Novo* Milionário Mora ao Lado

Que fatores levaram à compra de uma nova casa? Dos milionários que entrevistamos em nossa pesquisa mais recente, nenhum indicou que mudou de casa por ter recebido uma proposta inesperada ou uma carta querendo comprar a casa, e somente 3% deles afirmaram que o corretor de imóveis lhes propôs mudar para uma casa maior por causa de seu sucesso financeiro. Em vez disso, a compra de uma casa nova para esse grupo foi tipicamente motivada pela qualidade, aparência, escolas públicas e vizinhança (veja a Tabela 4-1). Um pouco menos de 60% desses milionários foram motivados por um aumento na renda. Táticas de marketing profissional e social relacionadas à propriedade de imóveis exerceram pouca influência nos milionários de nossa pesquisa.

Tabela 4-1. Razões Mais Importantes para a Mais Recente Compra de uma Casa por Milionários

Razão para a Última Compra de Casa	% Indicativa de Importância
Queria casa de qualidade melhor	81,2
Gostou da aparência da casa	80,2
Queria escolas públicas de qualidade	71,6
Queria morar em uma vizinhança melhor	69
Taxas de juros favoráveis	59,9
Aumento de renda	59,1
Precisava trocar devido a mudança de carreira/emprego	58,14
Reuniu capital significativo na casa anterior	54,9

Tabela 4-2. Razões Menos Importantes para a Mais Recente Compra de uma Casa por Milionários

Razão para a Última Compra de Casa	% Indicativa de Importância
Recebeu distribuição de plano de aposentadoria	6,9
Vendeu todo ou parte do negócio	6,1
Corretor soube do sucesso financeiro e propôs uma melhora	3,3
Vendeu direitos a royalties/patentes	1,6

Liberdade de Consumo

Tabela 4-3. Preço de Compra e Valores Atuais de Casas para Proprietários Milionários

Valor	% de Milionários com Casa em Cada Categoria	
	Preço de Compra	Valor Atual
Abaixo de US$400 mil	41,4	4,7
US$400 mil – US$599.999	19,9	19,6
US$600 mil – US$799.999	15,2	21,4
US$800 mil – US$999.999	7	19
US$1 milhão+	16,4	35,2

"Alongando" para uma Casa

Quando falamos sobre as pressões sociais em relação à casa própria, podemos estar nos referindo à pressão geral de seus grupos de convivência e familiares para comprar uma casa em determinado local, comunidade ou vizinhança. ("Springfield tem as melhores escolas. E a vizinhança de Hampton Heights tem vários profissionais jovens.") Também nos referimos à pressão exercida sobre certos profissionais, advogados, por exemplo, que entre as paredes de escritórios de advocacia que pagam altos salários se referem a uma hipoteca muito grande como uma "política de retenção de associados". Novamente, vemos o impacto além do custo financeiro de viver acima de suas posses. Nesse caso, "alongar" o orçamento para comprar uma casa asseguraria que o jovem associado tivesse que continuar a trabalhar para pagar as prestações de sua casa e o inevitável aumento de despesas. Além disso, outro custo de "alongar", como se diz, tem a ver com bem-estar geral. Considere o seguinte estudo de caso de um milionário cuja saúde e vida financeira precisavam de revisão:

Era julho de 2006. Eu estava a um mês de completar 40 anos e dirigia para casa, de volta do trabalho. Sentia dores no peito... o médico me disse que eu estava muito perto de ter um problema cardíaco grave e diabetes na atual situação. Comecei a cuidar da saúde com seriedade... quando estava corrigindo uma área de minha vida, comecei a notar outras áreas que precisavam de melhoria. Financeiramente, éramos uma família típica de meia-idade e renda de seis dígitos. Tínhamos uma dívida de hipoteca de centenas de (dólares), cerca de US$80 mil em dívidas de consumo, e basicamente vivíamos à espera do próximo pagamento. Estávamos poupando para a aposentadoria, mas nosso patrimônio líquido, incluindo bens pessoais, era só um pouco maior que nossa renda. Vários "especialistas" financeiros nos disseram que estávamos bem. Nós não nos sentíamos bem. Acordamos para nossa situação e começamos a fazer algo a respeito. Estabelecemos *metas. Desenvolvemos um plano e o executamos. Saldamos nossas dívidas de consumo. Criamos um fundo de emergência. Terminamos de pagar a casa. Hoje estamos livres de dívidas e temos um patrimônio líquido de mais de um milhão. Damos aulas aos nossos filhos em casa e levamos a vida que queremos. Foi uma jornada longa e difícil, e ainda temos muitos anos pela frente até sermos ricos. (Ricos significando que não precisamos de uma renda e nunca vamos ficar sem dinheiro.) Estabelecemos metas e planos e trabalhamos neles diariamente.*

Lições das Bolhas

A bolha imobiliária e o consequente declínio da economia em 2008 pode nos ensinar um pouco sobre os perigos de comprar uma casa que requer mais de três vezes sua renda anual. O que esse fato pode elucidar a nós e aos futuros norte--americanos "ricos em patrimônio líquido" [ou seja, cujos ativos superam com folga seus passivos] sobre valor de imóveis, renda e riqueza? Em 2010, um homem chamado Jerry contou suas preocupações sobre sua situação de moradia para meu pai. Jerry era programador de computadores, e sua mulher era protética em meio período. A renda bruta ajustada anual do casal era de cerca de US$100 mil. Eles tinham três filhos.

Imediatamente antes da derrocada do mercado imobiliário, o casal comprou uma casa nova em um loteamento recém-projetado por US$495 mil. Entre 2009 e 2010, três casas novas semelhantes à de Jerry foram vendidas por US$300 mil, todas por execução hipotecária. "Ai!", disse Jerry. Seu sonho de revender a casa "depois de alguns anos com um lucro substancial" rapidamente se desfez. Contudo, o mesmo não aconteceu com seu saldo da hipoteca de US$300 mil. Meu pai só pôde dizer a Jerry para não entrar em pânico. Felizmente, as coisas melhoraram para ele, especialmente porque sua casa está localizada perto de um distrito escolar público de reputação nacional.

Além do lucro, que outro motivo levou Jerry e a mulher a trocar a casa de US$280 mil por uma de US$495 mil? Estas são suas três razões:

1. Primeiro, um corretor de hipotecas lhes disse que eles tinham condições de fazer os pagamentos. Como declarado em *O Milionário Mora ao Lado*, isso equivale a pedir que a raposa conte as galinhas de seu galinheiro, ou perguntar ao barbeiro se você precisa de um corte de cabelo. Quem o está orientando sobre o quanto você pode ou não pagar? Até onde o conselho dele está ligado à remuneração que receberá?

2. Segundo, as pessoas na vizinhança pareciam ter as mesmas características demográficas e socioeconômicas de Jerry e a mulher. Em outras palavras, seus novos vizinhos tinham carreiras, interesses, metas e desejos de consumo semelhantes. Isso poderia aumentar a probabilidade de Jerry e a mulher desejarem participar, comprar e fazer coisas semelhantes aos vizinhos para aumentar sua aceitação percebida.

3. Terceiro e mais importante, a renda de US$100 mil foi mais do que tinham ganho em qualquer ano durante seus primeiros 20 anos de casamento. Agora no nível de seis dígitos, eles se consideravam "ricos". E, segundo a lógica de Jerry, pessoas ricas não moram em casas ou vizinhanças de US$280 mil. A percepção de Jerry do que significava ser rico atrapalhou a tomada de uma decisão imobiliária saudável.

Atenção, Jerry! Rico, abastado, afluente — não importa. Tudo gira em torno de patrimônio líquido. Renda não é riqueza, e riqueza não é renda. O patrimônio líquido desse casal agora é inferior a US$150 mil. Enquanto Jerry contava sua história, meu pai analisou os números que tinha tabulado a partir de dados de impostos sobre espólio do IRS de 2017 para pessoas falecidas com um patrimônio avaliado em US$3,5 milhões ou mais. O valor mediano de mercado da casa de um falecido era de US$469.021. Isso é menos de 10% de seu patrimônio líquido mediano. E, na média, cerca de duas vezes e meia da fortuna deles tinha sido aplicada em investimentos imobiliários, e não em moradias próprias. E se Jerry tivesse sabido disso com antecedência? Ele ainda teria comprado uma casa com preço maior do que o valor do típico milionário falecido? Dependeria do fato de Jerry querer *agir como rico* ou realmente *ser rico* algum dia.

Vizinhanças Afluentes como Norma

Compradores de imóveis economicamente ativos têm uma vantagem específica ao procurar uma casa, principalmente porque têm menos limitações relacionadas à "exibição" ou ao status de onde moram. Eles não têm a atitude de Jerry de "minha renda elevada agora exige que eu more em uma vizinhança 'rica'". Contudo, existem mais Jerrys, especialmente tantos anos depois do declínio econômico. Deb, uma quase milionária que mora ao lado, partilhou seus pensamentos sobre comprar uma casa. Ela tinha acabado de ler *Stop Acting Rich*, e o livro lhe lembrou o seguinte:

> *Meu... marido e eu... compramos uma casa... O mercado imobiliário estava em baixa... e nós procuramos em um bairro de trabalhadores "blue-collars" porque precisávamos mudar para um distrito escolar específico... Havia um novo lotea-*

mento minúsculo em construção, e compramos uma casa nova, estilo colonial, de quatro quartos... mais tarde, uma colega de trabalho começou a procurar uma casa com o noivo. Ela apareceu no emprego chorando porque eles não tinham condições de comprar uma boa casa. "Quero uma casa como a sua", ela disse, mas procurava apenas em vizinhanças mais sofisticadas. Eu disse que ela poderia comprar algo melhor em um bairro como o meu. Ela ficou tão ofendida com essa possibilidade, que ficou uma semana sem falar comigo.

Talvez a recomendação de Deb tenha tocado em um ponto sensível. Talvez a amiga dela tivesse uma percepção mais realista da chamada vizinhança "sofisticada" se soubesse que o astro do rock Bruce Springsteen afirmou certa vez em uma entrevista que encontrou idiotas em todas os bairros em que morou, dos mais simples aos repletos de mansões caras. Um corretor de mansões em uma importante área metropolitana constatou que esses vizinhos podem ser tão barulhentos, desrespeitosos com os limites das propriedades ou negligentes na manutenção quanto seus equivalentes em bairros de blue-collars. Ao que parece, vizinhos horríveis estão bem distribuídos.

A amiga de Deb, porém, não foi a única a reagir à economia na escolha de imóveis. Como dissemos, frugalidade não é para todos. E consumo com moderação também não. Um tipo de leitor de *O Milionário Mora ao Lado* teve uma reação ao livro muito diferente dos fãs típicos. Mesmo voltando ao final dos anos 1990, quando a economia e o mercado de ações estavam em alta, exemplares do livro foram encontrados no vaso sanitário do banheiro do aeroporto de Atlanta ou foram doados. Pode ter havido vários motivos para esse comportamento, mas está claro que esses leitores não esperavam uma aula de consistência e disciplina. Talvez estivessem querendo descobrir como ficar ricos depressa ou, talvez, ganhar um tapinha nas costas por atingir uma renda de US$180 mil/ano para pagar a casa cara demais *e* escolas particulares *e* um SUV de luxo na garagem... mas com pouco dinheiro no banco. Eles ficaram muito desapontados ao saber que os dados não apenas não enalteciam esse tipo de comportamento, mas, na verdade, indicavam que eles estavam prejudicando seu futuro econômico.

Seus Vizinhos e Renda Advinda de Espólios

Um pouco mais de 35% dos milionários proprietários de casas em nosso estudo mais recente moram em casas atualmente avaliadas na faixa de US$1 milhão. Quando analisamos como eles geram renda, notamos alguns dados estatísticos surpreendentes (ou não). Primeiro, quando examinamos as diferenças entre milionários com qualquer renda vinda de fundos fiduciários e espólios (aproximadamente 14%) com-

Liberdade de Consumo

parados aos restantes 86% de nossa amostra, vemos que há uma porcentagem maior de milionários com renda advinda de fundos fiduciários e espólios morando em casas avaliadas em US$1 milhão do que a população geral de milionários (isto é, 55% dos milionários com renda proveniente de fundos fiduciários e espólios moram em casas que valem pelo menos US$1 milhão).

Quanto maior o valor de mercado de uma casa típica em um determinado bairro, maior é a proporção de proprietários residentes ali que receberam uma herança. Como exemplo, cerca de um entre quatro dos que moram nos bairros mais elegantes dos Estados Unidos, nos quais o valor atual de mercado excede US$1 milhão, teve parte da riqueza herdada vinda de espólios ou fundos fiduciários. Compare esses dados com milionários que residem em bairros em que uma casa comum é vendida por menos de US$500 mil. Somente 8% desses proprietários receberam renda de espólios ou fundos fiduciários.

Caso sua meta, explícita ou implícita, seja imitar e se adaptar aos que o cercam, você pode estar participando de um jogo difícil de ganhar. Acompanhar os Jones, que ganham o suficiente para morar em uma casa de US$1 milhão, é difícil por si só. Mas é mais difícil se seu concorrente que mora ao lado foi subsidiado por seus parentes ricos.

Tabela 4-4. Porcentagem de Proprietários Milionários com e sem Renda de Espólios/Fundos por Preço Original de Compra do Imóvel

Faixa de Preços de Compra Original	Porcentagem de Milionários Morando em Casas por Faixa de Valores	
	Sem Renda de Espólios e Fundos	Renda de Espólios e Fundos
Menos de US$400 mil	42,3	33,3
US$400 mil – US$599.999	20	23,6
US$600 mil – US$799.999	15,5	18,1
US$800 mil – US$999.999	6,1	9,7
US$1 milhão+	16,1	15,3

Tabela 4-5. Porcentagem de Proprietários Milionários com e sem Renda de Espólios/Fundos por Valor de Mercado Atual do Imóvel

Faixa de Valores Atuais de Mercado	Porcentagem de Milionários Morando em Casas por Faixa de Valores	
	Sem Renda de Espólios e Fundos	Renda de Espólios e Fundos
Menos de US$400 mil	5,6	0
US$400 mil – US$599.999	21,1	15,1
US$600 mil – US$799.999	23	17,8
US$800 mil – US$999.999	19,6	12,3
US$1 milhão+	30,7	54,8

Ter Casa Própria Não É o Mesmo que Ter Status de Milionário

Certa vez, um casal perguntou a meu pai sobre a relação entre casa própria e patrimônio líquido. Eles estavam pensando em comprar sua primeira casa. "Em seus livros, Tom, você menciona que quase todos os milionários têm casas... aproximadamente 95%", eles lembraram. Contudo, proprietários de casas não são milionários. E ninguém vai lhe entregar um cheque de sete dígitos por sua primeira casa. Entretanto, há certa relação entre a casa própria e o patrimônio líquido. Segundo estatísticas do governo, o patrimônio líquido domiciliar mediano para inquilinos tem girado em torno de US$4 mil e US$5.500 durante os últimos 20 anos. No mesmo período, o patrimônio líquido mediano de proprietários tem sido de 30 a 45 vezes maior. O patrimônio líquido mediano de proprietários nos Estados Unidos em 2016 foi de aproximadamente US$230 mil.[7] Porém, não conte com a valorização de sua casa para ficar rico. Em *Stop Acting Rich*, meu pai mencionou que, se todos os custos forem considerados em termos reais, casas valorizam muito pouco, quando o fazem. Mais uma vez, um dos segredos para construir riqueza é morar em uma casa que seja acessível.

O que é acessível? Há alguns anos, bankrate.com sugeriu que uma casa acessível é aquela cujos custos mensais (que incluem o principal e os juros da hipoteca, seguro e impostos) são inferiores a 28% da renda domiciliar total.[8] Essa porcentagem se aproxima do valor de três vezes recomendado em *O Milionário Mora ao Lado*. Você não só deve pensar no custo de vida, mas também como medir seu bem-estar na nova cidade, comunidade e vizinhança (veja a Tabela 4-6).

Tabela 4-6. Custo Mediano Total de Casa Própria por Mês e Indicadores de Satisfação em Cidades Selecionadas nos EUA (2012)

Cidade	Custo Total da Posse[9]	Bem-estar Emocional	Índice de Felicidade[10]
São Francisco	US$2.497,68	3	69,20
São Diego	US$1.746,21	8	65,80
Washington, D.C.	US$1.735,45	13	64,14
Seattle	US$1.726,50	25	63,16
Mineápolis	US$935,63	9	62,59
Los Angeles	US$1.474,75	24	59,91
Denver	US$1.160,94	53	59,25
Boston	US$1.833,73	40	56,93
Portland, OR	US$1.148,11	81	56,11
Nova York	US$2.068,96	66	54,66
San Antonio	US$938,13	79	54,55
Sacramento	US$929,22	64	53,90
Atlanta	US$606,92	51	52,97
Phoenix	US$703,71	66	52,67
Dallas	US$1.013,58	53	52,62
Chicago	US$1.172,46	58	52,57
Pittsburgh	US$756,60	109	50,67
Miami	US$1.073,52	76	49,78
Houston	US$1.033,51	70	49,77
Tampa	US$840,12	121	46,65
Milwaukee	US$1.068,35	105	46,44
Baltimore	US$1.276,98	113	45,07
St. Louis	US$728,92	132	43,06
Filadélfia	US$1.183,43	142	42,77
Detroit	US$509,88	150	27,78

Ainda argumentamos que sua comunidade mais próxima (seu distrito escolar, vizinhança e cidade) é mais importante quando se trata de sua felicidade pessoal. Quando você pensa em comprar aquela McMansion [termo pejorativo para uma grande residência "produzida em massa", construída com materiais de baixa qualidade] de 400m^2 no subúrbio para evitar a casa velha de dois dormitórios na cidade, você está trocando o tamanho da casa pelo trajeto para o trabalho. O que é mais importante para você?

Talvez seja adequado ler algumas palavras sensatas de *O Milionário Mora ao Lado*:

Talvez você não seja tão rico quanto deveria por ter trocado grande parte de sua renda atual e futura apenas pelo privilégio de morar em uma casa em um bairro de status elevado. Assim, mesmo que esteja ganhando US$100 mil por ano, não está ficando rico. O que você provavelmente não sabe é que seu vizinho na casa de US$300 mil comprou-a só depois de ter ficado rico. Você comprou a sua na expectativa de ficar rico. Esse dia pode não chegar nunca.[11]

O conceito de gastar hoje na expectativa de uma riqueza futura continua a atormentar os que não podem ou relutam em compreender o impacto financeiro de longo prazo das compras de larga escala. Você se lembra de Ken, que trocou Manhattan por Atlanta? Seus pares encararam sua escolha com ceticismo, mas com mais de 20 anos de custo de vida menor, acabou por valer a pena. No ambiente norte-americano atual de aumento de preços de imóveis e salários estagnados, a ideia de viver abaixo de suas posses — não acima —, principalmente quando se trata de moradia, é mais importante do que nunca.

Os Bens dos Consumidores

O que muitas pessoas adoraram (e algumas detestaram) em *O Milionário Mora ao Lado* foi o foco na vida frugal. Nos anos após sua publicação, pessoas de todo o mundo comentaram que finalmente sentiam seu estilo de vida justificado: um estilo que se afasta da máquina do consumo. Elas descreveram seus hábitos em detalhes, de comportamentos aparentemente insignificantes, como recortar cupons, a como compraram seu carro mais recente. Os estudos de caso em *O Milionário Mora ao Lado* confirmaram que elas não estavam sozinhas.

Comparado a 1996, o ciclo das tendências de consumo é mais rápido, nossas conexões sociais incluem informações constantes sobre o que nossos vizinhos estão fazendo e comprando, e o marketing parece jornalismo. Marketing e consumismo mudaram drasticamente em 20 anos, alterando a natureza do que é apresentado aos consumidores e o quanto fazer compras é acessível, como discutimos no Capítulo 2. Apesar dessas mudanças, e das influências das mídias, sociais e outras, vemos consistência na moderação de milionários nos últimos 20 anos. Prodigiosos acumuladores de riqueza continuam a descrever-se como frugais com mais frequência do que os subacumuladores de riqueza, e eles reconhecem que são economicamente mais bem-sucedidos que os vizinhos. Embora haja pouca diferença no planejamento do orçamento, há uma diferença na riqueza e frugalidade em geral.

Milionários São "Namorados Muquiranas"?

Sua namorada faz insinuações de que está interessada em um tipo de presente, entretenimento e atividades que exigem gastos acima de suas posses (ou das dela)? Você pode estar envolvido em um relacionamento com uma parceira consumista, que basicamente pode achar difícil se adaptar a um estilo de vida mais frugal adotado por aqueles que buscam sucesso econômico, como meu pai descreveu em 2011:

Quando as pessoas me perguntam sobre as atividades de milionários, tenho uma resposta rápida. Como escrevi em *A Mente Milionária*, o milionário típico é, em três palavras, "um namorado muquirana"! Sim, um namorado pão-duro mesmo entre a fração de 1% dos mais ricos dos EUA. Muitas das atividades preferidas do milionário não são caras. Não importa se você é rico ou pobre. As melhores coisas na vida são gratuitas ou quase. Fui lembrado do conceito de "namorado muquirana" quando li um e-mail recente de um multimilionário autônomo "exatamente... rico em patrimônio líquido". Na mensagem, ele escreveu:

"Vou de bicicleta para o trabalho, 19 quilômetros ida e volta... há 8 anos... tenho 59 anos, sou casado há 38, não recebi nenhuma herança... três filhos adultos, todos bem-sucedidos... pagamos três escolas particulares... sem hipoteca... tenho um negócio... nenhuma dívida... Meu trabalho exige muito (60 horas semanais), mas fui treinador de esportes das crianças, canto no coro da igreja... tenho um jardim... todos os anos fabrico vários galões de cidra de maçã... crio abelhas produtoras de mel... participei de seis viagens para construção de casas no México e de vários comitês especializados... Minha mulher e eu partilharmos muitos valores cristãos... isso contribuiu para nosso longo casamento. Todos os nossos amigos parecem adotar valores iguais aos nossos."

Ele menciona que não tem nenhum desejo incontrolável de dirigir um carro novo. Como ele disse: "Estamos satisfeitos. Nossos carros costumam durar muito, um Tahoe 2002 — 140 mil km, Buick 1995 comprado há 3 anos e meio por US$3.500."

Esse milionário gasta seu tempo e dinheiro de um jeito que lhe proporciona grande satisfação. Ser um "namorado muquirana" não o incomoda nem um pouco.

O *Novo* Milionário Mora ao Lado

Tabela 4-7. Orçamento e Frugalidade de Prodigiosos Acumuladores de Riqueza vs. Subacumuladores de Riqueza

Declaração	Porcentagem Concordo Plenamente/ Concordo	
	SAR	PAR
Sempre fui frugal.	40,7	57
Em termos de riqueza acumulada, estamos em melhor situação que a maioria de nossos vizinhos.	42,9	72,5
Minha casa funciona com um orçamento anual relativamente bem planejado.	58	61,6
Sei quanto nossa família gasta por ano com comida, roupas e moradia.	69	63,2

É preciso ser mais disciplinado hoje na área de gastos do que nos anos 1980 e 1990? Certamente a criação de mídias sociais e meios avançados pelos quais os profissionais de marketing rastreiam hábitos para formular seus anúncios e os direcionar para nós exige mais disciplina para ignorar propagandas.

Por ora, vamos analisar as semelhanças ao longo do tempo. O máximo que os milionários pagarão por bens de consumo hoje não mudou muito desde 1996. Em 2016, os milionários gastaram mais ou menos a mesma quantia em ternos, sapatos e relógios que em 1996. O preço mediano pago por ternos caiu aproximadamente 18% entre 1996 e 2016, muito provavelmente por causa da queda no preço de vestuário, assim como o aumento dos trajes informais permitidos nas empresas hoje. Mas o importante aqui é que o consumo, pelo menos nessa categoria de bens, continua a mostrar que os milionários, que moram ao lado ou em outro lugar, não são consumidores de itens de luxo dentro de categorias visíveis. Em outras palavras, mesmo para aqueles que querem imitar os ricos, a resposta, como foi em 1996, é não comprar em lojas caras. Em relação a gastos, seu comportamento é mais parecido com o de milionários ou de pessoas que você percebe como sendo os ricos nos Estados Unidos?

Tabela 4-8. Máximo Pago por Milionários em Roupas e Acessórios: 1996 a 2016 (em Dólares de 2016)[12]

		Ternos		Calçados		Relógios	
	Mediana:	US$612	US$500	US$215	US$200	US$361	US$300
% que gastou menos	% que gastou mais	1996	2016	1996	2016	1996	2016
10	90	US$299	US$200	US$112	US$97	US$72	US$50
25	75	US$437	US$300	US$152	US$120	US$153	US$100
50	50	US$612	US$500	US$215	US$200	US$361	US$300
75	25	US$919	US$1 mil	US$305	US$300	US$1.726	US$2.500
90	10	US$1.533	US$1.500	US$457	US$500	US$5.831	US$8.150
95	5	US$2.148	US$2 mil	US$512	US$600	US$8.132	US$12 mil
99	1	US$4.296	US$4.720	US$1.023	US$1.656	US$23.016	US$25.260

Desempenhando o Papel? O Guia de um Advogado

Ned Davis, 36, é um advogado bem-sucedido. Mesmo no início da carreira, a quantidade de vitórias jurídicas o coloca na categoria de profissionais excepcionais. Ned foi gentil o bastante para nos contar alguns aprendizados sobre a importância do uso de acessórios quando no ambiente do tribunal:

Não sou muito ligado em relógios, mas queria comprar um relógio de ouro com pulseira de couro há algum tempo. Eu tenho um Rolex de prata que ganhei de presente há cerca de 15 anos, e queria um relógio de ouro para usar em eventos especiais. Achei que poderia justificar o gasto de alguns milhares de dólares em um relógio novo, já que nunca tinha comprado um (e minha mulher até se ofereceu para me presentear com um no Dia dos Namorados). No entanto, depois de ler Stop Acting Rich, *decidi que não desperdiçaria vários milhares de dólares em um sofisticado relógio de ouro. Acabei encontrando um Timex no brechó/antiquário no fim da minha rua. O que eu achei tinha um ar vintage (era dos anos 1970) que o fazia parecer um belo relógio formal. A marca Timex, porém, o deixou extremamente acessível — US$40!*

Pouco tempo depois de comprá-lo, eu me dei conta do quanto era útil ter um relógio de preço modesto para usar nas ocasiões em que queria parecer um advogado janota. Quando estou diante de um júri ou no encontro com um cliente ou testemunha de origem humilde, prefiro usar o confiável Timex. Acho que nossas roupas e relógios (e carros) enviam muitas mensagens que podem ser boas ou ruins. Acho que é melhor não usar roupas, relógios ou joias que se destaquem demais no tribunal, e digo o mesmo a todas as minhas testemunhas. A propósito, Stop Acting Rich *também reforçou minha decisão de continuar com meu Volvo 2004. Calculo que estou economizando pelo menos de US$500 a US$700 por mês dirigindo meu carro de sete anos de idade!*

Os muitos sucessos de Ned e o merecido respeito que vem com eles são verdadeiras medalhas de mérito. Uniformes e acessórios podem ser comprados em lojas, mas não se comparam com a série de triunfos genuínos na competição jurídica (ou em qualquer outra forma de competição econômica). Além disso, lembre-se de que o milionário típico em todo os Estados Unidos paga até US$300 (mediana) por um relógio. Cerca de um entre quatro pagou US$100 ou menos. Note, porém, que em nossa pesquisa não fizemos diferença entre relógios tradicionais e smartwatches ou outra tecnologia usável que alguns alegam poder substituir relógios tradicionais descritos em *O Milionário Mora ao Lado*. Mesmo assim, o preço mediano pago é o preço aproximado de um smartwatch.

Jeans de Luxo

Vamos dar uma olhada no novo traje básico da "sexta informal" no escritório: jeans. A indústria de brim nos EUA vale US$13,7 bilhões,[13] e um estudo recente mostrou que, em média, os norte-americanos têm sete pares.[14] Enquanto o norte-americano médio paga menos de US$50 por um par,[15] os milionários em nosso estudo pagam um pouco acima desse limite, gastando no máximo US$50 em uma dessas calças. Contudo, no universo do luxo, sabemos que jeans de grife podem custar mais do que isso: simplesmente digite "jeans" na Amazon, selecione do preço maior ao menor e provavelmente terá a oportunidade de comprar um jeans Dolce & Gabbana por mais de US$8 mil.

Apenas 25% dos milionários gastam mais de US$100 em uma calça jeans, muito longe dos jeans baratos que um milionário que entrevistamos, um advogado que deixou o mundo corporativo para ajudar no negócio da família:

> *Eu compro jeans da Wrangler por US$12 no Walmart. Eles caem muito bem e duram para sempre. Bem, reconheço que não são os mais elegantes. Assim, quando a Costco faz liquidação de calças Levi's, compro três para ter alguns jeans mais legais. Meus cinco pares vão durar dez anos.*

Quando eu estava escrevendo este livro, os jeans da Wrangler tiveram mais de 4 mil boas críticas e pontuação média de 4,4 em 5 estrelas na Amazon.com.

Tabela 4-9. Máximo Gasto por Milionários em Jeans, Óculos de Sol e Móveis

		Jeans	Óculos de Sol	Móveis
	Mediana	US$50	US$150	US$3.800
Porcentagem que Gastou Menos	Porcentagem que Gastou Mais	Máximo Gasto	Máximo Gasto	Máximo Gasto
10	90	US$30	US$20	US$1.200
25	75	US$40	US$50	US$2 mil
50	50	US$50	US$150	US$3.800
75	25	US$100	US$250	US$6 mil
90	10	US$195	US$350	US$10 mil
95	5	US$200	US$500	US$15 mil
99	1	US$300	US$800	US$39 mil

Dicas de Roupas da "Sra. Point"

Hoje os norte-americanos acabam com as roupas mais depressa do que nunca. Em 2015, o consumo per capita de vestuário foi de 67,9 trajes e 7,8 pares de calçados, voltando aos níveis pré-recessão, segundo a Associação de Vestuário e Calçados.[16] Nós também jogamos roupa fora com a velocidade de um raio. Segundo o Conselho de Reciclagem Têxtil, todos os anos, cada homem, mulher e criança nos Estados Unidos joga fora 31kg de roupas e outros têxteis.[17]

Primeira entrevistada para *O Milionário Mora ao Lado*[18], a Sra. Point e o marido moram em uma casa de quatro quartos em uma das vizinhanças mais agradáveis de Austin, Texas. "Acredito em morar na melhor área da cidade... localização, localização, localização... eu vivo sem carros sofisticados (além de vários outros luxos), mas insisto em ter a melhor casa possível", ela diz.

A Sra. Point entende o valor das roupas. Ela nunca quer gastar altas quantias em vestimentas — elas se depreciam muito depressa e abrem um buraco em nosso patrimônio líquido. Mas a Sra. Point sempre quer estar bem vestida. Então encontrou uma solução: "Ah, sim, uso roupas de alta-costura (de segunda mão) que compro no bazar da Junior League" (Organização feminina sem fins lucrativos voltada para o voluntariado, caridade e educação) (Sim, há hierarquia até mesmo em brechós!). Muitas roupas que ela compra ainda têm as etiquetas originais de venda. Em outras palavras, elas nunca foram usadas. Parece que os gastos com vestuário da Sra. Point estão sendo subsidiados por alguns dos "ricos reluzentes" de Austin. Sem que saibam, esses "aspirantes" também estão melhorando sua habilidade de transfor-

Móveis de Qualidade: Menos Dispendiosos no Longo Prazo

Há certos bens de consumo de qualidade que podem ser usados, dados, e usados de novo por vários anos. Em muitos casos, eles têm preços mais altos, mas são comprados apenas uma vez. Meu pai escreveu este artigo em 2013, destacando seu antigo hobby de marcenaria e o conceito de qualidade dos bens de consumo, qualidade que talvez não se preste a uma renovação dos móveis da sala a cada dois anos:

Omiti no meu currículo online minha lista de hobbies: "ávido marceneiro desde os 12 anos; constrói mesas rústicas, armários... esculpe patos, muitos com cedro branco novo..." Como marceneiro, muitas vezes julgo a qualidade da madeira e o trabalho em móveis novos e usados, até de algumas antiguidades. Admito a preferência por móveis tradicionais de madeira maciça. Móveis tradicionais bem-feitos são preferidos por muitos milionários que moram ao lado, que os consideram um investimento duradouro.

Uma de minhas marcas preferidas de móveis é Henkel Harris. A qualidade de sua madeira e o trabalho manual são excelentes.

Fiquei triste em saber que a Henkel Harris fechou as portas em 2013. Eu disse a mim mesmo: "Não há compradores de móveis de madeira tradicionais em número suficiente nos EUA hoje em dia." Por meio de campanhas de marketing bilionárias, os consumidores se tornaram parte de uma sociedade descartável. Alguns na indústria de móveis certamente fazem parte dessa cultura. Como consumidores, estamos sendo treinados a comprar e substituir, a comprar e substituir de novo o que é "moderno" ou assim chamado de "móvel da moda". Com frequência, esse tipo de móvel é feito com aglomerado, alguns até com serragem ligada com cola. E não se esqueça da Marca X, que é fabricada com compensado barato pintado e montado com pregos em vez de cavilhas. Por quanto tempo esses móveis serão modernos?

Como somos a maior economia do mundo, não deve ser surpresa para ninguém o fato de termos os melhores e mais agressivos profissionais de marketing do mundo. Eles estão tendo êxito em convencer cada vez mais pessoas de que móveis não são mais, realmente, bens duráveis que podem perdurar por várias gerações, mas, sim, um item de consumo descartável caminhando na direção dos aparelhos de barba de plástico!

Certamente, móveis de qualidade são caros. Porém, por causa da qualidade, móveis da antiga Henkel Harris, por exemplo, podem ter grande valor para quem tem um orçamento limitado. Na minha última visita à Feira de Antiguidades Scott, em Atlanta, vi um jogo de mesa de jantar Henkel Harris em mogno (mesa, oito cadeiras, aparador e bufê) por US$899! Hoje, só a madeira bruta necessária para fabricar esse conjunto teria esse preço. Mesmo que ele fosse restaurado por um profissional, você ainda pagaria menos de 20% do que um jogo novo custaria.

> Mas há algumas boas novas. Por acaso, procurei "Henkel Harris" no Google e encontrei a seguinte mensagem: "Nós, da Henkel Harris, temos a satisfação de dizer: 'A Henkel Harris está de volta'... Apenas depois de alguns meses de fechar as portas, no início de 2013..."

mar renda em riqueza. Se algumas das roupas não caem com perfeição, ela e o Sr. Point fazem o que cerca de quatro entre dez milionários fazem: reformam, em vez de comprar novas. A Sra. Point usa o dinheiro economizado para comprar ações de primeira linha. "Tenho consciência de que vivemos em uma época de milagres médicos... eu... invisto em ações relacionadas à medicina. Temos terras... (e) operações de mineração e arrendamento de petróleo. Não contamos aos nossos amigos sobre nossos bens porque muitos deles não têm tanto quanto nós." Estaria ela falando de afluentes de declaração de renda?

Carros: O Teste Máximo de Consumo?

Não é comum que *uma* decisão de consumo melhore ou piore a habilidade de construir riqueza ao longo do tempo; padrões de comportamento são um melhor indicador da probabilidade de construir e manter riqueza em longo prazo. Contudo, comprar um carro é uma decisão financeira importante que pode exercer um impacto significativo na riqueza duradoura.

Em 2016, o valor mediano gasto por nossos milionários em sua compra de carros mais recente foi de US$35 mil. O preço mediano elevado pago por um carro foi de US$40 mil. A maioria dos milionários não dirige carros de luxo. Toyota, Honda e Ford são as marcas no topo da lista. Esses três fabricantes foram citados por quase 1/3 de todos os milionários de nossa amostra. Note que alguns dos principais fabricantes de 1996 (Oldsmobile, Cadillac, Lincoln, Jeep) não estão representados nos top 15 de 2016.

Marcas mais baratas estiveram consistentemente no topo das listas de "carros de milionários" ao longo do tempo. As marcas mais populares entre os milionários são Toyota, Honda e Ford, só então seguidas pela BMW. Assim, os que querem imitar os ricos ou mostrar status de milionário devem considerar essas três escolhas de milionários atualmente.

Tabela 4-10. Principais Marcas de Automóveis de Milionários (1996 e 2016)

Marca	Exemplo de Modelos	1996 %	2016 % (Posição)
Toyota	Camry, Corolla, Highlander, Prius	5,1	12,5 (1)
Honda	Accord, Civic, CRV, Odyssey, Pilot	1,6	11,4 (2)
Ford	Edge, Escape, Explorer, F-150, Focus	9,4	9,0 (3)
BMW	325, 535, 328, 428, X3	2,2	6,4 (4)
Chevrolet	Equinox, Silverado, Tahoe	5,6	5,9 (5)
Lexus	ES 350, RX 350	6,4	5,6 (6)
Nissan	Altima, Maxima, Rogue	2,9	4,8 (7)
Subaru	Forester, Outback	-	4,2 (8)
Dodge	Caravan, Grand Caravan, RAM	2,2	4,1 (9)
Mercedes	C300, E350, S550	6,4	3,9 (10)
Audi	A4, Q5, A6, A7	1,8	3,7 (11)
Volkswagen	Jetta, Passat	1,1	3,0 (12)
Hyundai	Elantra, Santa Fe	-	2,8 (13)
Acura	MDX, TSX, RDX	1,6	2,7 (14)
Kia	Sorento	-	2 (15)

Um grande nível de satisfação na vida existe em abundância entre os que focam o lado interior das pessoas, e não o que elas dirigem, vestem ou onde moram. Mesmo para quem adora carros, como meu pai adorava, os economicamente bem-sucedidos estão mais interessados naquilo que pode ajudá-los a construir riqueza ao longo do tempo. Quando perguntamos a um milionário que mora ao lado das proximidades de Winstom-Salem, Carolina do Norte, do que ele desistiu para acumular uma riqueza considerável, ele respondeu: "Um carro novo a cada três ou quatro anos. Dirigi um carro bem conservado por 21 anos. Acho que essa decisão me poupou cerca de US$250 mil em compras repetidas. O final do jogo é a emancipação financeira."

A Consistência da Qualidade

Para dirigir um carro por mais de 20 anos, ele precisará ser um carro de excelente qualidade. Este é o motivo pelo qual os bem-sucedidos economicamente costumam comprar com base nesse aspecto. O automóvel de luxo ainda é o cartão de visitas dos afluentes de declaração de renda. Todavia, a tabela anterior mostra que os carros da Toyota e da Honda estão no topo da lista dos dirigidos por milionários. Leia este artigo interessante escrito por meu pai há alguns anos sobre a Honda, segunda na lista de escolhas de carros dos milionários:

Um anúncio de 2011 do Honda Accord o descreve como tendo o maior valor de revenda em sua categoria. Não estou surpreso. Como um automóvel mantém o valor de revenda depende de vários fatores. Naturalmente, confiabilidade é importante, mas há algo mais, e tem a ver com varejo versus vendas de frotas. E se o carro que você pensa em comprar estiver sendo vendido às centenas de milhares sob o título de Vendas de Frotas? A maioria dessas compras de frotas é realizada por locadoras de automóveis que exigem grandes descontos dos fabricantes. Mais tarde, esses carros de um, dois ou três anos são despejados no mercado de carros usados.

Soube disso em primeira mão quando Leigh, uma amiga da família, me pediu para ajudá-la a vender o carro do avô, um sedã de três anos comprado novo por US$25.400. O carro foi vendido por US$7 mil (ela teve sorte), apesar de ter rodado apenas 22 mil km e estar em excelentes condições. Por que tão pouco? Ele foi a marca e modelo número 1 adquirido por locadoras no ano em que foi originalmente comprado.

Na época, o avô de Leigh achou que estava fazendo um bom negócio com um grande desconto. De que adiantou esse "preço especial"? Ele pagou caro em termos do custo do ciclo de vida, e perdeu mais de 70% do preço de compra. Talvez ele devesse ter comprado um Honda! Nesse caso, teria conseguido pelo menos mais US$5 mil.

Segundo um artigo de 2011 na *Automotive News*, a Honda América foi responsável por apenas 1,6%, ou 33 mil de todas as vendas de frotas (2,1 milhões) em 2010.[19] Em comparação, a Honda vendeu 1.197.500 de seus veículos para clientes particulares. Em um contraste profundo em termos de vendas de frotas, a General Motors foi responsável por 29,2%, ou 609 mil veículos a motor; a Ford vendeu 29%, ou 604.900.

Ironicamente, há pouco tempo dei de cara com o dono de um grande revendedor Honda. Não o via desde quando cursamos o ensino médio juntos. Eu o cumprimentei por sua reputação como revendedor de qualidade. Ele respondeu: "São carros ótimos, e a Honda é uma empresa excelente para se trabalhar. Mas quando você vende um Honda para um cliente, ele fica com ele ou o mantém na família. Nunca tive Hondas usados em número suficiente para encher meu estacionamento."

Tabela 4-11. Porcentagem de Modelos de Carros do Ano por Milionários (1996 e 2016)

Modelo de Carro Mais Recente	Porcentagem de Milionários	
	1996	2016
Ano Corrente	23,5	15,5
Um Ano de Uso	22,8	17,8
Dois Anos de Uso	16,1	15,1
Três Anos de Uso	12,4	10,2
Quatro Anos de Uso	6,3	7,6
Cinco Anos de Uso	6,6	6,2
Seis Anos de Uso ou Mais	12,3	27,7

Em 1996, os que compraram veículos motorizados foram responsáveis por 81% dessa amostra de milionários; os que fizeram arrendamento foram responsáveis por 19%. Em 2016, 86% dos milionários compraram seus veículos, enquanto 14% fizeram arrendamento do carro mais recente.

Arrendamento, Luxo e "Aspirantes"

É muito fácil julgar os outros pelo carro que dirigem. Os profissionais de marketing contam com isso e gastam bilhões de dólares para que você tenha uma certa visão (um tanto inexata) dos donos e motoristas de carros de luxo. Mas não se pode avaliar a riqueza de seus vizinhos, amigos ou parentes pelo que dirigem. E muitas vezes esses automóveis de luxo são arrendados. Consumidores afluentes de declaração de renda são especialmente propensos a fazer arrendamentos durante períodos de prosperidade econômica.

Em 2010, a *Automotive News* informou que o vice-presidente dos Serviços Financeiros da Mercedes-Benz indicou que o arrendamento era responsável por metade das vendas de novos carros da marca.[20] Além disso, essa porcentagem (50%) é relativamente consistente em períodos bons e ruins. Como esses 50% se comparam com a taxa de arrendamento versus compra em todos os veículos de passageiros adquiridos nos Estados Unidos? Ela é muito mais alta que a regra. Na última década, o arrendamento foi responsável por aproximadamente 20% de todos os carros novos de passageiros que foram adquiridos.

Aspirantes — pessoas que aspiram ser ricas e desempenham o papel consumindo como se já o fossem — são muito melhores em gastar o que ganham para parecer ricos do que realmente acumular riqueza. Se esse grupo estivesse mesmo interessado em imitar os que são verdadeiramente ricos, preferiria comprar, e não arrendar seus carros. Em nossa última pesquisa, apenas 14% dos milionários arrendaram seus carros, e o valor mediano desses veículos foi de US$46 mil, en-

Quem Compra um Toyota de 13 Anos?

Quase 28% dos milionários em nosso estudo mais recente dirigem um carro com pelo menos seis anos de uso, e, claro, sabemos casos de muitos milionários que dirigem carros por décadas. Naquilo que se pode chamar de um estudo de campo, meu pai descreveu compradores em potencial de seu Toyota de 13 anos para examinar casos sobre hábitos de compra. Ele escreveu este artigo em 2010:

Quando vendi o sustentáculo de nossa família, um Toyota Runner 4 X 4, de 1997, o carro era como um bom amigo; ele nunca deixou a família na mão. Embora o odômetro marcasse 290 mil km, tudo funcionava. A pintura estava quase perfeita.

Ficamos surpresos com a grande quantidade de interessados que nos contataram após o anúncio na internet. Vale a pena falar sobre dois compradores em potencial aqui. O interessado nº 1 tinha 36 anos, era casado e pai de três filhos. Ele e a mulher trabalhavam em período integral. O casal estava no processo de descartar os dois carros antigos que tinham na época. Por que essas pessoas se interessaram em comprar um Toyota com 13 anos de uso por US$5 mil? Não era porque se encontravam em péssima situação financeira, nem estavam deprimidos com a perspectiva de "retrocesso". Como o homem explicou, ele e a mulher tinham bons empregos, mas viviam uma rotina de pagamento de mensalidades de empréstimos de seus carros. Depois de pagas as contas no fim de cada mês, sobrava pouco ou nada para investir. O casal estava determinado a se tornar financeiramente independente. Vender seus dois carros caros e investir os mais de US$30 mil que receberiam era um começo. Segundo o casal, o estímulo e o método de fazer isso veio do programa Financial Peace University, de que participaram em sua igreja.

O interessado nº 2 tinha 26 anos, estava noivo e tinha acabado de vender seu carro, uma picape completa. Ele ficou com mais de US$20 mil, que queria aplicar em sua moradia para o futuro casamento. Era funcionário público e tinha um segundo emprego. Ele achava que na pequena cidade universitária em que vivia poderia recuperar todo ou quase todo o dinheiro que tinha gastado no 4 Runner, 1997, mesmo que o vendesse em dois anos.

O interessado nº 2 comprou o carro cinco minutos depois de vê-lo. O primeiro não o comprou porque queria um SUV com sete lugares para partilhar o carro e encontrou um.

Nem todas as pessoas que fazem um "downgrade" como esses dois compradores sentem o ego ferido ou têm perda de autoestima. Os que planejam construir riqueza adquirindo algo mais barato e investindo sentem mais orgulho e confiança renovada. Tudo faz parte de assumir o controle de nossa vida e não ser controlado pelo consumo e pelo uso excessivo do cartão de crédito. Foram necessários bilhões em publicidade e marketing para nos convencer de que a felicidade e autoestima podem ser compradas em lojas com empréstimos e cartões de crédito. E essas crenças não podem ser mudadas da noite para o dia. É importante ter um mentor que possa ajudá-lo a mudar e então guiá-lo para a liberdade financeira.

quanto milionários que compraram seus carros o fizeram pelo valor mediano de US$35 mil. Entre os que arrendaram, 25% dos carros arrendados por milionários em nosso último estudo eram de luxo, enquanto 75% dos veículos arrendados, não (por exemplo, Honda, Toyota).

Meu pai descreveu aspirantes em *Stop Acting Rich*. Talvez Shakespeare estivesse referindo a essas pessoas quando escreveu "Nem tudo que reluz é ouro". No entanto, muitos norte-americanos são culpados de julgar a riqueza dos outros pelos automóveis de prestígio que dirigem. Muitas vezes, julgamentos desse tipo são inexatos e podem exercer um efeito arrefecedor em comportamentos de consumo prudentes. Meu pai recebeu um e-mail de um homem que mostrou cinismo em relação ao tema de compras e riqueza:

> ...*tendo dificuldade em não ser cínico em relação a pessoas com base no lugar em que moram ou que tipos de carro dirigem. Frequentamos uma igreja que é considerada "rica"... muitas pessoas dirigem carros melhores, Escalades, BMWs etc... nós concluímos que eles são grandes gastadores, não acumuladores de riqueza. Nossos filhos vão para a escola da igreja... difícil dizer a eles que não precisam de todos os itens de status, North Face, Abercrombie, sapatos caros etc. que as outras crianças têm... Minha mulher olha para essas pessoas e se pergunta de onde tiram todo o dinheiro para comprar essas coisas caras. Como não ser cínico?*

O conselho de meu pai para ele? Primeiro, nunca julgue os verdadeiros atributos de uma pessoa pelo que pode ser comprado. Segundo, como o leitor desconfia, muitas vezes as pessoas que se vestem e dirigem como se fossem ricas não o são.

Em nosso estudo mais recente, em todos os respondentes de nossa amostra de afluentes, não foi surpresa encontrar uma correlação entre preço de compra do último veículo adquirido e patrimônio líquido. E a combinação de idade, renda e patrimônio líquido foi responsável por quase 25% da variação no preço de compra. De um ponto de vista prático, o preço de nossos carros tem mais a ver com fatores que ultrapassam o quanto ganhamos, nossa idade e nossa riqueza, incluindo atitudes, influências sobre luxo, e o que nosso vizinho está dirigindo. Esses fatores sociométricos e psicológicos podem estar agindo. E constatamos que a *renda* tem mais condições de prever quanto você poderia pagar por seu próprio automóvel do que seu *patrimônio líquido*. Isso se aplica especialmente ao arrendamento: descobrimos que o *patrimônio líquido* contava muito pouco quando tentamos prever o preço de um veículo arrendado acima e além da renda.

Para o nosso leitor cínico, a resposta está clara: o preço de compra de carros (e, portanto, as marcas e modelos que ele vê na comunidade) tem mais a ver com fatores não relacionados à riqueza ou renda do que a maioria acredita. E, se considerarmos o lado financeiro do motivo pelo qual dirigimos o que dirigimos, o nível de renda, não de riqueza, é mais importante.

Talvez esteja certo o Velho Testamento: "o homem vê o que está diante dos olhos, porém o Senhor olha para o coração" — 1 Samuel 16:7.

Como Comprar Luxo Usado

E se você quiser dirigir um automóvel de luxo? A categoria do "comprador que gosta de carros usados" da população de milionários que moram ao lado oferece um guia para os que decidem comprar um carro de luxo usado. Um professor de engenharia contou em detalhes para meu pai a última experiência de comprar um carro:

A visão de dinheiro exerce um efeito poderoso em algumas pessoas. Por esse motivo, tirei US$2 mil em notas de 20 de minha reserva de emergência. Coloquei US$500 no bolso direito da calça e os US$1.500 restantes no bolso esquerdo da camisa. Depois de agendar para ver o carro, pedi para um companheiro da marinha me levar até o local marcado. O vendedor morava em uma vizinhança sofisticada com trilhas equestres. Ele tinha um novo jaguar sedã, um Toyota sedã e um Cadillac Escalade SUV na garagem. Sua filha mais velha vinha usando a Mercedes para ir à faculdade. Ela estava se mudando para outro estado, e ele tinha acabado de lhe comprar um novo Toyota. Ele também disse: "Não preciso de quatro carros só para mim e minha mulher." Assim, ele passou pelo primeiro teste de confiança, e deu a impressão de não estar vendendo um carro com problemas. Depois de testar o carro, eu tirei o maço de notas de 20 dólares do bolso da camisa, o coloquei no capô da Mercedes e perguntei: "Você estaria disposto a considerar uma oferta de US$1.500 em dinheiro?" Ele estava. Assim, passei a dirigir uma Mercedes de luxo 1980 vintage (todos os dias) para o trabalho e de volta para casa. Ela tem um desempenho muito bom, faz 40 km por galão (3,78l), e eu gosto de dirigi-la. Esse carro foi feito quando a Mercedes Benz tinha a merecida reputação de utilizar padrões de fabricação de altíssima qualidade e por projetar carros duráveis. Além disso, o meu garoto interior de 20 anos está deliciado por finalmente atender ao seu desejo, mesmo que tenha esperado 38 anos para isso.

Muitos norte-americanos podem acreditar que, ao dirigir um carro novo, estão imitando pessoas economicamente bem-sucedidas. Mas somente 16% dos milionários dirigem um carro do ano. Nunca se sinta diminuído por dirigir um carro usado.

Compra de Carros para Consultores Profissionais

John, um consultor financeiro, estava se mudando para uma área afluente no sul da Flórida. Ele pediu conselhos ao meu pai sobre o carro "ideal". John, que valorizava o conceito do milionário que mora ao lado, estava procurando uma "dispensa especial". Ele tinha receio de afastar clientes em potencial por dirigir uma marca de carro "normal" (ou seja, não de luxo).

Inúmeras vezes, pessoas na posição de John tentaram convencer meu pai de que dirigir um carro caro faz parte do uniforme exigido para os que oferecem serviços para os ricos. Mas ele nunca foi convencido. Em vez disso, insistia em que a chave do sucesso é oferecer um serviço de alto nível que ultrapasse as expectativas. Em outras palavras, era mais importante John administrar o dinheiro de seus clientes "ricos reluzentes" com eficiência do que se preocupar com a marca do carro que dirigia.

Veja o que meu pai escreveu sobre os ricos reluzentes em *Stop Acting Rich*: "Essas pessoas são prodigiosos gastadores para qualquer forma de produtos e serviços de prestígio. No entanto, elas vivem abaixo de suas posses porque, para se qualificar, precisam ter um patrimônio líquido mínimo de US$20 milhões. Os ricos reluzentes... possuem... BMWs, Mercedes, Lexus top de linha. A maioria tem pelo menos um SUV. No entanto, muitos desses SUVs não pertencem à categoria de carros de luxo. SUVs grandes... são muito populares entre os ricos reluzentes."[21]

Meu pai tinha uma solução de meio-termo para John. Como os grandes SUVs pareciam muito populares entre os ricos reluzentes, porque não comprar um modelo de segunda mão? Ele recomendou algo da família GM, porque eram grandes, confortáveis, seguros e considerados por muitos de excelente qualidade entre todos os SUVs de grande porte. E John não teria dificuldade em encontrar um. Meu pai encontrou 93 páginas de SUVs GM de segunda mão para venda na região em que John trabalhava.

Gastando Muito

Além de adquirir bens de consumo, carros e casas, como os milionários alocam sua renda? Como veremos no Capítulo 7, a maioria dos milionários que pesquisamos gasta 1% de sua renda domiciliar anual em consultoria financeira, mas 1/3 não paga nada. Um entre três milionários não aloca nenhuma parcela de sua renda domiciliar para o "pronto-socorro econômico" (ou doações de alto valor financeiro para parentes), enquanto 1/3 dá cerca de 1% de sua renda para fim. Trinta e seis por cento dos milionários doam 5% de sua renda para organizações beneficentes; aproximadamente 1/4 doa 10% ou mais da renda anual domiciliar para causas nobres.

Tabela 4-12. Porcentagem de Renda Gasta por Categoria pelos Milionários

Categoria de Gastos	Porcentagem de Renda Gasta por Categoria							
	0%	1%	5%	10%	20%	30%	50%	75% ou mais
	Porcentagem de Milionários							
Imposto de renda	0,8	0,6	1,8	5,8	21,8	50,1	18	0,3
Juros de cartão de crédito/ Empréstimos em prestações	71,7	16,4	8,4	3,1	0,2	0,3	0	0
Dinheiro/Equivalente Contribuições assistenciais	3,1	37	36,1	19,8	2,6	1,4	0	0
Taxas de consultoria financeira/ Gestão/Transações	32,7	56,3	8,3	2,5	0,2	0,2	0	0
Educação/Mensalidades	47,6	12,2	16,2	14,8	5,7	2,6	0,6	0,2
Doações em dinheiro, títulos, propriedades, veículos etc. para parentes	33,6	33,9	23,2	7,3	1,4	0,3	0,2	0
Aposentadoria/Contribuições anuais	35,1	7,2	19,8	24,3	12	0,9	0,5	0,2
Investimentos (sem ser aposentadoria/contribuições anuais)	20,3	10,8	27,4	19,2	13,8	5,2	2,2	1,1
Pagamento de hipotecas	32,6	6,6	14,6	21,8	15,1	8,3	0,9	0,2
Anuidade/Taxas/Despesas com clubes	68,1	19,5	9,8	2,1	0,5	0	0	0
Compra de veículos e/ou pagamentos de arrendamento/ serviços/combustível/seguro	14,8	34,3	37,2	11,3	1,7	0,5	0,3	0
Roupas	1,8	59,7	32,3	5,5	0,5	0,0	0,2	0,0
Pagamentos de empréstimos comerciais	83,8	5,2	5,5	4,0	0,8	0,6	0,2	0,0
Todas as outras categorias (não listadas acima)	14,2	8,5	19,5	15,9	17,6	12,9	9,2	2,2

Que Presentes Damos

Tem-se afirmado que o empresário e ex-prefeito bilionário de Nova York, Michael Bloomberg, tem apenas dois sapatos de trabalho. E também se divulgou que ele manda colocar solas novas neles para poder usá-los por mais tempo. Nossos dados indicam que entre o 1% dos mais ricos dos Estados Unidos, 70% levam os sapatos para trocar as solas ou serem consertados. Esse fato sustenta nossa tese de que as pessoas que têm propensão a construir riqueza costumam ser muito frugais na alocação de seus dólares em produtos de consumo. O Sr. Bloomberg é, obviamente, um prodigioso acumulador de riqueza: o tipo de rico em patrimônio líquido. Ele, no entanto, — coerente com a amostra mais ampla de prodigiosos acumuladores de riqueza — tende a ser bastante generoso ao doar sua riqueza para causas nobres. Por outro lado, os dados indicam que pessoas com rendas elevadas e níveis de riqueza acumulados significativamente menores para seu grupo etário ou de renda tendem a gastar muito consigo mesmos, mas doam relativamente pouco para causas nobres.

O resultado da pesquisa de 2016 mostrou que 52% da população de subacumuladores doaram 5% ou mais de sua renda domiciliar anual para causas beneficentes, enquanto quase 70% da população de prodigiosos acumuladores doaram 5% ou mais de sua renda domiciliar anual. À primeira vista, esses dados podem parecer contra intuitivos (não deveriam os prodigiosos acumuladores estar doando *menos* aos outros?), mas, se refletirmos, vemos que faz sentido. O tipo afluente de declaração de renda não doa tanto porque precisa mais de sua renda para alimentar seu estilo de consumo elevado. O grupo prodigioso acumulador tem mais para partilhar porque os custos de seu estilo de vida são menores. Os dados de impostos sobre espólio do IRS também mostram que, à medida que o tamanho do espólio aumenta, as doações para caridade aumentam drasticamente.

Tabela 4-13. Deduções de Caridade como Porcentagem do Tamanho do Espólio [22]

Dados Sobre Imposto Sobre Espólio da IRS (Declarações 2016)	
Tamanho de Espólio	% de Dedução para Fins de Caridade
< US$5 milhões	2,71
US$5 milhões – US$10 milhões	3,91
US$10 milhões – US$20 milhões	5,84
US$20 milhões – US$50 milhões	9,75
> US$50 milhões	15,80

Em 2013, o Sr. Bloomberg doou US$350 milhões para a Universidade Johns Hopkins, sua alma mater, elevando a mais de US$1 bilhão as doações de toda sua vida à universidade. Vamos traduzir essa quantia em equivalentes de produtos de consumo: são US$500 milhões doados para cada par de sapatos de trabalho que tem.

Nossa pesquisa mostra que reconhecimento não é o principal motivador de pessoas afluentes para apoiar causas nobres. Ele tem mais a ver com a satisfação que recebem por ajudar as pessoas, principalmente em termos de melhoria do crescimento e desenvolvimento de geração futuras.

É por isso que Eles São Ricos!

É possível construir riqueza se decidir que não quer ser frugal e quer consumir livremente? Ah, a pergunta definitiva do afluente da declaração de renda! O problema é que a maioria dos norte-americanos produtores de renda elevada sobrecarrega a si mesmos, suas famílias, seus filhos (e, mais importante, seus filhos adultos) com expectativas de um estilo de vida que exige perpetuamente uma renda elevada, pesadas quantidades de pronto-socorro econômico ou dívidas.

Como já mencionamos, o título original de *O Milionário Mora ao Lado* era É por Isso que Eles São Ricos, até que a editora, Suzanne DeGalan, sugeriu o novo título. Uma das principais razões pelas quais "eles" são ricos é porque vivem abaixo de suas posses e dão valor a seu dinheiro. Os acumuladores de riqueza bem-sucedidos tratam gastos e consumo com disciplina constante, em um treino para o Dia da Independência financeira, transação por transação. Isso lhes permite construir riqueza em épocas de economia favorável e desfavorável. Eles pesquisam, avaliam e examinam suas compras a vida toda.

Como meu pai escreveu em *O Milionário Mora ao Lado:* "O que a mulher de um milionário respondeu quando ele lhe deu US$8 milhões em ações em sua empresa cujo capital tinha sido aberto recentemente?... Ela disse: 'Gostei disso, gostei mesmo.' Então sorriu, sem mudar de posição à mesa da cozinha, e continuou a recortar cupons de alimentação de desconto de 25 e 50 centavos dos jornais da semana."[23]

Ignorar tendências, ficar indiferente às opiniões e influências do grupo e viver abaixo de suas posses são as marcas dos que são bons em transformar renda em riqueza. Como resultado desse estilo de vida, eles têm maior liberdade e segurança para mudar de emprego, começar o próprio negócio e assumir riscos. Resumindo, um padrão de comportamento de consumo consistente e disciplinado é a marca dos que podem fazer fortuna sozinhos e dos que são ricos hoje.

Capítulo 5

Pontos Fortes para Construir Riqueza

Todas essas informações sobre os segredos de se tornar economicamente bem-sucedido são desconcertantes. Como os milionários ficam ricos nos EUA? A melhor forma de responder essa questão é perguntar a eles.

— de *A Mente Milionária*

SEM UMA RENDA MAIOR QUE A MÉDIA, A MAIORIA DAS PESSOAS QUE TRABALHA para terceiros não pode reunir riqueza com facilidade. E donos de pequenas empresas não são universalmente bem-sucedidos. (Na verdade, segundo dados de 2016, a taxa de insucesso de pequenas empresas nos EUA em cinco anos foi de 50%.[1]) Ter grande satisfação no trabalho, embora seja importante para a geração de renda de longo prazo, não garante riqueza. Para simplificar, a habilidade de transformar qualquer quantidade de renda em riqueza ainda depende de disciplina e trabalho duro, associados à poupança e gestão eficiente das finanças. Isso inclui o rotineiro (por exemplo, criação de orçamentos, pagar contas) e o mais complexo (por exemplo, preencher a declaração do IR, análise de investimentos).

Para atingir independência financeira, alguém (ou mais que uma pessoa, o que costuma ser o caso hoje) terá que assumir o papel e a responsabilidade de "CFO do Lar" para assumir o orçamento, planejamento e liderança geral de todos os aspectos financeiros. Assim como os milionários que são proficientes em focar oportunidades de mercado, domicílios economicamente mais bem-sucedidos têm um líder ou uma equipe capaz de aproveitar os pontos fortes para construir riqueza. Eles administram uma casa como uma empresa, atribuindo tarefas aos membros da equipe que podem realizá-las com eficiência.

Assim, a pergunta que surge é: que competências ou características possibilitam melhor *gestão financeira pessoal* que outras? Estudar os hábitos e as características dos afluentes foi o foco principal de todo o trabalho de meu pai. Quando me juntei a ele em suas pesquisas, tive de aplicar o tipo de ciência que fui treinada a usar para ajudar a compreender se as características dos ricos eram, de fato, relacionadas ao patrimônio líquido. A frugalidade sempre fazia as pessoas serem mais bem-sucedidas que seus pares, ou foi a sorte? Era realmente possível que a confiança e a disciplina pudessem impactar a habilidade de alguém em transformar renda em riqueza, ou os milionários descritos em 1996 eram bem-sucedidos financeiramente por causa da época e de algumas boas escolhas feitas ao longo do caminho?

Grande parte de nosso trabalho de examinar os afluentes focou dados demográficos e relativos ao consumidor: o que compram, onde moram, o que dirigem e como passam o tempo. Algumas dessas pesquisas incluíram análise de experiências e características de vida, principalmente em *A Mente Milionária*. Começando em 2010, passamos a ampliar o foco de nossas pesquisas, identificando comportamentos comuns dos indivíduos em vários pontos do espectro de acúmulo de riqueza — os que estão acima da média na tarefa de converter *renda* em *riqueza* (PARs), e os que estão abaixo da média nessa tarefa (SARs). A partir disso, pudemos fazer certas inferências relacionadas a denominadores comuns do comportamento de alto nível de construtores de riqueza bem-sucedidos.

Para analisar essa *tarefa* essencial que, até certo ponto, todos nós temos, começamos uma série de estudos em 2012. Vários incluíram basicamente amostras de norte-americanos de renda mais elevada, selecionados de um site de crowdsourcing.[2] Eram norte-americanos que essencialmente trabalhavam como freelancers ou tinham dois empregos para gerar renda adicional para si mesmos ou a família. Esse esforço era, sob vários aspectos, uma abordagem reversa às nossas iniciativas de pesquisa passadas. Anteriormente, examinamos características e hábitos de populações de milionários e, às vezes, dividimos amostras em prodigiosos acumuladores e subacumuladores de riqueza com base em idade, renda e patrimônio líquido, e então identificamos comportamentos em cada grupo. Nosso foco nos últimos anos foi descobrir que outros denominadores comuns de comportamento geral fazem com que os prodigiosos acumuladores de riqueza sejam melhores em converter renda em riqueza duradoura que seus pares. Essas outras características de comportamento que foram inseridas em nossa pesquisa sobre decisões de compra e caminhos profissionais não foram tão evidentes.

A Análise de Cargo do CFO Doméstico

Se esquecermos por um momento os lucros inesperados e as heranças, podemos pensar nas características que têm maior chance de conduzir à construção de riqueza ao longo do tempo. Que características *preveem* ou estão relacionadas ao patrimônio líquido, independentemente de idade ou de quanto dinheiro ganhamos? Para fazer isso, consideramos primeiro a gestão financeira como um cargo que envolve um conjunto de responsabilidades e atividades distintas que o acompanham. Para ilustrar como isso funciona, imagine que você tivesse que contratar um profissional para administrar *cada uma* das transações ou tarefas financeiras que fazem parte da vida, não apenas o investimento ou "planejamento financeiro". Tudo, de pagar contas a interagir com seu cônjuge ou companheiro sobre dinheiro, deve ser feito por esse novo contratado. Uma combinação de ciência e bom senso ajudaria a orientar seu processo de tomada de decisões para encontrar o melhor candidato ao cargo. Como seria o anúncio para ele?

PRECISA-SE: CFO da Família

Descrição: A função do CFO da Família é assegurar que a família esteja construindo riqueza para, no final, alcançar independência financeira.

O CFO da Família supervisionará o orçamento e planejamento financeiro da família. Ele terá que criar, gerir, explicar, defender e negociar o orçamento doméstico anual e monitorar os gastos e a poupança relativa ao dito orçamento. Terá que planejar a segurança e longevidade financeira da família, focando especificamente o planejamento da aposentadoria e de um fundo para a universidade e outras despesas significativas no futuro próximo. O CFO da Família terá de controlar talões de cheque, declarações de imposto de renda, pagar contas no prazo, criar planos financeiros, planos de divisão de bens, pesquisar e monitorar investimentos e administrar todas as questões financeiras da casa em geral. Ele servirá como fiscal dos gastos da família e, assim, trabalhará intimamente com os seguintes indivíduos: Executivo de Compras e membros de sua equipe (leia: cônjuges e/ou filhos). O CFO da Família pode decidir terceirizar qualquer de suas responsabilidades para consultores confiáveis, e, portanto, parte da função dele poderá incluir a habilidade de pesquisar e contratar profissionais competentes que ajam nos melhores interesses da família em questão.

Após uma busca minuciosa e fracassada, ficou decidido que você ou seu parceiro assumirão a função, não importando as qualificações do indicado.

O último trecho citado é a realidade. Essa função essencial é *sempre* desempenhada por alguém da casa, mesmo que parcialmente (por exemplo, algumas tarefas são terceirizadas para especialistas), mesmo que não de modo eficaz ou com qualquer grande atenção. Independentemente do fato de haver interesse, habilidade ou personalidade adequada para isso, *alguém* assume a função, mesmo que não esteja de fato *realizando* a tarefa. A diferença entre norte-americanos bem-sucedidos economicamente e os que não são é que geralmente os bem-sucedidos:

- Conhecem o universo de tarefas que é necessário para realizar a função.

- Compreendem o que podem fazer bem, o que precisam melhorar e o que deve ser terceirizado.

- Demonstram ou trabalham para melhorar em áreas essenciais para construir e manter riqueza.

Como discutimos no Capítulo 3, uma combinação de natureza e educação nos dá forças que nos possibilitam construir riqueza ou nos colocar no caminho do sucesso econômico. Cada pessoa assume o papel de CFO da Família com um conjunto único de experiências e competências, comportamentos e atitudes. Apesar dessas diferenças, a menos que nossa vida financeira esteja sob responsabilidade total de outra pessoa, temos que ser protagonistas no papel de gerir nosso dinheiro.

Parte de nossa pesquisa nos últimos anos focou a análise das tarefas necessárias para a gestão financeira pessoal. Ela foi conduzida da mesma maneira pela qual psicólogos estudam profissões. Quais são as exigências para alguém ocupar a função de CFO da Família? O que essa pessoa faz para gerir suas finanças? Quando sabemos quais são os requisitos do cargo, podemos examinar o que é necessário para realizá-lo com perfeição. Quando uma pessoa atua como CFO da Família, suas principais tarefas são as relacionadas a gastos, orçamento e funções administrativas, assim como tomar decisões relacionadas a investimentos e, finalmente, trabalhar com terceiros (especialmente no caso de casais ou famílias com crianças).

Presumivelmente, se alguém de seus membros estiver realizando as tarefas mais críticas para a casa, então a família será financeiramente bem-sucedida, supondo que ninguém da "equipe" (cônjuge, filhos) esteja trabalhando ativamente contra as metas. Até certo ponto, essas tarefas requerem diferentes conjuntos de habilidades, mas, felizmente, elas podem coincidir. A lista pode servir para controlar *o que você precisa saber*, principalmente para os que não tiveram que gerenciar as próprias finanças no passado ou que agora podem fazê-lo sem uma equipe.

Tarefas Essenciais para Gerenciamento Financeiro Doméstico[3]

Geral

- Antes de mais nada, considere os resultados de possíveis ações.
- Tome decisões financeiras com base nos planos domésticos, no orçamento e nas metas de longo prazo.
- Concentre esforços de gestão financeira para se livrar de dívidas.

Gastos

- Viva (gaste) abaixo de suas posses (renda/patrimônio líquido).
- Gaste menos com despesas do que o total da renda familiar em um determinado período de tempo.

Orçamento

- Crie um fundo de emergência.
- Faça um orçamento para as necessidades básicas (por exemplo, alimentação) antes de planejar compras opcionais (por exemplo, entretenimento).
- Considere necessidades familiares importantes (por exemplo, alimentação, vestuário, moradia) ao elaborar o orçamento.
- Analise o orçamento e as metas financeiras quando estiver contemplando uma mudança de vida significativa (por exemplo, troca de emprego, mais filhos, mudança de cidade) que possa impactar as metas.

Tarefas Administrativas

- Pague as contas no prazo, para escapar das multas e dos juros por atraso.
- Complete e entregue a declaração do imposto de renda no prazo (sozinho ou com auxílio).
- Pague faturas de cartões de crédito no prazo, para não pagar juros.
- Pague o total da fatura dos cartões de crédito todos os meses.

Trabalhando com Terceiros

- Discuta compras não planejadas ou inesperadas com o cônjuge/companheiro antes de realizá-las.

- Trabalhe com o cônjuge/companheiro em equipe quando administrar questões financeiras da família.

Investindo

- Entenda a natureza dos investimentos e seu perfil de risco e retorno.

- Invista em planos de previdência oferecidos pelo empregador.

- Entenda o nível adequado de risco a assumir em seus investimentos próprios.

Alguém na família precisa realizar essas tarefas a fim de que a casa funcione com eficiência. Mesmo se algumas forem terceirizadas, parte do sucesso desse esforço é contratar o grupo adequado de consultores confiáveis. E as tarefas listadas aqui são apenas a ponta do iceberg: encontramos um total de mais de 240 tarefas para o CFO da Família, algumas mais críticas (e frequentes) que outras.

Competências para a Riqueza

Considere as tarefas do CFO da Família e então pense no quanto você gosta delas e se você tem o conhecimento, as técnicas e as habilidades para realizá-las. Não estamos discutindo o que o cargo de gerenciamento financeiro acarreta, mas, sim, as características de como elas são completadas.

Talvez uma das etapas mais importantes na construção de riqueza envolva o reconhecimento de como a pessoa quer viver a vida, avaliando seus valores e interesses, estabelecendo metas e atingindo-as. Todos temos uma ampla série de competências. Elas são características pessoais que variam de ser detalhista e organizado a deixar os detalhes e organização para os outros, e incluem interesses que vão de esforços artísticos a outros mais focados em assuntos convencionais, como elaborar listas e controlar as rotinas diárias. Elas também incluem valores altamente individuais ou mais coletivos e baseados em equipes.

Sabemos a partir de anos de pesquisa na previsão de desempenhos profissionais, do campo da psicologia industrial, que alguns desses mesmos fatores de sucesso preveem o desempenho profissional, assim como o sucesso financeiro futuro. A consciência, entre os melhores previsores de desempenho profissional baseados em personalidade em quase qualquer função,[7] também está relacionada ao

A Importância da Responsabilidade

Assumir a responsabilidade pelo sucesso ou fracasso financeiro em uma casa está relacionado ao sucesso financeiro.[4] Em outras palavras, indivíduos que veem a gestão financeira como algo que podem impactar e pelo qual podem se responsabilizar tendem a ter um patrimônio líquido maior do que os que acreditam que outros fatores (por exemplo, governo, mercados financeiros) desempenham um papel importante no sucesso financeiro. Isso é semelhante ao conceito do locus de controle na psicologia: os que têm locus de controle externo muitas vezes supõem que não podem controlar ou impactar os resultados em sua vida, enquanto os com locus de controle interno se veem como a fonte definitiva de sucesso ou fracasso. Embora viver em qualquer um dos lados desse continuum possa ter desvantagens, assumir a responsabilidade dos resultados financeiros e agir em conformidade com eles pode impactar positivamente a riqueza, e esse mesmo conceito também se aplica a outros aspectos da vida. Meu pai destacou o papel da responsabilidade e liderança em um ensaio em 2012:

O livro de Ron Chernow, *Washington: A life* ["Washington: Uma vida", em tradução livre],[5] foi bem recebido pela maioria da crítica. Em uma entrevista publicada no *The Wall Street Journal em* 2012, o Sr. Chernow disse sobre o presidente Washington: "Você não precisa ter a mente mais brilhante ou original do quarteirão... mas a vida de Washington mostra visão clara, tenacidade de propósito e caráter e o quanto pode ser realizado na vida se você mirar seus objetivos."[6]

Em *A Mente Milionária*, cito o trabalho de Fred Fiedler e Thomas Link, dois estudiosos no campo da inteligência e desempenho humano. Eles concluíram que "Testes de habilidade cognitiva (testes de inteligência padronizados) são notoriamente péssimos previsores do desempenho de liderança... Relações entre inteligência, liderança e desempenho gerencial... responsáveis por menos que 10% da variação... Mesmo essas baixas correlações têm probabilidade de serem estimativas exageradas da verdadeira relação... Inteligência do líder em determinadas condições se relaciona negativamente com o desempenho".

Infelizmente, os consultores raramente dizem aos alunos que 90% da variação na liderança não é explicada por medidores de inteligência padronizados. Quantas crianças desistiram de si mesmas ainda muito cedo na vida porque não iam bem na escola ou tiveram uma pontuação ruim no SAT [exame equivalente ao Enem]? Talvez elas devessem ouvir "Vocês ainda têm uma chance. Talvez tenham que se dedicar mais, mas vocês também podem ter a habilidade de liderar outras pessoas".

Um dos milionários mais interessantes que já entrevistei nunca se destacou na escola ou em qualquer teste padronizado. Durante o ensino médio, seus pais, frustrados, pediram uma consulta com um orientador experiente. Ele lhes disse: "Não se preocupem com seu filho; ele é um líder nato. O que ele tem não pode ser medido." O orientador estava certo na avaliação do jovem rapaz, que hoje é um adulto extraordinariamente bem-sucedido.

George Washington — como a maioria das pessoas bem-sucedidas — assumiu a responsabilidade de liderança muito cedo. É importante encorajar os jovens a procurar oportunidades para liderar, e não para seguir.

sucesso financeiro. Especialmente, o *autocontrole* tende a estar positivamente relacionado a ativos de maior ou menor liquidez, assim como ao patrimônio líquido.[8]

Naturalmente, grande parte da gestão financeira está nos detalhes, de modo que os que têm habilidades administrativas ou de contabilidade poderão controlar melhor os gastos, a poupança e outros detalhes. Famílias economicamente ativas costumam ter um membro da equipe de liderança que pode efetivamente acompanhar esses detalhes. Ser detalhista ou consciencioso costuma estar associado ao sucesso financeiro de uma pessoa ao longo do tempo.

Para identificar as características que mais puderam prever o patrimônio líquido em amostras amplas, novamente considerando idade e renda como constantes, conduzimos uma série de estudos paralelos destinados a determinar quais eram as categorias comportamentais amplas que estariam relacionadas ou poderiam prever a habilidade de alguém construir riqueza com o passar do tempo. Usando dois conjuntos de amostras amplas de norte-americanos, incluindo os com patrimônio líquido variando de US\$100 mil a US\$1 milhão, assim como uma amostra de indivíduos com patrimônio líquido alto ou ultra alto, descobrimos quais áreas essenciais do comportamento impactam a habilidade de uma pessoa transformar renda em riqueza, independentemente de níveis de idade e renda.[9]

Esses comportamentos e essas experiências costumam se inserir em seis categorias, em termos estatísticos e práticos. Especificamente, descobrimos que as competências relacionadas à disciplina e consciência (incluindo frugalidade e indiferença social, ou não ser influenciado por tendências) estão positivamente relacionadas ao patrimônio líquido. Em relação à disciplina e consciência, notamos que comportamentos de planejamento financeiro e a habilidade de focar e não se distrair também impactam o patrimônio líquido. Confiança na tomada de decisões financeiras e assumir responsabilidade por seu sucesso financeiro também estão relacionados ao patrimônio líquido em qualquer idade ou nível de renda. Nunca é tarde demais para aprender, como um milionário aposentado nos disse: "Perdi meu emprego... em 1982. Isso me fez compreender que eu era totalmente responsável por minha família e meu bem-estar financeiro. Eu me interessei por meu 457 do estado de Illinois [plano de aposentadoria livre de impostos para funcionários do governo] e aprendi os conceitos de investir em fundos mútuos e comprar e conservar. Éramos poupadores prodigiosos, e com o passar do tempo, obtive um patrimônio líquido de US\$1 milhão."

Tabela 5-1. Categorias de Padrões de Comportamento Relacionados à Riqueza

Categoria	Definição	Exemplo de Pergunta
Confiança	Demonstração de confiança e colaboração em gestão financeira, investimento e liderança na família.	*Você fica à vontade em tomar decisões financeiras importantes para sua família?*
Frugalidade	Comportamentos financeiros associados a poupança consistente, compromisso com redução de despesas e rigorosa adesão ao orçamento.	*Meus amigos e/ou parentes me descrevem como frugal?*
Responsabilidade	Aceitação do papel de ações, habilidades e experiências em resultados financeiros. Crença de que a sorte desempenha um papel pequeno nas realizações.	*Assumo a responsabilidade pelos resultados financeiros de minha família?*
Indiferença social	Comportamentos de gasto e poupança que refletem imunidade à pressão social de comprar os bens de consumo e/ou luxo, roupas e carros mais modernos.	*Com que frequência você ignora a pressão para comprar e gastar como seus vizinhos ou amigos?*
Foco	Demonstração da habilidade de focar tarefas detalhadas até terminar sem se distrair.	*É fácil completar tarefas sem me distrair?*
Planejamento	Comportamentos relativos à criação de metas, planejamento e previsão de necessidades futuras.	*Tenho um conjunto de metas diárias, semanais, mensais, anuais e/ou vitalícias claramente definidas?*

Juntos, esses *fatores de riqueza* estão relacionados ao patrimônio líquido, independentemente da idade ou renda. Em nossa pesquisa, dividimos nossas amostras em grupos de potencial elevado, médio e baixo de acúmulo de riqueza e reunimos dados relevantes para cada grupo. Provavelmente, a diferença mais significativa entre esses grupos foi a taxa mediana de poupança de cada um (ou seja, a quantidade da renda mensal e anual que foram capazes de poupar, em vez de gastar). A taxa de poupança do grupo de "potencial elevado" foi quase 2,5 vezes maior que a do grupo de "baixo potencial". Vamos repetir: o grupo de potencial elevado poupou 143% mais por mês e ano que o grupo de potencial baixo. Considere o poder dessa diferença aplicada em uma carreira profissional de 30 anos. E considere seu poder relativo em termos de Wall Street, onde grandes fortunas são ganhas por gestores de dinheiro capazes (pelo menos, prometem) de gerar retornos de portfólio que vencem o mercado por um ou dois pontos percentuais.

O que significa "manter idade e renda constantes"? Estamos dizendo que esses fatores não afetaram resultados financeiros? Claro que não! Ou, em outras palavras, idade e renda exercem um efeito significativo na posição financeira e no patrimônio líquido. O que estamos dizendo é que nossa abordagem manteve essas variáveis *constantes* e então procurou variáveis de comportamentos estatisticamente significativos *acima e além* de quaisquer variáveis explicadas por idade e renda. Eis um exemplo: embora todos saibamos que uma pessoa de 65 anos que ganhou US$1 milhão por ano trabalhando como cirurgião tem probabilidade de ter um patrimônio líquido maior do que um operário de construção de 23 anos, nosso estudo procurou descobrir diferenças territoriais que contribuíram para seus resultados econômicos acima e além do efeito significativo da idade e renda.

Sobre Aqueles Engenheiros

Pessoas economicamente bem-sucedidas costumam ter ciência de seus pontos fortes e fracos quando se trata de gestão financeira, geração de renda, investimento etc. Elas têm consciência de que, mesmo que tenham as técnicas e habilidades de gerir suas vidas financeiras, ocasionalmente precisam terceirizar algumas tarefas mais complexas ou demoradas.

O mesmo pode ser dito sobre quem costuma se sobressair na carreira ou ocupação escolhida: essas pessoas costumam ter consciência de seus pontos fortes e fracos, interesses, atitudes e valores, e encontram empregos que se adaptam e são congruentes com suas habilidades específicas.

Uma ocupação muitas vezes ligada à habilidade de transformar renda em riqueza é a engenharia. Muitos milionários que moram ao lado vêm desse ramo de atividade. Em *Stop Acting Rich*, a frugalidade associada a engenheiros foi assim explicada:

> *A natureza frugal de engenheiros ricos certamente se reflete em sua habilidade superior de gerar riqueza a partir da renda. Na média, engenheiros produziram cerca de 22% mais riqueza por dólar de renda realizada do que milionários em geral.*
>
> *Eles têm uma propensão maior que a média e que outros em seu grupo de renda/idade para acumular riqueza. Eles têm menor probabilidade de preferir marcas e produtos caros que indiquem status que outros.*[10]

O que os engenheiros têm que os torna mais hábeis em transformar sua renda em riqueza? Será seu interesse em engenharia? Sua atitude? Resposta: são as mesmas habilidades críticas que os levaram a ser engenheiros. Por exemplo, pense nas competências profissionais essenciais exigidas em um engenheiro naval:[11]

confiança, atenção a detalhes, raciocínio analítico, independência e integridade. Muitas competências iguais ou semelhantes a essas impactam a habilidade de construir e manter riqueza ao longo do tempo.

Quando examinamos nossas próprias *competências financeiras pelas lentes de comportamentos relativos à profissão, algumas coisas acontecem*:

1. Reconhecemos que uma ou mesmo algumas decisões acertadas não fazem um milionário.

2. Podemos identificar o que nos falta ou onde precisamos melhorar.

3. Podemos *mudar* e melhorar com o tempo.

Esses *fatores de riqueza*, características comportamentais relacionadas ao patrimônio líquido, podem ser melhorados. É possível tornar-se mais frugal com o passar do tempo. Você pode aumentar a confiança em questões financeiras pelo aumento de conhecimentos e obter pequenos sucessos pelo caminho para a emancipação financeira. Por meio desses sucessos, você pode começar a ver os efeitos causados pelos seus comportamentos financeiros: lentamente aumentando sua taxa de poupança, comprometimento com o orçamento e ter mais sobras no final do mês.

Milionários que Moram ao Lado... Hoje

Observamos o valor de adotar um *padrão* de comportamentos na vida dos milionários que moram ao lado. Mike e Hollye Wells moram em um subúrbio de classe média-alta de Atlanta, Geórgia. Sua abordagem disciplinada em relação a localização, carreiras, criação de filhos, educação e vida lhes permitiu alcançar a posição de milionários que moram ao lado aos 40 e poucos anos. Eles têm dois carros de modelo mais antigo, moram em uma casa modesta perto de uma excelente escola pública e levam um estilo de vida em seus próprios termos. Eles citam a aplicação de muitas lições de Dave Ramsey em sua forma de construir riqueza. Por uma combinação de criação de metas financeiras, monitoramento de despesas e foco no controle de dívidas, eles puderam se tornar financeiramente bem-sucedidos entre todo o elevado consumismo a sua volta.

Mesmo assim, Hollye mostrou surpresa sobre a probabilidade de se tornar economicamente bem-sucedida percorrendo um caminho lento e consistente: "Eu não sabia que se podia ser um milionário desse jeito... Eu pensei que apenas por herança, sendo um astro de Hollywood ou CEO... Foi uma grande surpresa." De fato, Hollye viu pessoalmente que não é necessário ter uma renda muito alta para alcançar o status de milionário.

O planejamento de Mike e o intenso foco nas metas financeiras da família os colocaram no caminho da construção da riqueza ao encontrar uma casa que podiam pagar, mesmo em um distrito escolar muito procurado. Mike pôde ignorar algumas das armadilhas que surgem no subúrbio. Ao contrário de seus pares que contrataram um corretor de imóveis para encontrar uma casa, ele ignorou a tendência e cuidou pessoalmente da compra. Ele disse: "Nós mudamos para uma área sem uma Associação de Proprietários e longe do clube de golfe. Eu não queria ficar tentado pelo clube de campo. Recusamos trabalhar com um corretor de imóveis."

Uma de suas metas é empoderar os filhos para ter algumas das mesmas oportunidades para começar, e esse plano exigiu planejamento cuidadoso para garantir que cada um dos três filhos possa frequentar a faculdade sem ser acompanhado pelo peso de empréstimos estudantis. Eles assumiram a responsabilidade por essa tarefa, enquanto outros em sua comunidade supõem que os filhos assumirão a dívida para frequentar a faculdade (ou, talvez, nem tenham pensado no assunto). Naturalmente, financiar educação *e* aposentadoria requer planejamento e um estilo de vida correspondentemente frugal.

Disciplina também faz parte de seu dia a dia. Para garantir que fiquem dentro do orçamento e sustentem um estilo de vida frugal, Hollye foca o consumo de modo que fique ligado às suas metas financeiras, e não em ter o mais moderno ou melhor. Ela explica: "Se não é liquidação ou ponta de estoque, eu não compro. Detesto pagar preço de varejo... Sou paciente com as compras. Temos dois filhos e uma filha, de modo que geralmente compro preto ou roupas e acessórios unissex, para que todos possam usá-los. Compramos equipamento esportivo de segunda mão — ele não precisa ser novo. Não fazemos comparações. Não estamos tentando ser melhores do que ninguém... mas temos que equilibrar as expectativas das crianças em relação ao que querem e precisam."

Tabela 5-2. Disciplina Relacionada a Status de Riqueza: Subacumuladores de Riqueza vs. Prodigiosos Acumuladores de Riqueza

Afirmação	% Concordo Firmemente/ Concordo	
	SARs	PARs
Nossa casa funciona com um orçamento anual relativamente bem planejado	58	61,6
Tenho uma série de metas diárias, semanais, anuais e vitalícias bem definidas	55	59
Gasto muito tempo planejando meu futuro financeiro	49	64,3
Sempre fui frugal	40,7	57
Raramente me distraio quando trabalho em um projeto	48,5	51

Como muitos membros da Geração X, os Wells costumam poupar e gastar em experiências com a família, como viajar para o exterior e em eventos com os filhos. Os Wells gastam na expectativa dos altos e baixos do mercado, que não podem controlar, em vez de gastar na expectativa de um futuro sucesso financeiro ou supostos aumentos de renda. Eles demonstram um padrão *consistente* de comportamento, não são frugais apenas quando a economia entra em declínio.

Essa abordagem disciplinada para gerir as finanças domésticas não só lhes permitiu atingir o status de milionários com 40 e poucos anos, mas também proporcionou uma margem quando a situação foi menos que ideal. Mike diz: "Quando o mercado imobiliário ruiu, ficamos com dificuldades em 2010, mas mantivemos nossos planos em andamento. Monitorávamos nosso balanço patrimonial o tempo todo. Agora não fazemos mais isso. Troquei de emprego em 2013 para ter mais liberdade e mais equilíbrio entre trabalho e vida pessoal. Pude fazer a mudança porque nossas finanças estavam em ordem."

Quando pedimos alguns conselhos aos Wells para os que estão se transformando de afluentes de declaração de renda para ricos em patrimônio líquido, seus comentários foram temperados com a disciplina exigida para construir riqueza:

- Não permita que seu estilo de vida determine suas metas financeiras. Para os Wells, e outros que procuram atingir o status de milionários, o contrário deve ser empregado.

- Tenha uma atitude "boa o suficiente" sobre itens de consumo.

- Não importa quais sejam as circunstâncias econômicas, sempre tenha um plano bem elaborado.

A Maratona para Construir Riqueza

A ideia de que há mais do que simples inteligência para construir riqueza ou ser bem-sucedido em outras atividades permeou a obra de meu pai. Ele escreveu em 2011:

Em *A Mente Milionária*, eu disse que o processo de construção de riqueza é uma maratona. O seu resultado nessa corrida envolve muito mais que pontuações médias de desempenho... Testes padronizados (SATs, GREs [Graduate Record Examination] etc.) não podem ser substituídos pela participação na corrida. Do contrário, nosso governo poderia simplesmente redistribuir a riqueza da nação todos os anos — entregue-a a todos com QIs elevados. Se eles vão mesmo acabar ficando com tudo, por que não acelerar o processo?

Eu me lembrei disso depois de ler um artigo sobre as limitações do uso de testes padronizados para prever variações nas realizações ao longo de toda uma carreira. O autor ressalta que "do SAT ao 'combinado' da NFL, o problema está nos testes de curto prazo".[12]

"Acontece que muitos fatores mais importantes para o sucesso na vida são traços de caráter, como garra e autocontrole, que não podem ser medidos rapidamente... garra... reflete o compromisso de uma pessoa com metas de longo prazo."

E, como discuti em *A Mente Milionária*, o professor David C. McClelland, de Harvard, notável estudioso da inteligência e realização, descobriu que medidas tradicionais de inteligência não explicam uma parte significativa da variação em realizações e sucesso na vida.

O que descobri sobre os multimilionários que não foram estudantes nota dez e não tiveram altas pontuações em testes de aproveitamento? Eles nunca permitiram que "previsores acadêmicos" ditassem seu desempenho na vida. Reconheceram que sua criatividade, trabalho duro, disciplina e certas habilidades sociais, incluindo liderança, foram mais importantes do que notas e testes de aptidão.

O milionário típico só atingiu o patamar de sete dígitos no patrimônio líquido depois de trabalhar duro 59.800 horas (mediana). Essas horas superam aquelas de que ele precisou para completar seu SAT.

- Esteja aberto a aprender como fazer as coisas de um jeito diferente, em especial quando os que o cercam levam um estilo de vida de consumo elevado.

- Tenha discussões francas sobre desejos e necessidades.

O *Novo* Milionário Mora ao Lado

A dedicação dos Wells pode estar no 99° percentil da escala da disciplina. Eles mostram um exemplo de trabalho duro consistente, escolhas difíceis e disciplina para estabelecer e atingir metas. Estão comprometidos com um estilo de vida que proporciona exatamente o que a família precisa e parte do que quer, mas não com os excessos dos que os cercam. Como não moram em uma casa de US$700 mil e nem dirigem um SUV do ano, muitos de seus vizinhos, colegas de trabalho e amigos poderiam se surpreender com seu balanço patrimonial e a ampla liberdade que têm sabendo que podem suportar mudanças sem ter que adaptar o estilo de vida ou desistir da independência que se esforçaram muito para criar.

Inteligência: Não É Bem o que Nos Transforma

Ouvimos muito sobre a importância da disciplina na gestão financeira, mas normalmente não há muitas pesquisas que a corroborem. As descobertas dos últimos 40 e tantos anos de pesquisas referentes a norte-americanos que atingiram o sucesso financeiro sozinhos sustentam a conclusão de que disciplina (por exemplo, frugalidade), trabalho duro e perseverança são fatores no sucesso econômico. De estudos de indivíduos com patrimônio líquido elevado e ultraelevado em *A Mente Milionária*, a estudos de pessoas com renda elevada, conduzidos pela DataPoints, vemos que a consciência, seja em termos de como esses indivíduos administram seus negócios ou como gerenciam as finanças da família, entra em ação. Ela foi citada como um dos fatores de sucesso mais importantes, além da relação demonstrada entre consciência e patrimônio líquido, independentemente de idade e renda.

Se você observar qualquer publicação relacionada à eficiência com que realizamos qualquer tarefa, certamente verá o conceito de *habilidade cognitiva* como sendo um dos principais previsores ou indicadores de sucesso em um emprego. Em outras palavras, a maioria das pesquisas constata que, quanto mais inteligentes formos, melhor pode ser nosso desempenho. Seria esse o caso da gestão financeira em casa?

Uma das descobertas mais interessantes a partir do estudo dos milionários descritos em *A Mente Milionária* foi a falta de apoio para o relacionamento entre riqueza e inteligência (medido por notas do SAT dos respondentes). O milionário de *A Mente Milionária* teve um GPA (Graduate Point Average — padrão para medir desempenho acadêmico) médio universitário de 2,92, e uma pontuação média no SAT de 1.190. Foi um acaso?

Alguns pesquisadores examinaram a relação entre inteligência e riqueza usando amostras mais amplas em termos de características demográficas que as estudadas em *A Mente Milionária*. Um estudo realizado pelo doutor Jay Zagorsky teve bastante divulgação pela imprensa na época de sua publicação.[13] Ele examinou o Estudo Nacional da Juventude de 1979, tentando responder à pergunta: o QI está relacionado ao patrimônio líquido? Da avaliação de quase 7.500 indivíduos, com idades de 33 a 41 anos, ele não encontrou sustentação para a hipótese de que inteligência e riqueza estão relacionadas.

Em vez da habilidade cognitiva, talvez devêssemos considerar instrução financeira, conhecimento ou habilidade de usar práticas e metodologias financeiras pessoais. Aproximadamente 57% dos norte-americanos têm conhecimentos financeiros,[14] normalmente medidos com respostas corretas a perguntas simples sobre finanças.[15] O trabalho de Anna Maria Lusardi e seus colegas demonstrou o lamentável estado dos conhecimentos e da educação financeira nos Estados Unidos e no mundo.[16] Muitas vezes, esse grupo de pesquisadores mede os conhecimentos financeiros com algumas perguntas, e mesmo com o que podem ser consideradas noções básicas de finanças pessoais, só um pouco mais da metade de norte-americanos sabe respondê-las corretamente.

A educação financeira está relacionada a vários resultados financeiros de "sucesso", levando a melhores tomadas de decisão sobre diversas questões de investimentos, dívidas e gastos. Porém, a educação financeira não é suficiente para construir riqueza. Lembre-se da última vez em que você trabalhou com um colega brilhante que não podia ou não conseguia ser pontual, constantemente ultrapassava os limites do comportamento adequado no trabalho, ou perdia prazos. Existe algo mais quando se trata do sucesso no trabalho: consciência. Um dos que são conhecidos como os "Cinco Grandes" fatores de personalidade, a *consciência*, inclui aspectos de:

- diligência (trabalho duro, confiança);

- virtude (fazer o certo, moral ou socialmente);

- autocontrole (ser cauteloso, retardar a satisfação);

- ordem (o componente voltado ao detalhe);

- responsabilidade (fazer o certo para os outros, a comunidade); e

- tradicionalismo (aderir à autoridade e às regras, não gostar de mudanças).

Ela tem sido associada ao desempenho e à retenção de funcionários em vários empregos e organizações. Se você estiver na posição de contratar alguém e puder

Integridade: O Benefício de uma Política de Livro Aberto

Outra característica psicológica intimamente ligada à consciência é a integridade: ser honesto e confiável com os outros, fazer o que você diz que vai fazer e agir de modo a ficar acima de qualquer crítica. A integridade tem sido citada com frequência por milionários como um dos principais fatores que os levaram ao sucesso em nossa amostra mais recente de milionários, assim como aqueles descritos em A Mente Milionária. Meu pai destacou a importância da integridade durante a queda do mercado imobiliário alguns anos atrás:

A Sra. Lang, minha primeira professora na escola dominical, dizia muitas vezes: "Façam sempre o melhor. Tudo o que você faz na vida fica registrado em um grande livro... e um dia, na próxima vida, você será julgado pelo modo como se comportou nesta vida."

E, com frequência, o sucesso acontece para aqueles cujas práticas empresariais são "um livro aberto". Eu me lembrei disso ao ler um artigo no *New York Times* sobre as condições atuais do mercado imobiliário residencial aqui em Atlanta:[17] "Uma distinção sombria na habitação: com o pior mercado em 2011... Essa distinção vai para Atlanta... Casas de luxo que nunca foram vendidas... foi inundada com propriedades penhoradas... Atlanta tem a maior quantidade de imóveis penhorados de propriedade do governo à venda..."

O jornalista também destacou penhoras não só na área de Atlanta, mas mais especificamente no condado de Cobb/Marietta, Geórgia. Ah, Marietta, isso me faz lembrar de parte de minha pesquisa sobre profissionais de vendas extraordinários, produtores de renda elevada. Alguns sugeriram que o Sr. M, um construtor, fosse adicionado à minha lista de "entrevistados obrigatórios" de pessoas economicamente bem-sucedidas. O perfil do Sr. M é mais importante hoje durante esse mercado em baixa do que quando eu o entrevistei pela primeira vez.

Há um tipo especial de construtor que pode ter sucesso mesmo em um mercado em baixa. Segundo um artigo publicado no *Atlanta Journal-Constitution*,[18] foram vendidas 53.410 casas novas em 2005. Em 2011, foram vendidas apenas 7.664 casas novas.

Enquanto eu digeria essas informações, pensei no Sr. M. Em meu trajeto diário com minha cachorra, Lily, para nosso parque preferido, vejo placas e alvarás de construção em terrenos que diziam: "Esta Casa Está Sendo Construída por Sr. M e Companhia". Como os negócios do Sr. M. podiam estar florescendo? Mesmo em um mercado em baixa, algumas pessoas têm dinheiro mais que suficiente para que construam casas para elas. O Sr. M é conhecido por construir casas de excelente qualidade.

Uma das vantagens competitivas do Sr. M é a "Política do Livro Aberto". Todos os seus compradores de casas em potencial recebem mais que um projeto de construção. Eles recebem uma lista completa de nomes, endereços e números de telefone de todas as famílias para quem ele construiu uma casa. Sim, toda sua crescente lista de 163 clientes.

Um longo histórico de entrega de produtos de qualidade, combinado com sua excelente reputação com aqueles em seu "livro aberto", explica como o Sr. M obtém êxito em um mercado muito ruim. Além do mais, isso tem algo a ver com o modo como o Sr. M encara o assim chamado mercado em baixa. Chame isso de adversidade. Encare a adversidade como uma oportunidade de fortalecer sua determinação e melhorar sua reputação.

Os Limites da Métrica

Em grandes organizações (escolas, empresas, órgãos governamentais), tomar decisões de contratação, alocação ou admissão muitas vezes requer algum tipo de métrica para que essas decisões sejam mais convenientes ou com boa relação custo-benefício. Quem está tendo sucesso? Quem sairá em seguida? Quem está ficando para trás? Para empresas que tomam decisões sobre grandes quantidades de pessoas, testes padronizados e outras métricas são uma necessidade empresarial legítima. Entretanto, nem tudo que é essencial ao sucesso futuro pode ser captado por testes padronizados. E esses testes nem sempre são úteis para os indivíduos que os realizam: eles são usados para ajudar a organização, não para nos impelir à grandeza. Muitas vezes, porém, dependemos demais desses valores numéricos, insistindo que um GPA alto, por exemplo, determina o resto da vida de alguém ou é um indicador de mais que apenas ser bem-sucedido na memorização mecânica e em empreendimentos acadêmicos. Meu pai escreveu este artigo em 2015, destacando o que mais é exigido na liderança além do GPA:

O arquétipo do milionário que mora ao lado é um empresário economicamente bem-sucedido. Em outras palavras, ele é um empregador, não um empregado. Ele é, em essência, um líder. Esse fato tem muito a ver com a compreensão de algo importante sobre empresários milionários. Há pouca ou nenhuma relação entre pontuação de testes de inteligência cognitiva e desempenho demonstrado de liderança. Sou da opinião de que SAT, ACT, GMAT, GRE e outros semelhantes são medidas essenciais de inteligência cognitiva.

Ao longo dessas linhas, citei as descobertas relacionadas de dois estudiosos eminentes, Fiedler e Link, em *A Mente Milionária*:

Testes de habilidade cognitiva têm sido notoriamente maus previsores de desempenho de liderança... sendo responsáveis por menos de 10% da variância... [19]

Como exemplo disso, veja o caso de Dave; hoje ele é um decamilionário. Ele já tinha lido *A Mente Milionária* antes de me perguntar o seguinte: "De todos os formados na faculdade no prédio onde trabalho, quem você acha que teve as piores notas?"

O *Novo* Milionário Mora ao Lado

> Você adivinhou! Era Dave quem tirava uma média de 5,5 na faculdade. Dave é dono do prédio que abriga sua empresa de gerenciamento financeiro muito bem-sucedida. E, ao contrário de todos os formados que emprega, ele se formou em uma faculdade inserida no quintil inferior em termos de classificação acadêmica. Além disso, nunca somou mais de 900 pontos na prova combinada do SAT (versão original).
>
> Mesmo hoje, Dave ainda se surpreende por receber todas as semanas "uma pilha de currículos de garotos altamente qualificados, que querem trabalhar para mim. Jovens muito inteligentes, de ótimas faculdades".
>
> Todavia, o que falta a Dave em termos de credenciais acadêmicas, ele compensa demonstrando elevada pontuação em disciplina, integridade, iniciativa, tomada de risco, habilidade de julgar pessoas, visão, tenacidade, empatia, perseverança e aptidões sociais. Em essência, ele tem excelentes habilidades de liderança.
>
> O que aqueles funcionários tão bem qualificados de Dave pensam de suas notas na faculdade? Certamente eles têm alguma preocupação em trabalhar para um aluno nota 5,5, mas nenhum deles pediu para ver seu histórico acadêmico. Ele é irrelevante, contanto que Dave continue a lhes pagar muito bem por seu trabalho e proporcionar um ambiente de trabalho excepcional.

medir somente um aspecto da personalidade, avalie a consciência (com algumas exceções artísticas essenciais).

Assim também ocorre com o gerenciamento financeiro. Muitos dos componentes comportamentais que impactam o patrimônio líquido, independentemente de idade ou renda, incluindo frugalidade, planejamento e responsabilidade, unem-se a essa característica de personalidade e nos ajudam a entender por que ela é tão importante na criação e manutenção da riqueza ao longo do tempo.

Em outro estudo que examinou o Levantamento Nacional Longitudinal da Juventude, pesquisadores descobriram que a consciência, especificamente o autocontrole, estava relacionada à manutenção de ativos de maior ou menor liquidez, assim como ao patrimônio líquido.[20] A educação financeira exerceu algum efeito no patrimônio líquido, mas somente em relação ao autocontrole, um componente essencial da consciência. O estudo constatou que "a educação financeira em si não é significativa, mas, quando ligada à consciência, parece ajudar aqueles com baixa consciência a aumentar o patrimônio líquido". Os autores desse estudo usaram a intervenção inicial, assim como o setor de serviços financeiros em geral, para focar esforços não só na educação, mas também no autocontrole: "Talvez o conceito

Notas Não Me Tornam um Líder

Esses resultados numéricos que recebemos à medida que crescemos, e talvez até atualmente nas organizações, em avaliações de desempenho bem-intencionadas mas muitas vezes inúteis, podem afetar cada pessoa de modo diferente. Algumas pessoas, independentemente da classificação ou pontuação, as ignoram. Outras terão a impressão de que seu sucesso futuro foi fortalecido ou dificultado pelo resultado. E outras usarão um resultado negativo como motivação para avançar, não necessariamente ignorando os números, mas, em vez disso, usando-os para se obrigar a fazer o melhor que puder. Milionários, principalmente donos de empresas, muitas vezes tiveram a segunda reação, como informado por meu pai em 2012:

Em *A Mente Milionária*, escrevi que "milionários ... (são) muitas vezes... classificados por alguma figura de autoridade ou resultado de algum teste padronizado como sendo 'médio' ou 'inferior'. Mas, como os resultados dessa pesquisa mostram, essas avaliações tornam as pessoas ainda mais perseverantes. Alguns milionários prosperam depois desses julgamentos, como deixaram muito claro para mim. Onde conseguem a determinação? Ela foi resultado direto de suas primeiras experiências em desviar-se de julgamentos negativos".[22]

Ralph de la Vega foi CEO da AT&T Mobility. Essa empresa tinha vendas anuais no valor de US$63 bilhões e empregou quase 50 mil funcionários. Segundo um artigo do *Atlanta Journal-Constitution* de 18 de março de 2012, o Sr. de la Vega migrou de Cuba para os Estados Unidos quando tinha dez anos. O regime Castro não permitiu que sua família o acompanhasse. Ele morou aqui por cinco anos até que sua família finalmente pudesse se juntar a ele.[23]

Enquanto cursava o ensino médio e batalhava com o inglês, ele disse a um orientador que queria ser engenheiro. O orientador o desencorajou de seu objetivo por causa de suas notas e falta de recursos financeiros da família. O Sr. de la Vega declarou: "Ele acabou com meus sonhos ali mesmo." Ele deixou o ensino médio e entrou para uma escola técnica.

Porém, o Sr. de la Vega teve o sonho reavivado quando a avó chegou aos Estados Unidos e lhe disse: "Ralph, não deixe que coloquem limites no que você pode alcançar. Se você quer ser engenheiro, pode ser engenheiro."

E, assim, foi o que ele fez. E ele continua a oferecer o conselho da avó para jovens que desejam conquistar algo.

de 'educação financeira' deva ser interpretado mais amplamente. Intervenções para aumentar a consciência e o autocontrole poderiam ser abordagens mais inovadoras à 'educação'."[21]

O *Novo* Milionário Mora ao Lado

Os autores desse estudo sugeriram que profissionais da área financeira deveriam direcionar seus esforços no sentido de ajudar a melhorar a habilidade dos clientes de serem disciplinados em relação a gastos. Eles declararam: "Planejadores e educadores financeiros podem atender aos consumidores fazendo com que se conscientizem de suas falhas de autocontrole e oferecendo dicas e práticas para ajudar a aumentar o bem-estar financeiro. Sugerir práticas de como gastar dinheiro vivo, lidar com planos de poupança automáticos ou pagamento de contas em débito automático pode ajudar os consumidores a reinar (*sic*) em alguns de seus padrões de gastos negativos."[24] Esse conselho é essencial para qualquer pessoa que construa riqueza, não só para os que oferecem orientação aos outros.

Pontos Fortes Além da Educação

O levantamento nacional que serviu de base para *A Mente Milionária* representou uma fração do 1% mais rico nos Estados Unidos. Alguns dos mitos sobre essas pessoas afirmam que elas são todos alunos "nota dez", com pontuação elevada no SAT e que frequentaram escolas particulares de elite. A pontuação média no SAT da amostra foi de 1.190. Sua nota mais frequente no ensino médio e na faculdade foi 8. Seu GPA na faculdade foi 2,9. Elas normalmente não se qualificaram para admissão em uma faculdade ou universidade de "elite". Muitos milionários nos disseram que suas experiências com a rejeição os motivaram a ter sucesso. Ter acesso a uma faculdade de elite não garante o sucesso. Apenas cerca de um entre dez (11%) dos decamilionários classificou "frequentar uma faculdade de primeira linha" como fator muito importante para explicar seu sucesso socioeconômico. Em geral, entre os 30 fatores de sucesso, "frequentar uma faculdade de primeira linha" ocupou o 29º lugar ou logo acima de "formar-se perto ou no topo da classe". Como um eminente estudioso disse: "O seu diploma vai lhe conseguir o primeiro emprego, mas depois de três anos ninguém vai se importar com a faculdade que frequentou." Mesmo nos Estados Unidos, nem todas as oportunidades são igualmente distribuídas. Reconheça esse fato, lide com ele e supere-o.

Compare um caso de inteligência versus confiança em atingir metas relativas à profissão. Veja duas crianças com boas origens que parecem igualmente favorecidas e afluentes. Talvez elas tenham pais com empregos igualmente prestigiosos, o mesmo tipo de estrutura familiar, alta pontuação no SAT, mesmos GPAs, até os mesmos interesses e planos de carreira. Por que, no futuro, uma acaba tendo renda muito mais elevada que a outra?

Pode ser por autoconceito ou, mais especificamente, autoavaliações centrais (AACs): um conjunto de características psicológicas que incluem acreditar no próprio valor e na eficiência geral em ser competente em novas situações, acreditar em ter controle sobre decisões e seus resultados e reduzir níveis de estresse e ansiedade.

Ao examinar conjuntos de dados do Levantamento Nacional Longitudinal da Juventude, os Drs. Timothy Judge e Charlice Hurst demonstraram que a infância privilegiada na relação de renda não é simples.[25] Como esperado, crianças de origem mais privilegiada tinham níveis de renda mais altos. Contudo, eles constataram que crianças com um elevado autoconceito e antecedentes privilegiados tinham níveis de renda muito diferentes (isto é, muito mais altos) do que seus pares de autoconceito baixo, mas igualmente privilegiados. Judge e Hurst declaram: "Esses recursos (vantagens familiares, SAT e GPA elevados) mal pareciam exercer alguma diferença em relação a indivíduos com baixo AAC, e em alguns casos, (isto é, pontos SAT), realmente pareciam causar um impacto ligeiramente negativo." Eles concluem: "Parece que é necessário ter ambos os recursos — vantagens familiares e AAC positivo — para atingir níveis de renda acima da média."

Considerando o patrimônio líquido em vez da renda, novamente vemos que a percepção de nós mesmos e de nossas habilidades relacionadas a questões financeiras impacta significativamente o patrimônio líquido, sejam quais forem a idade, renda e porcentagem de riqueza herdada. Embora o autoconceito geralmente seja um traço estável ou imutável, compreendê-lo e mudar comportamentos relacionados a finanças pode beneficiar a renda e o patrimônio líquido no longo prazo.

O Caso para uma Educação Superior (Criteriosa)

Um repórter nos contatou para saber como os custos educacionais estão impactando a habilidade de os jovens norte-americanos se tornarem ricos por esforço próprio. Atualmente, qualquer pessoa pode se tornar um milionário que mora ao lado com os elevados custos da educação? Os custos da educação aumentaram quase 400% desde 1996 nos Estados Unidos. Elevados débitos educacionais colocam jovens adultos atrás na linha de largada financeira. Muitas vezes, mesmo pais bem-intencionados e precavidos não podem financiar totalmente a faculdade. Um estudo indicou que, embora 43% dos pais queiram pagar todo o estudo dos filhos, somente 29% o terão feito quando seus filhos ingressam na faculdade.[26]

O valor da educação permanece o mesmo: na maioria dos casos, uma educação superior ainda gera benefícios para a construção de riqueza, mesmo que eles tenham mais a ver com o nível de renda que se pode atingir tendo determinados diplomas. O patrimônio líquido mediano de um graduado (aproximadamente US$292.100) é quatro vezes maior que o de formados no ensino médio (US$54 mil).[27] Em nosso estudo atual, pessoas graduadas e pós-graduadas têm níveis de renda e patrimônio líquido mais altos que aqueles com diplomas de determinadas faculdades ou de ensino médio (embora a diferença em patrimônio líquido não seja significativa). Naturalmente, esse nível de renda importa pouco sem frugalidade, mas o relacionamento entre nível de educação e renda persiste.

Mais de 75% dos milionários em 1996 e 2016 tinham diplomas de graduação e/ou pós-graduação. De certo modo, a educação pode ser considerada uma "qualificação mínima" para a construção de riqueza: uma qualificação, sim, mas não uma garantia. Ela é um fator, mesmo que somente para garantir um emprego bem pago no início. E somente 20% dos milionários disseram que frequentar uma faculdade de primeira linha foi importante ao seu sucesso.

Tabela 5-3. Níveis de Educação dos Milionários (1996 e 2016)

Nível de Educação	1996 (%)	2016 (%)
Nenhum	1	0
Diploma de ensino médio	6	4
Associate's degree/Alguma faculdade	16	2
Bacharel	38	36
Pós-graduação	38	58

Tabela 5-4. Porcentagem de Milionários com Curso Superior por Tipo de Curso

Educação Superior	Porcentagem de Milionários
Particular	30
Pública	55
Ambas	15

Abordagens Alternativas à Educação de Grife

Em 2016, nos Estados Unidos, quase 78% de graduados frequentaram uma instituição pública, enquanto 22% frequentaram faculdades e universidades particulares.[28] Como nossa população de milionários se compara a esses dados? Em nosso estudo mais recente, cerca de 55% de milionários frequentaram faculdades e universidades públicas, 15% frequentaram instituições públicas e privadas, e 30%, instituições privadas. Os custos de todas as instituições estão aumentando, assim como os débitos dos estudantes para cobri-los. Alguns pais bem-intencionados,

Devendo Tudo à Faculdade Comunitária

Uma alternativa para pelo menos os primeiros dois anos de um curso de quatro anos em uma universidade tradicional é a faculdade comunitária. Meu pai escreveu este comentário em 2015, destacando como um cidadão norte-americano famoso completou sua educação:

Os filmes de Tom Hanks arrecadaram mais de US$8 bilhões brutos em todo o mundo. Se você leu "Devo Tudo à Faculdade Comunitária", que ele escreveu e foi publicado no *New York Times*,[29] talvez entenda por que ele deve ser indicado como membro honorário no clube do milionário que mora ao lado.

Sobre seus anos na escola pública de segundo grau, ele se descreve como "...um aluno de fraco desempenho com pontuação terrível no SAT... seja como for, eu não tinha condições de pagar uma faculdade... (Então, eu fui) para Chabot, uma faculdade comunitária... porque aceitava todo mundo e era gratuita, seria minha alma mater". Segundo Hanks, ele recebeu uma educação excelente "totalmente gratuita, exceto pelo esforço e o custo de livros didáticos usados... ela me fez quem eu sou hoje".

Hanks pode não ter conseguido ótima pontuação no SAT, mas era extremamente criativo e perspicaz para reunir recursos em Chabot que foram usados para aperfeiçoar a ocupação escolhida. Declarei em *O Milionário Mora ao Lado* que pessoas economicamente bem-sucedidas demonstram uma excepcional habilidade de selecionar a profissão certa, isto é, uma que eles adoram e que é financeiramente recompensadora.

É óbvio que Hanks tinha muita disciplina em termos de seleção de cursos e professores específicos com base em sua vocação. Como prova de sua disciplina, ele convida o leitor a examinar no cartão de retirada da biblioteca de Chabot os monólogos do elogiado ator Jason Robard de *The Ice Man Cometh*, de Eugene O'Neil. Hanks ouviu as gravações pelo menos 20 vezes. "As aulas que tive em Chabot mexeram comigo profissionalmente", ele diz.

De fato, Hanks dá crédito a seu professor de história, "cujas aulas eram fascinantes" e fundamentais para formar o esboço adotado em sua minissérie da HBO, *John Adams*.

Se você seguir os passos de Hanks e aproveitar os recursos disponíveis na maioria das faculdades comunitárias e faculdades e universidades com cursos de quatro anos nos Estados Unidos, poderá obter uma educação excelente.

mas desinformados, decidiram que o débito é uma parte esperada e aceitável da educação superior. Infelizmente, no esforço de dar aos filhos o mínimo de qualificação educacional de que precisam, eles também os estão prejudicando na escala do patrimônio líquido. Por que os pais não estão dizendo aos filhos para encontrar alternativas às rotas tradicionais para os cursos de quatro anos que geralmente exigem empréstimos elevados? Por que o esforço para obter um diploma universitário e incorrer em centenas de milhares de dólares em débito estudantil?

Talvez devêssemos pensar no impacto dos fatores sociométricos e dos Jones na forma com que encorajamos os estudantes a ter educação superior. Nos Estados Unidos, as faculdades, para alguns pais e alunos, precisam ter um fator Instagram U [elevada classificação de conteúdo nesse aplicativo]. Com ecos do que os Jones estão fazendo ou para que faculdade estão enviando os filhos, muitas famílias afluentes de declaração de renda estão sentindo a pressão de mandar os filhos para faculdades de primeira linha. Frequentar uma faculdade de primeira linha, nos Estados Unidos, é um símbolo de status, como usar roupas de grife ou ter um carro de luxo. Você pode anunciar sua entrada e matrícula nas mídias sociais, e amigos e vizinhos vão lhe dizer que é ótimo sua filha ir para uma faculdade com um time de futebol americano da Divisão 1 da NCAA [National Collegiate Athletic Association]. Porém, se essa faculdade vier acompanhada de débitos que durarão 5, 10 ou 20 anos, a pressa de contar aos outros que você está indo para uma faculdade que não tem condições de pagar pode ser financeiramente perigosa.

Muitas dessas mesmas famílias dirão que são frugais ou que compram roupas, alimentos e artigos domésticos somente quando estão em promoção, mas mesmo assim prejudicam seus filhos ao insistir em uma faculdade famosa que gerará débitos elevados.

Para evitar esses custos, será necessário mudar de atitude. Faculdades estaduais agora são "um sonho de consumo" como um Mini ou o mais recente modelo da BMW? Vale pagar esse preço em qualquer uma dessas faculdades de luxo? Vale a pena começar atrás da linha de chegada? O valor do diploma compensa o débito a ser levado por todos os primeiros anos da vida adulta? É difícil saber.

Considere alternativas antes de decidir se um curso de quatro a cinco anos em uma universidade renomada vale o preço. Milionários nos contaram várias experiências relacionadas a como eles obtiveram sua educação. Fazer isso sem dívidas exige nadar contra a corrente, como tantas outras escolhas financeiras que norte-americanos bem-sucedidos economicamente fazem.

Especialistas no Assunto: Milionários

Quando agrupamos algumas dessas competências de riqueza a partir de levantamentos atuais e passados, e também de outras pesquisas, vemos semelhanças entre o que é necessário para construir riqueza (que pode ser considerado um emprego) e quão bem-sucedido alguém pode ser em um emprego tradicional. Estar ciente de suas próprias competências não só permite buscar o tipo de profissão adequado (o que discutiremos no Capítulo 6), mas também aproveitar esses pontos fortes quando se trata de gerenciar as questões domésticas (ou, se tivermos condições de fazê-lo, de contratar consultores confiáveis).

Enquanto *O Milionário Mora ao Lado* focou oportunidades de mercado e a escolha da carreira certa, *A Mente Milionária* focou a atitude, ou psicologia, de indivíduos com patrimônio líquido elevado e ultraelevado. No capítulo sobre fatores de sucesso são apresentadas sete categorias diferentes do que pode ser chamado de "competências de riqueza". Os milionários descritos tinham um patrimônio líquido de US$4,3 milhões em 1998 (que equivalem a aproximadamente US$6,3 milhões hoje). Para este livro, os milionários que estudamos têm um patrimônio mediano de US$3,5 milhões. Apesar da diferença no patrimônio líquido mediano, há semelhanças que parecem atemporais quando se trata de ser financeiramente independente. Esses milionários servem como *especialistas no assunto* na área da construção de riqueza.

Hoje, assim como em 1998, descobrimos que os milionários continuam a classificar a *disciplina, dar-se bem com as pessoas, integridade* e *trabalho duro* como essenciais em seu sucesso. Também encontramos *resiliência e perseverança*, muito provavelmente por causa do que essas pessoas vivenciaram ao subir a escala profissional, construir um negócio ou cuidar da administração de questões domésticas por diferentes épocas da vida.

Tabela 5-5. Fatores de Sucesso: Porcentagem de Milionários Endossando como Importante ou Muito Importante (1998 e 2016)

Fator de Sucesso (Declaração de 1998)	Porcentagem de Milionários	
	1998	2016
Ser muito disciplinado	95	91
Resiliência/perseverança	-	88
Ser honesto com todos	90	86
Dar-se bem com as pessoas	94	83
Ter um cônjuge apoiador	81	81
Trabalhar mais que a maioria das pessoas	88	80
Ser muito organizado	85	74
Adorar a profissão ou o negócio	86	70

Ter qualidades sólidas de liderança	84	68
Ter uma personalidade/atitude muito competitiva	81	63
Viver abaixo de suas posses	43	61
Ter uma visão clara do futuro	-	61
Ter pais apoiadores	-	59
Reconhecer oportunidades únicas no mercado (ver oportunidades que outros não veem)	72	58
Ter intelecto/QI elevado	67	53
Ter um ótimo professor/mentor (ter bons mentores)	73	53
Ter ideias originais	-	50
Ignorar críticas de detratores	51	45
Ter pais engajados/envolvidos	-	42
Investir em títulos de empresas de capital aberto	42	37
Ter forte fé religiosa	33	32
Ter excelentes consultores de investimento	39	29
Estágio durante faculdade ou logo após formatura	-	22
Formar-se perto/entre os melhores da classe	33	21
Frequentar uma faculdade de 1ª linha	48	20
Frequentar escolas particulares	-	8

Nota: Um (-) indica que a declaração não foi incluída no estudo de 1998.

Disciplina e Riqueza

O sucesso na vida e no trabalho tem sido consistentemente associado à consciência, seja por ter disciplina, ter e cumprir planos ou focar detalhes. Como já discutimos, a pesquisa na área de psicologia mostra o relacionamento entre essa característica da personalidade e o desempenho no trabalho.[30] A pesquisa realizada com pessoas de alto patrimônio líquido nas últimas décadas também nos dá informações sobre por que elas são ricas em patrimônio líquido: elas adotam uma abordagem disciplinada e de longo prazo para poupar, gastar e investir. Esses indivíduos não se distraem com o que "os Jones" estão fazendo.

Mais de nove entre dez dos 5% mais ricos dos EUA alegaram que ser disciplinado foi muito importante para explicar seu sucesso socioeconômico. Essa descoberta é consistente ao longo do tempo. Em *A Mente Milionária* nós lembramos que "uma pessoa disciplinada põe os olhos em uma meta distante e então elabora meios produtivos de atingi-la. Pessoas disciplinadas não se desviam com facilidade do rumo. Eles poderiam viver em uma padaria francesa sem ganhar peso, ou poderiam encontrar centenas de oportunidades econômicas e selecionar uma ou duas mais adequadas a seus pontos positivos e às necessidades do mercado".[31]

Não é surpresa a disciplina estar classificada entre os fatores mais importantes para se tornar economicamente bem-sucedido. Gerenciar a vida financeira para garantir que metas relacionadas a dinheiro sejam cumpridas *exige* altos níveis de disciplina, rotina e consciência.

Disciplina em construir riqueza também significa estabelecer as próprias metas. Por exemplo, veja os cursos de pós-graduação: um desafio que exige estudo autodirigido e gerenciamento de projeto independente em larga escala. Infelizmente, metade de todos os alunos abandona o curso antes de obter o título de doutor.[32] Por que isso acontece? Não é por dificuldades intelectuais. Pela experiência de meu pai como professor por mais de 20 anos, ele tinha opiniões próprias sobre o motivo de os alunos deixarem o programa de pós-graduação. Há vários motivos, mas ele acreditava que o mais importante é a falta de autodisciplina. Quando universitários, eles recebiam orientação específica sobre o que fazer, o que estudar e que exames prestar. Estava tudo no programa do curso. Mais tarde, na pós-graduação, esses mesmos alunos se saíam bem em termos de tarefas de classe. Contudo, quando chegava a hora de propor e completar uma tese, uma atividade que, por sua natureza, requer que os que irão realizá-la criem o próprio planejamento de projeto e o executem com pouca interferência externa, ele constatou que muitos desses alunos foram incapazes e, possivelmente, pouco dispostos a fazê-lo sozinhos. Completar uma tese é o mesmo que ser trabalhador por conta própria. Em ambos os casos, é o indivíduo que deve alocar tempo e energia do modo mais produtivo. Não há uma descrição de cargo ou programa dado pelo empregador.

A maioria dos tipos de milionários que moram ao lado que entrevistamos não se qualificaria para entrar para o típico programa de pós-graduação. Eles não tinham notas máximas como os universitários, tampouco conseguiam pontos altos em testes padronizados. No entanto, mostraram uma grande dose de autodisciplina, que, com a integridade, são ingredientes dos mais importantes para se tornar economicamente bem-sucedido.

Resiliência e Perseverança

Outro componente sempre citado por pessoas financeiramente bem-sucedidas é a resiliência. Para construir riqueza, abrir o próprio negócio, ignorar críticas, a mídia e os vizinhos, você deve ter determinação para continuar a realização de suas metas, apesar da rejeição e das dificuldades. Milionários e outros norte-americanos economicamente bem-sucedidos que procuram o trabalho autônomo, decidem escalar a escada corporativa ou lutar para criar um estilo de vida de autonomia financeira desde cedo, o fazem sem nunca desistir. Não é tarefa para os fracos de coração. Vemos essa resiliência ilustrada naqueles que buscam o caminho da aposentadoria precoce/emancipação financeira (FIRE, como citamos anteriormente). Os que percorrem esse caminho para a liberdade econômica enfrentam dificuldades diárias graças, em parte, aos vizinhos, à comunidade (pessoal e virtual) e a empresas procurando-os por causa de seus recursos financeiros e cognitivos.

Alan DeMarcus foi resiliente ao criar uma empresa de recuperação de equipamentos de ar-condicionado de sucesso, vendeu-a e então se tornou um milionário com capital oito vezes maior. Ele hoje possui entre US$8 e US$10 milhões.

Começando na empresa de AVAC quando tinha 14 anos, Alan aprendeu o ofício e o que significava trabalhar duro. Durante a faculdade, voltou à empresa do tio, conseguiu um cargo de vendas e acabou por abandonar a faculdade após dois anos e meio. Dali em diante, o caminho de Alan para o sucesso teve algumas reviravoltas inesperadas:

> *Depois de trabalhar dois anos como vendedor, meu tio vendeu o negócio para uma empresa de capital aberto — ele a vendeu com uma cláusula que lhe garantia uma participação no faturamento. Eu recebi uma oferta de emprego, mas decidi não aceitá-la. E, no início dos anos 2000, a companhia foi à falência, e meu tio perdeu tudo. Decidi iniciar meu próprio negócio, juntando dinheiro e me associando ao meu tio. Começamos com US$180 mil que tivemos que tomar emprestado de amigos e parentes. Eu prometi pagar cada empréstimo. Foi assustador. Nós realmente crescíamos rapidamente, mas apenas no papel, e o dinheiro era curto. A empresa era sólida em termos de ativos tangíveis mas a administrávamos com pouco dinheiro. Morávamos em um condomínio muito caro em São Francisco, minha mulher ganhava US$26 mil por ano, e eu estava ganhando US$0. Começamos com nada. Como a empresa crescia depressa, ficávamos sem dinheiro o tempo todo. Tínhamos que ter fé. Sou crente, e isso se estende ao meu negócio hoje. Contudo, no início, eu era muito arrogante... tive que contar com as orações para prosseguir. Eu me dei conta de que tudo que possuía poderia desaparecer no dia seguinte. O que fazer quando não se tem dinheiro e é dono do negócio? Você coloca seu próprio dinheiro nele. Nós usaríamos nosso fundo pessoal de emergência para financiar a empresa e pagar os empregados.*

Enquanto o mundo dos negócios estava desabando em 2008–2009, práticas prudentes garantiram que seu negócio fosse bem-sucedido, apesar das tendências do setor:

Trabalho Duro no Meio Acadêmico: Muita Riqueza e Muita Disciplina

Ensinar em uma instituição de alto nível voltada para a pesquisa requer produção consistente de artigos revisados pelos pares, que é o motivo para a frase conhecida "publique ou pereça". Meu pai passou a primeira metade de sua carreira profissional nesse ambiente e conhecia bem as personalidades e a pressão dessa cultura. Ele escreveu sobre o assunto em 2013 depois que um ex-professor lhe escreveu contando suas experiências:

Como consta em *A Mente Milionária*, um notável estudioso certa vez me disse: "Se você não publicar, pode não conseguir estabilidade em uma boa escola. Mas você vai ter muitos amigos. Publique muito e não será muito popular entre os colegas."

Eu recebi um e-mail de um antigo professor universitário que chamaremos de "Dr. F. O.". Na mensagem, ele me disse: "Alguns anos depois de me demitir do cargo de professor pleno na universidade para iniciar meu próprio... negócio... estava com 51 anos, e praticamente todos os meus colegas acharam que eu tinha enlouquecido por desistir da segurança da estabilidade da vida universitária, mas acontece que foi a melhor coisa que já fiz."

Nove anos depois de iniciar o próprio negócio, ele atingiu o status de decamilionário. Hoje ele está aposentado e teve tempo de reler *A Mente Milionária* e contou algumas de suas experiências relacionadas à disciplina na busca da liberdade financeira. "Muitas coisas no livro", ele disse, "descrevem minhas experiências, desde viver abaixo de nossas posses (eu valia mais que US$1 milhão antes do negócio) a correr riscos, de frustrações de trabalhar para os outros (neste caso, administradores da universidade e colegas com estabilidade) a ter uma mulher apoiadora de 42 anos, a minhas crenças religiosas, a acreditar em mim mesmo, a encontrar um nicho de negócio..."

Alguns de seus "amigos" lhe disseram que ele só teve sorte, e ele ressaltou que se sentiu "muito insultado" pelos seus comentários. No levantamento de 733 multimilionários que foi a base de *A Mente Milionária*, sorte foi classificada como o fator menos importante para o sucesso, enquanto ser muito disciplinado estava entre os principais, juntamente com integridade. Disciplina e integridade continuam no topo da lista de fatores críticos de sucesso em nossa pesquisa mais recente. O Dr. T. O. explicou seu caminho para o sucesso desta forma:

"Eu venho de origens muito humildes e de instituições educacionais do início da cadeia alimentar da universidade. Como nas descobertas no livro (*A Mente Milionária*), eu fui rejeitado por instituições de primeira linha, mas publiquei mais que todos os meu colegas. A ideia da sorte macula o trabalho duro e a preparação que dediquei a tudo que sempre fiz. Mesmo que muitos deles [seus colegas] venham de instituições educacionais de elite, nenhum deles nunca trabalhou tanto ou com a mesma inteligência como eu fiz por vários anos, e eles nunca teriam aproveitado uma oportunidade como eu fiz se ela surgisse na frente deles. Na verdade, eles nem ao menos procuraram essas oportunidades. Fui feliz de muitas formas, mas sorte teve muito pouco a ver com o meu sucesso... eu quero que você saiba o quanto acho que é verdadeiro o que sua pesquisa constatou. Ganhei esse dinheiro quando tinha 50 e tantos anos. Isso ainda pode ser feito nos EUA com as atitudes e crenças certas e trabalho duro. Infelizmente, essa não é a mensagem que a sociedade está enviando aos nossos jovens.

Depois de nove anos com meu próprio negócio, tenho mais dinheiro do que sonhei ter, e adorei a experiência de dirigir minha própria empresa. Adoro ainda mais a aposentadoria confortável. Desde que me aposentei há alguns anos, tive tempo de refletir sobre minhas experiências na universidade e na empresa, e essa reflexão incluiu a releitura de *A Mente Milionária* nos últimos dias. E me identifico com ele mais do que nunca.

Não tenho um centavo de dívida há 15 anos, e hoje tenho um patrimônio líquido de US$8 a US$9 milhões. Nunca revelei essa quantia a ninguém antes de hoje. Acho que nenhum de nossos amigos tem ideia de que temos toda essa fortuna. Além de várias viagens ao exterior nos últimos anos, não temos uma vida muito diferente de antes. Costco e Walmart são nossas lojas preferidas."

O Dr. F. O. usou suas férteis publicações no meio acadêmico para criar seu próprio negócio. Como a construção de riqueza, publicar no meio universitário ou criar um negócio tem métricas pelas quais você pode julgar o sucesso e trabalhar para alcançá-lo. O trabalho duro o empurrou para a linha de chegada do sucesso econômico.

Todo o setor de ar condicionado e aquecedores teve uma queda de 65% em 2008. Nossa receita bruta total caiu 18%. Tivemos que tomar algum dinheiro emprestado, mas tínhamos bons consultores, incluindo assessoria jurídica e contadores. Hoje estamos em 43 mercados e temos 165 empregados.

Suas práticas prudentes também se refletiram em casa, e sua mulher teve muito a ver com a perseverança e o sucesso de Alan:

Minha mulher e eu formávamos uma equipe. Eu nunca teria conseguido sem ela, que é minha sanidade, meu porto seguro... Tínhamos uma sólida vida doméstica. Acredito que caos em casa gera caos no trabalho. Gastamos menos do que ganhamos... consistentemente. Mas o fluxo de caixa nem sempre bate. Assim, financiamos o negócio com nosso dinheiro pessoal para emergências. Começamos com US$150 mil. Os problemas de fluxo de caixa tornaram-se nossos problemas.

Nunca tivemos que vender ativos ou qualquer coisa parecida, mas tivemos que gastar nossas economias com regularidade.

Tendo deixado a faculdade depois de dois anos e meio, a visão de Alan sobre educação e o feedback de um CEO sensato nos deu uma visão interessante sobre a importância da construção de riqueza e liderança:

Nossa sociedade dá muita ênfase à educação. Contudo, as pessoas ainda saem da faculdade sem rumo, assim como quando entram, mas acompanhadas de inúmeras dívidas. Tudo bem com isso se você quer um emprego nos EUA corporativo. É um pré-requisito. Mas, aprender mais, conhecimento... é necessário para um negócio. Tentar mais coisas ajuda a encontrar o ponto ideal no mercado. Você não precisa de um diploma. Dá-se muita importância a ele. Você só precisa tentar mais coisas. Pessoas que têm dinheiro não ligam para seu diploma. Investidores não ligam — eles ligam para o que você tem capacidade de fazer. Conheço inúmeros caras com MBA de Harvard com carros de luxo e montes de dívidas.

Alan criou uma margem de segurança em seu negócio aumentando a entrada de dinheiro com o passar do tempo e não seguindo todas as ideias "infalíveis". Ele se certificou de que cada decisão fosse tomada com serenidade.

> ### *Quanto maior for seu sucesso econômico, mais críticas atrairá.*

Uma Vida na Marinha

As características dos milionários que moram ao lado são hoje as mesmas que há duas décadas? As mudanças significativas na tecnologia e os aumentos no custo da educação e saúde exerceram um impacto significativo no que é necessário para as pessoas construírem riqueza real por conta própria?

Em nossas duas principais amostras dos 5% mais ricos dos Estados Unidos de 1998 (o estudo mostrado em *A Mente Milionária*) e 2016, integridade e disciplina foram consistentemente classificadas no topo dos 30 fatores de sucesso que eles classificaram. Esses fatores atuam em uma série de áreas relacionadas ao gerenciamento, desde as próprias finanças domésticas ao simples pagamento de contas. Um milionário que mora ao lado sempre aplica a disciplina à construção da riqueza, não importando época, condições econômicas vigentes ou tecnologias disponíveis.

Como descrito em *A Mente Milionária*: "Nunca é demais enfatizar a importância da disciplina como causa das variações no sucesso econômico. Se você não tiver disciplina, as chances de algum dia acumular riqueza são extremamente pequenas. Sim, você pode ganhar na loteria. Na maioria dos casos, porém, você tem uma chance maior de contrair lepra."[33]

É interessante observar que os três componentes do sucesso sob o título de orientação intelectual nem de longe são tão importantes quanto a disciplina para explicar o sucesso socioeconômico de alguém. Ter um QI elevado ou intelecto superior, formar-se em uma faculdade de primeira linha ou entre os primeiros da classe consistentemente fizeram parte dos últimos fatores de sucesso.

Coerente com essas descobertas é o recente estudo de caso que recebemos de um advogado que se beneficiou muito do treinamento dos fuzileiros navais. Lembre-se de que a disciplina é um componente importante da experiência do Corpo dos Fuzileiros Navais.

Dr. Stanley,
Li O Milionário Mora ao Lado e A Mente Milionária e adorei os dois. Acabei de terminar A Mente Milionária. O livro me impressionou porque, embora eu não seja um milionário... planejo ser. Sou como seu personagem principal, o milionário que mora ao lado... eu fui à Escola de Cadetes dos Oficiais do Corpo de Fuzileiros Navais; frequentei a faculdade; fiz o curso de direito. Não sou extremamente inteligente e não tenho um QI elevado. Sou disciplinado e trabalho duro. Também tenho um irmão gêmeo e somos idênticos em todos os aspectos. Ambos abrimos um escritório de advocacia há cerca de cinco anos; atuamos na área de direito imobiliário. Somos sociáveis; nos damos bem com as pessoas; temos uma boa dose de bom senso. Além disso, atuamos na área de direito imobiliário, de modo que não competimos com os protótipicos de QI elevado. Estamos indo bem... no ano passado ganhamos mais de US$250 mil.

No que se refere a consumo pessoal, sigo o plano de "Dave Ramsey" e mantenho um orçamento de caixa. Dirijo um Honda Accord 98 com 397 mil quilômetros rodados. Sempre que me sento ao volante, sorrio enquanto dirijo a fera como uma medalha de honra. Todos os meus amigos estão comprando grandes casas que não têm condições de pagar e carros de luxo que arrendam ou adquirem com empréstimos. Eles são afluentes de declaração de renda. Eles têm salários relativamente altos e gastam tudo. Um de meus melhores amigos diz

Resiliência em Ação

Meu pai escreveu este texto em 2012 em resposta a um artigo da Forbes *online, de Clare O'Connor, sobre a fundadora da Spanx, Sara Blakely. O artigo informou que "Sara Blakely é a mais jovem mulher que se juntou ao clube dos bilionários este ano por esforço próprio — transformou US$5 mil em economias em uma nova categoria de varejo: cintas modeladoras".*[34]

A Srta. Blakely estava determinada a ser advogada, mas, segundo o artigo da *Forbes*, sua pontuação no exame LSAT foi insuficiente para ser aceita na faculdade de direito. E daí se lhe faltava um elevado intelecto analítico? Somente 9% de decamilionários, homens e mulheres, indicaram que sua escolha de carreira se baseou em testes de aptidão.[35] Como a maioria das pessoas destinadas a ter sucesso, ela tomou outro caminho. Antes de começar o próprio negócio, a Srta. Blakely passou sete anos como vendedora de aparelhos de fax. Ela disse: "Rasgavam cartões de visitas na minha frente porque eu era muito insistente."

Segundo meu banco de dados, a profissão de vendas é citada com frequência como o primeiro emprego dos milionários que fizeram fortuna sozinhos (14%). Vender é uma ótima maneira para melhorar e testar sua autodisciplina e tenacidade.

Como vendedora, a Srta. Blakely entendeu que a aparência era uma parte muito importante de sua profissão. Assim, queria estar bem em todos os momentos. Contudo, ela se deu conta de que alguns produtos básicos no mercado pecavam pela falta de estilo e função. Depois de muitas tentativas e erros, ela inventou o Spanx, uma cinta emagrecedora. O produto, juntamente com seu intelecto altamente criativo e enorme motivação, a tornou uma bilionária!

Depois de ler o artigo completo, notei muitas semelhanças entre a Srta. Blakely e outras pessoas bem-sucedidas. Como parte da pesquisa para *Millionaire Women Next Door*, 313 mulheres em todo o país que têm ou dirigem negócios bem-sucedidos escreveram um ensaio a meu pedido. O título foi: "Sugestões sobre Como Pessoas Jovens Podem Se Tornar Adultos Bem-sucedidos".

Resumindo, elas escreveram "Como Eu Me Tornei uma Empresária de Sucesso". Depois de completar uma exaustiva análise de conteúdo dos temas e componentes centrais desses ensaios, determinei que perseverança foi o fator atribuído com mais frequência ao sucesso (51% dessas mulheres o citaram como tal). No livro, escrevi: "A maioria das respondentes alegou ter tido sucesso só após um fracasso inicial e forte desencorajamento de parentes e amigos. Parece que essas pessoas são motivadas a ultrapassar obstáculos e provar aos críticos que eles estavam errados. A maioria sentiu que um subcomponente essencial da perseverança era ter grandes ambições e um forte desejo de progredir, de agir com probidade etc. Os respondentes salientaram que manter o foco no resultado desejado (perseverar) por longos períodos de tempo é o segredo do sucesso."[36]

Perseverança Exigida

Existem disposição de ânimo e ideias em abundância, mas transformá-las em realidade requer uma dose de resiliência e confiança que deve estar presente não só nos estágios iniciais de qualquer tipo de mudança, mas, mais importante, quando um sonho parece fora de alcance. Pense neste texto escrito por meu pai em 2014 sobre como a resiliência e confiança são necessárias para os inevitáveis desafios que serão enfrentados na criação de um negócio:

Roy está considerando deixar de ser empregado e abrir seu próprio negócio. Ele tem muitas das características importantes para ser bem-sucedido na empreitada. Conhece muito bem o ramo, é bem disciplinado, tem excelentes hábitos de trabalho e uma avaliação de crédito excepcional. Ele e a família vivem bem abaixo de suas posses. No entanto, eu me pergunto se o empreendimento dele chegará a decolar.

O entusiasmo de Roy arrefeceu depois que os três pedidos de empréstimo para o negócio foram negados. Ele tem dificuldade em lidar com críticas contrárias à sua proposta de negócio, e achou os gerentes de crédito condescendentes, indiferentes e até ofensivos. Até seus sogros não tinham desejo de lhe emprestar dinheiro. Eles disseram que era muito arriscado e que lhe faltava aptidão comercial.

Sugeri que Roy relesse a seção "lidando com críticas" de *A Mente Milionária*. Estas são algumas citações que espero que ele considere reconfortantes:

"Há inúmeros exemplos de críticas que tentam destruir os sonhos de pessoas ambiciosas. Contudo, elas são uma parte necessária de nosso sistema social nos EUA — elas eliminam a quem falta coragem e determinação para aceitar críticas e triunfar a despeito delas."

"Até o aço não pode ser endurecido sem ser martelado, e não é diferente com pessoas. Milionários que fizeram fortuna sozinhos relatam que avaliações e comentários humilhantes por certas figuras de autoridade influenciaram seu sucesso final na vida. Serem martelados criou os anticorpos de que precisavam para desviar críticas e temperar sua determinação."

"A vida não é uma corrida curta — é a maratona das maratonas. Rótulos vêm e vão. Se você acreditar que pode ter sucesso na vida apesar dos rótulos humilhantes que preveem seu fracasso, é provável que você vença a maior parte das maratonas. Essa é uma experiência comum entre os milionários."[37]

E Roy precisa entender que as críticas aumentarão à medida que ele tiver mais sucesso.

que faz empréstimos para comprar coisas porque isso o pressiona a ganhar mais dinheiro. Não consigo ver uma lógica mais falha. Minha intenção é fazer exatamente o oposto. Tenho 37 anos e não tenho dívidas. Minha meta é investir o quanto puder em fundos mútuos e acumular imóveis comerciais e residenciais ao longo da vida. Vou fazer isso sem nunca ter feito uma única hipoteca!

Gosto muito de ler seus livros e, se continuar a escrevê-los, vou continuar a lê-los.

Tudo de bom. Sempre Fi–S.

Ocupando Nossa Mente e Nosso Tempo

O modo como gastamos um de nossos recursos não renováveis mais valiosos, o tempo, pode sustentar nossas metas financeiras ou nos afastar delas. Que atividades ocupam o tempo dos milionários? Como essas atividades se comparam em prodigiosos acumuladores de riqueza e subacumuladores de riqueza? Prodigiosos acumuladores, hábeis em transformar sua renda em riqueza, gastam consideravelmente mais tempo lendo artigos sobre negócios e temas gerais do que seus pares subacumuladores, mas talvez seja porque nossos amigos subacumuladores estejam trabalhando mais do que os prodigiosos acumuladores. Nossa pesquisa mostrou que subacumuladores precisam manter a máquina da receita ligada para prosseguir com seu estilo de vida de consumo, deixando pouco tempo livre para planejar, ler e analisar seus investimentos. Vemos, também, que os afluentes subacumuladores em nosso último estudo estão gastando mais tempo em sites de mídias sociais (aproximadamente 14 horas), quando comparados a prodigiosos acumuladores (9 horas). Será que essas cinco horas a mais poderiam ser usadas em outras atividades, talvez no planejamento de seu futuro financeiro?

Tabela 5-6. Horas Gastas por Mês em Atividades Selecionadas por Subacumuladores vs. Prodigiosos Acumuladores de Riqueza (1996 e 2016)

	1996		2016	
Atividade	**SAR**	**PAR**	**SAR**	**PAR**
Estudar/planejar decisões de investimento futuras	5,5	10	8,7	11,3
Gerir investimentos atuais	4,2	8,1	8,6	11,3
Fazer exercícios físicos	16,7	30	19,5	25,0

O *Novo* Milionário Mora ao Lado

Tabela 5-7. Horas Gastas por Mês em Atividades Selecionadas por Subacumuladores vs. Prodigiosos Acumuladores de Riqueza

Atividade	SAR	PAR
Ler artigos de revistas especializadas	10,7	10,5
Ler artigos de negócios que não em revistas especializadas	10,8	16,5
Ler por prazer	17	22,8
Trabalhar	184,6	140,9
Passar tempo em sites de mídias sociais (não relacionados a trabalho)	14,2	9,3
Comprar (pessoalmente, na loja) roupas, acessórios	3,7	3,6
Jogar em um dispositivo móvel ou sistema ativado por tecnologia	3,2	2,5

Tabela 5-8. Horas Gastas por Semana em Atividades Selecionadas: Milionários vs. População Norte-americana

Atividade	Milionários (Horas por Semana)	Norte-americano Médio (Horas por Semana)[38]
Trabalhar	38,4	32,1
Ler por prazer	5,5	2
Frequentar mídias sociais	2,5	14[39]
Fazer exercícios físicos	5,8	2,5
Cuidar da família	8,5	3,6
Jogar videogames	0,8	1,7
Dormir	53,6	61,5

Tempo Gasto

Considere qualquer quantidade de distrações tecnológicas atuais: das mídias sociais a envio de mensagens e jogos, quantas horas por dia você passa em seus dispositivos? Distração é um motivo relevante pelo qual muitos sentem dificuldades para se tornar financeiramente independentes ou alcançar suas metas. Sabemos que quanto mais pudermos focar sem distrações, melhor poderemos construir riqueza no longo prazo. Quanto tempo os milionários gastam na assim chamada "emoção" do dia? Pense nisso: a maioria dos milionários em nosso estudo mais recente relatou passar apenas 2,5 horas por semana nas mídias sociais, enquanto o norte-americano médio passa quase seis vezes mais (14 horas por semana). Quantas horas você gastou pensando sobre a última eleição presidencial e seu resultado? A maioria dos milionários passa menos que uma hora pensando sobre eleições políticas (e cerca de 10% não passam tempo algum). Essas horas e essa preocupação podem ser mais bem empregadas em áreas que lhe permitirão atingir metas financeiras ou profissionais.

Podemos facilmente voltar a atenção para o conflito, os desafios, as dificuldades e outras emoções de assistir as pessoas competir na política, nos esportes, em reality shows e até em nossos eventos sociais. Ao se concentrar na competição contínua, você necessariamente tira tempo e energia emocional de outro aspecto: seu negócio, sua educação ou alguma outra atividade produtiva. Se essa competição se desenrola na TV, você talvez esteja gastando mais do que a média de duas horas assistidas pelos norte-americanos.

Tabela 5-9. Tempo Gasto na Semana Anterior em Atividades Selecionadas por Porcentagem de Milionários

Atividade	Nunca	Uma Hora ou Menos	Uma Hora ou Mais
Ouvir música	13	42,9	44,1
Assistir a esportes	32,2	24,5	43
Praticar esportes	52,2	8,2	37,6
Assistir a programas políticos na TV	42,8	32,6	24,5
Ouvir programas políticos no rádio	52,9	29,8	17,3
Jogar videogames	77,4	16,4	9,3
Comprar online	30,2	60,9	8,9
Ouvir esportes no rádio	68,4	22,9	8,7
Assistir comentários de esportes na TV	72,7	23,6	3,8

Tabela 5-10. Tempo Gasto Pensando em Temas Selecionados por Porcentagem de Milionários

Perda	Porcentagem de Milionários				
	Nunca	Minutos	Horas	Dias	Semanas, Meses, Anos
Candidato favorito perde eleição local ou estadual	17,9	56,6	13,7	6,8	5
Candidato favorito perde eleição nacional	9,4	35,5	25,3	12	17,7
Time favorito perde	22,7	46,8	18,6	8,2	3,6

O *Novo* Milionário Mora ao Lado

Pessoas bem-sucedidas estão vivamente cientes de como gastam seus recursos, incluindo os emocionais e cognitivos. O tempo entre cada "de vez em quando" fica menor... e quanto mais distrações acrescentamos à lista, menos atividades significativas podemos realizar. Se a distração for um *hábito*, seremos ainda mais desafiados a evitá-lo. Mudar comportamentos exige mais do que enumerar nossas resoluções: formar novos hábitos pode levar cerca de 66 dias e também exige que reprogramemos nosso cérebro.[40]

Fazer com que as resoluções funcionem depende da mudança de comportamentos — e para mudar um comportamento é preciso mudar o modo de pensar (ou "reprogramar" seu cérebro). Tentar mudar esse modo de pensar automático por "não tentar fazê-lo" realmente apenas o fortalece. Mudar exige criar novos caminhos neurais a partir do novo modo de pensar.[41]

Focar metas está relacionado a construir riqueza, independentemente de idade ou renda.[42] Naturalmente, todos temos preocupações que podem ocupar nosso tempo e recursos cognitivos. Notamos algumas diferenças nas preocupações dos prodigiosos acumuladores de riqueza versus os que não são. Especificamente, as preocupações dos subacumuladores costumam incluir:

- Lucros de vendas insuficientes.

- Eliminação de cargo.

- Nunca alcançar independência financeira.

- Ter que se aposentar.

- Filhos com pouca iniciativa para se tornar financeiramente independentes.

- Não ter riqueza suficiente para se aposentar com tranquilidade.

Pontos Fortes para Construir Riqueza

Tabela 5-11. Porcentagem de Prodigiosos Acumuladores de Riqueza e Subacumuladores de Riqueza que Pensaram em Temas Selecionados na Semana Anterior

	Porcentagem que Se Preocupou na Semana Anterior Com	
Medo/Apreensão	SAR	PAS
Não ter tempo de fazer compras e aproveitar as liquidações	23,5	11,8
Ver a família discutir sobre sua riqueza	22	15,3
Ver seu cargo/posição ser eliminado	36,6	17,7
Destruição da camada de ozônio	29,5	24,1
Nunca alcançar independência financeira	55,7	27
Ter um filho com cônjuge/companheiro improdutivo	25,8	28,6
Ter filhos adultos sem disciplina	37,9	28,8
Ter que se aposentar	61,1	33,9
Extinção de certas espécies de animais selvagens	44,5	35,7
Ter poucos lucros em seu negócio/no negócio de seu patrão	58,3	37,8
Não ter riqueza suficiente para se aposentar com tranquilidade	78,6	41,1
Ter filhos adultos que gastam mais do que ganham	43,2	43,4
Ter filhos que mostram pouca iniciativa para se tornar financeiramente independentes	60,6	44,6
Aumentar a concentração de riqueza pelos ricos	52,3	51,4
Ter problemas de visão ou audição	58,8	57,3
Aumento de mudanças climáticas globais adversas	62,8	58
Disseminação de doenças de outros países	50,4	58,4
Perda de memória	56,8	60,2
Ter câncer e/ou problemas cardíacos	62	61,8
Aumento do controle dos direitos dos cidadãos pelo governo	56,1	68,1
Aumento do tamanho e campo de ação do governo federal	61,5	70,5
Redução do nível geral de saúde física	71,2	76,1
Aumento de regulações para empresas/setores de atividade	64,9	76,6
Aumento de gastos/deficit do governo federal	70,5	77,7
Pagar impostos federais cada vez mais altos	80,9	80,5
A situação da economia dos EUA	93,2	92,0

As decisões que tomamos, principalmente em relação à alocação de tempo, energia e dinheiro, impactam nossa habilidade de alcançar a emancipação financeira. Acompanhando nossos padrões de comportamento estão os tópicos que ocupam nossos recursos cognitivos. As pessoas eficientes em transformar a renda em riqueza gastam esses recursos cognitivos de modos que levam à construção de riqueza. As atividades e os motivos de preocupação podem não ser tuitáveis ou servir para posts no Instagram, mas, ao longo do tempo, esses comportamentos lhe proporcionarão maior liberdade para viver a vida do jeito que desejar, não do jeito que você quer que os outros acreditem que você quer.

Capítulo 6
Começando a Trabalhar

Eles escolheram a ocupação certa.

— de *O Milionário Mora ao Lado*

O TEMPO GASTO DEDICADO A UMA PROFISSÃO, QUER GOSTEMOS DELA OU NÃO, é um recurso valioso que, ao contrário (até certo ponto) do dinheiro, não é renovável. O tempo gasto gerando receita ao trabalhar para alguém ou para si mesmo não pode ser recuperado, nem usado para outro empreendimento, o que torna a discussão sobre trabalho e carreiras essencial para qualquer pessoa que queira ser economicamente bem-sucedida, ainda mais para as que querem independência financeira.

O mundo do trabalho, como as tecnologias que nos permitem gerir investimentos por conta própria, mudou nos últimos 20 anos desde a publicação de *O Milionário Mora ao Lado*. Considere novamente nossos amigos da comunidade FIRE: talvez os tenhamos marginalizado nos anos 1990 por serem excêntricos, mas hoje comemoramos sua independência. E essa independência faz mais sentido hoje, quando trabalhar para grandes organizações não é mais uma garantia de aposentadorias e apoio financeiro de longo prazo.

Ainda assim, a maioria de nós quer ignorar ocupações passadas e ir diretamente para o empolgante mundo dos investimentos (tratados no próximo capítulo). De fato, se você procurar "dicas de investimento" no Google, cerca de 656 milhões de sites aparecerão para oferecer insights sobre o mundo de compra e venda de títulos. Compare isso com as dicas de busca de carreiras, que somente oferecem 1/7 desses resultados (87,7 milhões de sites). Comparado ao mercado de ações, ou gestão de dinheiro, ou discussão de finanças comportamentais, "trabalho", "carreira" e "ocupações" parecem assuntos incrivelmente monótonos.

Não existe um filme de procura/exploração/desenvolvimento de carreira equivalente a *Wall Street — Poder e Cobiça* ou *A Grande Aposta*. Talvez *Forrest Gump* se qualifique, mas suas experiências de carreira e sucesso final em seu próximo negócio estão mais perto dos mitos de que falamos no Capítulo 2 do que da realidade. Meu pai escreveu em 2013:

> *Certa vez, uma manchete de jornal sugeriu que "a melhor maneira de ficar rico está no mercado de ações".[1] Construir riqueza por meio de ações ou outros investimentos é semelhante a cultivar árvores. Você não pode cultivar carvalhos se não tiver dinheiro suficiente para comprar as sementes. Assim, sugerir que o mercado de ações leva à construção de riqueza é colocar a carroça diante dos bois. Não se trata apenas de ser frugal. A frugalidade tem seus limites. Algumas pessoas não compreenderam o material de* O Milionário Mora ao Lado. *No livro, menciono que a maioria dos norte-americanos não é rica. Isso é especialmente interessante entre os que têm renda em categorias de boas a ótimas: "Muitas dessas pessoas vivem de pagamento em pagamento. São as pessoas que mais se beneficiarão deste livro." Assim, em suma, o livro é destinado a ajudar os que ganham um salário melhor do que a média.*

Em algum momento, sem lucros inesperados e tios ricos, sem ganhar na loteria ou descobrir uma moeda rara no troco da máquina automática de vendas, todos precisamos trabalhar para gerar receita, que então nos possibilitará viver (e consumir) e, por fim, poupar, o que, por sua vez, proporcionará renda adicional ao longo do tempo. Mesmo para os que optam por uma aposentadoria precoce e calculada, gerar renda é uma exigência nos primeiros estágios da trajetória econômica. Felizmente, temos grande liberdade e oportunidades nos EUA, e outras partes do mundo livre, para procurar e escolher nossas carreiras e empregos. Nesse esforço, uma boa defesa (como chamamos a gestão de gastos e consumo), um ambiente estável e uma infância afetuosa têm limites. Reconhecer nossos pontos fortes e criar metas só servem como ponto de partida. Precisamos usar esses pontos positivos para que possamos gerar renda a fim de ter as sementes da riqueza que então serão plantadas. Como pessoas economicamente bem-sucedidas fazem isso?

Quando ouvimos leitores e críticos de *O Milionário Mora ao Lado*, *A Mente Milionária* e outras obras, frequentemente vemos certa confusão em relação a possíveis caminhos para a riqueza e/ou emancipação financeira. Muitas pessoas supõem que só existem estes três caminhos: (1) jornada frugal, cautelosa e contínua; (2) trajetória geradora de renda elevada e alto grau de liderança; ou (3) a abordagem "investir em um negócio próprio assumindo os riscos inerentes". Na verdade, nenhum caminho é simples. Todos são únicos e todos requerem disciplina.

Como declarado em *O Milionário Mora ao Lado*, indivíduos economicamente bem-sucedidos costumam escolher (ou criar ou, por fim, encontrar) uma carreira que seja "certa" no sentido de proporcionar uma renda generosa e satisfação ao mesmo tempo. Hoje, porém, expandimos esse conceito para incluir os que se aposentam do mundo do trabalho com relativa rapidez por reunirem economias desde o início da carreira. A carreira "certa" pode ser uma que dure apenas de 10 a 15 anos e nesse período um estilo de vida frugal garante uma elevada taxa de poupança, que pode, então, gerar receita por meio de investimentos. É um conceito contraditório, mas possível, como mostrado na comunidade FIRE.

O sucesso econômico não requer que você tenha um intelecto extraordinariamente elevado, como discutimos no Capítulo 5. Se for muito disciplinado e alavancar seu intelecto criativo, provavelmente se tornará um realizador. No que diz respeito a intelecto criativo, há dois fatores que fundamentam o perfil do milionário que mora ao lado. Eles incluem dois aspectos importantes relativos à ocupação em *O Milionário Mora ao Lado:* Fator 6, *eles são muito competentes para identificar oportunidades de mercado*, e Fator 7, *eles escolheram a ocupação certa*. Norte-americanos economicamente bem-sucedidos escolhem a abordagem certa para ganhar dinheiro e trabalhar. Eles experimentam o "trabalho" e, desse modo, encontram e escolhem uma carreira ou negócio que leva à construção de riqueza. Eles determinam, com antecedência, se podem reunir riqueza ao longo da vida, começam cedo e encontram meios de aumentar essa riqueza com o passar do tempo, sem obrigação de seguir uma carreira tradicional. Iniciam negócios que usam o melhor de seus talentos.

Os milionários descritos em *O Milionário Mora ao Lado* pareciam incomuns porque, com frequência, eram donos de pequenas empresas em setores comuns (por exemplo, empresas de arrendamento de equipamento pesado) ou tinham acumulado riqueza lentamente em carreiras de ensino ou contabilidade. Também havia médicos, advogados e outros profissionais. O típico milionário que mora ao lado recebe esse rótulo porque não parece ser rico, mas é, não obstante sua ocupação. Seu estilo de vida simples lhe permite transformar a renda familiar, que geralmente está acima da média nacional, em riqueza. A simples verdade é:

Cargos são melhores indicadores de renda do que de riqueza.

Em nosso estudo mais recente, descobrimos que milionários são identificados em vários setores e empregos, assim como há 20 anos (veja a Tabela 6-1). Milionários (com patrimônio líquido médio de US$3,5 milhões) incluíram uma concentração maior de ocupações profissionais que a população de milionários que moram ao lado de 20 anos atrás, mas também incluíram cargos fora do que poderia ser esperado. Os cargos dos milionários de nossa amostra incluíram servidores públicos e donos de pequenas empresas, gerentes e vice-presidentes, contadores e diretores de TI. Alguns milionários relataram ter vários negócios ao mesmo tempo, enquanto outros eram consultores.

Tabela 6-1. Cargos Selecionados de Milionários

Agente Federal	Advogado	Alta Gerência
Analista de Negócios	Analista Financeiro	Arquiteto
Artista Gráfico	Assessor de Defesa	Associado de Vendas
Auditor Independente	Avaliador de Imóveis	Banqueiro
CEO	CFO	Cientista
Cirurgião Ortopédico	Consultor	Consultor Administrativo
Consultor de Assistência Médica	Consultor Educacional	Consultor Financeiro
Consultor de Gerenciamento de Risco	Consultor de Investimentos	Consultor de Negócios
Consultor de Pesquisa de Marketing	Consultor de Segurança	Consultor de Sistemas
Consultor de TI	Contador	Corretor de Imóveis
Corretor de Seguros	CTO	Dentista
Diretor Médico	Diretor de Recursos Humanos	Diretor Regional de Vendas
Diretor de TI	Dono de Restaurante	Economista
Empreiteiro	Empresário	Empresário de Vários Negócios
Enfermeiro Anestesista	Engenheiro	Engenheiro de Computação
Engenheiro de Software	Executivo de Vendas	Explorador de Gás e Petróleo
Físico	Funcionário Público	Gerente
Gerente Geral	Gerente Intermediário	Gerente de Operações
Gerente de Produtos	Instrutor/Consultor	Lobista
Médico	Nutricionista	Oficial do Exército
Piloto	Piloto de Companhia Aérea	Presidente
Professor	Propagandista de Laboratório	Representante de Fabricação
Representante de Fabricação	Vice-presidente Assistente	Vice-presidente Executivo

Talvez os estudos sobre os afluentes nas últimas duas décadas sejam mais úteis para os que ganham mais que a média. Entretanto, como vimos no Capítulo 5, comportamentos financeiros bem-sucedidos, os que possibilitam a transformação de renda em riqueza, transcendem os níveis de renda.

Sem uma fonte de renda consistente, há pouco que investir. E ter algo consistente, ou no mínimo relativamente estável, requer que se encontre uma carreira em que os atributos, os conhecimentos e as habilidades de alguém possam ser usados, e na qual seja possível encontrar uma paixão, ou que proporcione renda suficiente para poupar de forma minuciosa e deixar cedo o mundo do trabalho tradicional. Encontrar uma carreira que use todas as competências de alguém muitas vezes é uma recompensa em si e por si só. E conquistar independência financeira também pode se mostrar ainda mais recompensador.

Mesmo assim, muitos milionários atualmente continuam a trabalhar até os 60 anos. Os milionários passam uma média de 38 horas por semana trabalhando (45 horas por semana, se excluirmos os aposentados). Em comparação, cerca de 2/3 dos milionários pesquisados em 1996 passavam entre 45 e 55 horas por semana trabalhando. Em geral, milionários não aposentados tiraram 75% ou mais de sua renda bruta do salário.

Em 1996, 20% das famílias afluentes eram chefiadas por aposentados, e hoje esse número não é muito diferente (hoje em dia, 19% de domicílios de milionários são chefiados por aposentados). Dos 81% de milionários restantes, apenas um pouco mais de 42% trabalham por conta própria. Em 1996, 2/3 de domicílios afluentes não chefiados por aposentados eram chefiados por indivíduos que trabalhavam por conta própria. Essa diferença, 66% em 1996 contra 42% em 2016, é semelhante a mudanças entre os que trabalhavam por conta própria em geral. Em 1996, cerca de 18% dos chefes de família estavam nesta última categoria, enquanto em 2015[2] esse número era de 10%; isso se deu, parcialmente, graças à diminuição no setor agrícola.

Como discutimos anteriormente, esse é só um caminho para o sucesso financeiro. Se você gosta de seu emprego, se ele lhe proporciona o estilo de vida e grau de liberdade que deseja, então trabalhar é mais um passatempo do que uma obrigação. Se essa não é a situação que você vive, milionários que moram ao lado têm alternativas a sugerir.

Benefícios e Primeiras Experiências

O desafio das carreiras (e para aqueles no campo do desenvolvimento profissional) é que raramente sabemos tudo que é exigido para fazer uma escolha perfeita quando começamos a trabalhar. Muitos milionários nos contaram que seus pais lhes ofereceram previsões antecipadas realistas e frequentes do mundo profissional. A ênfase dos pais na exploração da carreira em indivíduos financeiramente bem-sucedidos não mudou desde que *O Milionário Mora ao Lado* foi publicado pela primeira vez. As experiências iniciais continuam a possibilitar aos norte-americanos que enriqueceram sozinhos o uso de sua habilidade para identificar oportunidades e encontrar carreiras e empregos que proporcionam grande satisfação.

Por exemplo, imagine se, quando estudante, você tivesse a oportunidade de trabalhar durante as férias escolares com engenharia de minas, acompanhando os trabalhos ao vivo, aprendendo o que é ficar 60 horas por semana pisando na terra. No final dessa experiência, você seria capaz de determinar (a) se a área o interessa, (b) se poderia "sobreviver" no ambiente em que engenheiros de minas geralmente trabalham e (c) se você, em geral, gostou do trabalho que fez. Essas primeiras experiências lhe possibilitariam tomar decisões conscientes sobre o modo pelo qual geraria renda no futuro. Nós vemos essas primeiras experiências e seu impacto principalmente nos milionários com experiências iniciais de vendas, que discutiremos depois.

Alguns de nós tiveram a sorte de ter experiências prematuras que nos ajudaram a decidir se gostávamos ou não do trabalho, assim como o que nos interessava e éramos capazes de fazer. Quando perguntamos a norte-americanos afluentes em uma de nossas amostras sobre suas experiências de carreira, e o que esperaram dessas experiências (isto é, o que lhes teria possibilitado ser mais bem-sucedidos), eles nos disseram:

Aprendi a trabalhar duro e que nenhum trabalho é inferior. Isso foi muito vantajoso, principalmente em minha situação atual, em que tive que recuar um passo na carreira enquanto começo um negócio e trabalho em uma posição subalterna para ajudar a pagar as contas.

Fui responsável por ajudar a substituir e consertar cinco extintores de incêndio. Essa tarefa foi essencial para me ensinar uma sólida ética profissional, trabalhar em equipe e a fazer um bom trabalho. E também foi mais agradável do que um trabalho rotineiro, como vendas de varejo e serviços administrativos.

Ter uma mesada fixa e depois trabalhar. Meus pais só me sustentavam financeiramente em termos do que eu precisava, não do que eu queria. Eu tinha que me planejar para conseguir o que queria. Uma experiência específica foi calcular como poupar o suficiente para participar de uma viagem para esquiar com amigos.

Eu tive vários empregos e tive que poupar e investir meu dinheiro. Na escola, aprendi sobre fundos mútuos etc., e tive que escolher em quais aplicaria meu dinheiro.

Meu pai me proibiu de trabalhar. Isso me deixou para trás em relação aos meus pares de muitas formas, incluindo experiência profissional e questões financeiras. Eu queria ter tido um emprego como meus pares.

Os empregos de meio período que tive durante a escola não pagavam muito bem, e meus pais exigiam que eu fosse responsável por muitas de minhas despesas. Tive que aprender a poupar e planejar meu orçamento a fim de sobreviver.

Ter empregos de meio período me ensinou como é difícil ganhar dinheiro.

Quando adolescente, acreditava em trabalhar para alcançar uma meta. Eu queria um carro, e assim que completei 16 anos consegui um emprego e trabalhei por seis meses para poupar US$1 mil e comprar uma lata velha. Isso não importava, porque ela era minha. Eu a conquistei.

Primeiras experiências profissionais, primeiros fracassos e primeiras caminhadas na corda bamba sem rede de segurança fornecem o estímulo necessário para o sucesso de longo prazo.

O Lado Positivo das Carreiras Nada Ideais

Ainda existem pais que fazem um mau trabalho no preparo dos filhos para o mundo do trabalho. Não só por um estilo de vida de consumo, que requer constantes e altos níveis de renda para ser sustentado, mas também por dar uma aparência mais agradável e ilusória a problemas típicos que acompanham a tarefa de trabalhar para ganhar a vida ou, talvez pior, por isolá-los completamente de primeiras experiências profissionais.

Como saber se vai gostar do emprego de gerente nacional de vendas que exige que você viaje metade do tempo? E lecionar? Gostar de crianças e administrar uma sala de aula são duas coisas diferentes. Talvez uma carreira em tecnologia seja o ideal para você. Mas a realidade mostra que essas profissões exigem que se fique sentado olhando para um dispositivo ou até dois ou três, o dia todo, o que pode não corresponder aos seus interesses ou sua disposição.

O benefício de várias experiências profissionais é que se pode discernir as melhores oportunidades do mercado. Para alguns, uma única experiência profissional pode mudar drasticamente o grau de realização socioeconômica. Eis um exemplo:

Deixei a faculdade e estava trabalhando em um cassino servindo coquetéis. Atendíamos as seções em sistema de rodízio, de modo que eu trabalhava todos os dias com garotas diferentes. Certa noite, entrei no bar que me foi destinado e vi que trabalharia com um pessoal mais velho. Ao olhar ao redor, para as mulheres com seus 60 anos usando minissaias e carregando pesadas bandejas de bebida, decidi que aquilo não era para mim. Voltei à faculdade no semestre seguinte, me formei e agora trabalho como contadora tributária em um escritório de contabilidade local. Vou prestar o exame de habilitação como auditor independente no próximo outono. Aquele momento no serviço de bar foi decisivo em minha vida profissional.

Para essa jovem, mesmo as exigências rigorosas dos cursos de contabilidade pareciam, de alguma forma, menos desafiadoras quando comparadas a um emprego que não correspondia a seus interesses ou desejos de longo prazo.

Influenciado Pelo Verdadeiro Trabalho

De modo consistente ao longo do tempo, os milionários costumam ser um grupo satisfeito: 90% dos milionários em nossa amostra alegaram estar muito satisfeitos com a vida, o que normalmente está relacionado a algum nível de satisfação profissional. Quantos norte-americanos estão satisfeitos com o emprego? A Conference Board[3] sugere que menos de 50% estão muito satisfeitos com seus empregos, enquanto o Pew Research Center[4] afirma que são cerca de 52%. A Society for Human Resources Management sugere que o número é mais alto, alegando que 86% dos empregados estão satisfeitos, embora esse número inclua os que indicam estar "um pouco satisfeitos".[5] Nós diríamos que a diferença prática de alguém "muito satisfeito" e "um pouco satisfeito" com seu emprego é relativamente significativa. Uma pesquisa da Gallup sobre a condição da força de trabalho nos EUA incluiu esta constatação: "Enquanto 37% de empregados engajados estão procurando empregos ou de olho em oportunidades, um número maior de empregados não engajados e ativamente desengajados estão fazendo o mesmo (56% e 73%, respectivamente). Empregados ativamente desengajados têm probabilidade duas vezes maior de procurar um novo emprego que os engajados."[6]

Talvez nossas expectativas em relação ao trabalho sejam altas demais, principalmente para aqueles que nunca experimentaram um trabalho de verdade, ou dificuldades, ou tiveram que ser disciplinados para atingir uma meta. Quanto a gastos, somos guiados pelo que fazem os que nos cercam. Muitos norte-americanos são doutrinados a acreditar em uma versão casual ou despreocupada do mundo do trabalho, cortesia da mídia. Como exemplo, certa vez meu pai pediu que os leitores considerassem como muitas vezes as comédias retratam o mundo do trabalho. De 2003 a 2015, a série de televisão *Two and a Half Men* [exibida no Brasil com o título de "Dois Homens e Meio"] mostrou seu lado polêmico (prin-

Vital para o Sucesso Profissional: Venda Algo

O início da carreira de meu pai ao estudar os afluentes envolveu ajudar instituições financeiras e outras empresas afins a identificar norte-americanos ricos para seus serviços e produtos. Parte dessa pesquisa focou profissionais de vendas extraordinários — indivíduos com paixão resiliente e assertividade aparentemente intermináveis, aliados ao respeito por aqueles que estavam visitando, especialmente os afluentes. O trecho a seguir combina material de dois ensaios (um, escrito em 2010, e outro, em 2013) que ele escreveu sobre os benefícios da experiência de vendas:

Recentemente, perguntei a quase mil milionários em todo o país: "Qual foi seu primeiro emprego de período integral?" Desses, 137 disseram que "vendas/marketing" foi o primeiro emprego de período integral. Isso significa que as pessoas nessa profissão têm uma probabilidade muito maior do que outros em empregos diferentes de se tornar milionários? Não! Há uma proporção menor de milionários que são profissionais de vendas do que se esperaria, considerando o tamanho da categoria de profissionais de vendas em geral empregados nos Estados Unidos.

Apenas cerca de metade desses milionários que começaram com uma carreira em vendas continuam na profissão hoje. Os que mudaram estão altamente concentrados em duas áreas: são proprietários/gerentes de empresas de sucesso ou executivos seniores de empresas de capital aberto.

Isso não deve desencorajar as pessoas a entrar no ramo de vendas, de modo algum. Muitas vezes, essa ocupação serve de incubadora para futuros líderes corporativos e empresários. Estando no cargo de vendas certo, você pode ter a oportunidade de interagir com possivelmente milhares de pessoas-chave em outras corporações e empresas. Isso muitas vezes estimula o lado criativo da pessoa para encontrar oportunidades inexploradas. Uma dessas oportunidades é ser contratado por uma das organizações que se encontra na sua base de clientes. Se você tiver êxito em vender para os outros, poderá vender seu próprio produto por meio de sua própria empresa algum dia. Quase todos os milionários são líderes. E a maioria dos líderes precisa vender suas ideias para os outros.

Ao considerar caminhos profissionais, deve-se analisar as trocas entre renda e outros fatores como responsabilidades e OPORTUNIDADES DE CRESCIMENTO. Compreenda, porém, que construir riqueza está fortemente relacionado ao tamanho de sua renda. O ideal é que você encontre um emprego que pague bem e ofereça ótimas oportunidades

... eu mencionei que a profissão de vendas era muito citada como o "primeiro emprego após a faculdade" por milionários. E hoje muitos são excecutivos seniores em grandes empresas ou empresários bem-sucedidos. Na verdade, segundo meus cálculos, há mais profissionais de vendas com rendas anuais de US$200 mil ou mais do que médicos e cirurgiões que geram esse elevado nível de renda.

Muitas pessoas se afastam de oportunidades oferecidas pelas vendas. Algumas temem não serem capazes de produzir ao nível exigido na descrição de cargo: sem vendas, sem pagamento. Entretanto, se você tiver sucesso em vendas, provavelmente terá sucesso trabalhando por conta própria. Encare a profissão de vendas de outra forma. Alguns cargos de vendas realmente pagam para você constantemente melhorar sua imagem. Em resumo, sua descrição é contatar pessoas que poderão, no futuro, lhe oferecer um excelente cargo e/ou se tornar patrocinadores do seu possível negócio futuro.

Os benefícios de experimentar e desenvolver habilidades em vendas transcende o *emprego de vendas* e preparam os donos de pequenas empresas bem-sucedidos para, no futuro, vender suas ideias, serviços e produtos.

Nos últimos 40 anos, o que os milionários nos contaram sobre os benefícios das vendas?

- As funções de vendas são únicas em sua estrutura e remuneração: não há limite máximo para o que você pode fazer.

- As funções de vendas são o máximo em termos de pagamento por desempenho. Há poucos fatores políticos, e os números não mentem. O pagamento por desempenho permite que você prove isso na prática.

- Profissionais de venda excepcionais são sempre procurados, visto que eles se pagam inúmeras vezes.

- Vendas lhe proporcionam grande visibilidade. Você está sendo pago para fazer entrevistas de empregos que poderá ter no futuro.

- Funções de vendas propiciam grande liberdade. Em certo sentido, a função de vendas é a que mais se aproxima daquela do empresário.

- Ótimos resultados de vendas cobrem quase todas as outras métricas e dados demográficos. Com excelentes números de vendas, seu empregador dará pouca atenção a sua pontuação GPA na faculdade, no SAT, e até mesmo se você é graduado.

- Funções de vendas exigem menos instrução do que para se tornar médico, advogado ou outra profissão liberal, mas ainda podem proporcionar um elevado nível de renda.

- Em vendas, você é, na realidade, um agente de inteligência procurando ótimas oportunidades estratégicas.

cipalmente devido ao astro original) e seu lado de prêmios e elogios para o elenco e equipe de produção.

O programa, de grande audiência, apresentava um personagem chamado Charlie, cujo estilo de vida sugeria que ele podia consumir exageradamente sem trabalhar muito, ou nem trabalhar. Ele era compositor de jingles de publicidade, mas raramente o víamos suando ao piano hora após hora para criar alguma canção. De algum modo, ele sustentava uma casa de praia multimilionária em Malibu, seu irmão e seu sobrinho, e uma empregada. Na maior parte do tempo, ele era visto em casa recebendo visitas e contando piadas.

Com frequência, expectadores de programas como *Two and a Half Men*, assim como os veiculados por outras mídias de massa, são inadvertidamente condicionados a acreditar que a maioria das pessoas bem-sucedidas é como Charlie. De algum jeito, essas pessoas são tão talentosas e dotadas, que podem ganhar muito dinheiro trabalhando cinco minutos aqui e ali. É fácil ficar desestimulado se você pensar que o método de Charlie é a fórmula do sucesso nos EUA. Naturalmente, não é. A televisão do bem-estar e, agora, as mídias sociais estão repletas de descrições de pessoas que têm sucesso sem realmente trabalhar. Isso, é claro, é a terra da fantasia.

Excluindo herdeiros, ganhadores de loteria e outras pessoas que têm lucros inesperados, construir riqueza normalmente requer que alguém comece gerando uma renda. Nossa pesquisa sobre pessoas economicamente bem-sucedidas difere amplamente dessa fantasia dramática. A maioria das pessoas nos EUA precisa batalhar por seu salário todos os dias. Sem algum tipo de renda alternativa, que a maioria dos norte-americanos não tem, eles dependem dos empregos, dia após dia, para gerar renda e sobreviver, já que 78% dos trabalhadores norte-americanos vivem de um pagamento a outro.[7] Até mesmo a maioria dos milionários que entrevistamos ou observamos trabalha cerca de 40 horas por semana. Mais de 90% são casados e normalmente têm dois filhos para sustentar. A maioria ficou rica só depois dos 40 ou 50 e tantos anos, e pouquíssimos têm momentos de lazer durante o dia.

O *Novo* Milionário Mora ao Lado

Tabela 6-2. Fontes de Renda de Milionários

Fontes de Renda	Porcentagem de Fontes de Renda							
	0	1	5	10	20	30	50	75 ou mais
	Porcentagem de Milionários							
Salário	24,1	1,9	2,5	3,3	4,5	5,8	16,3	41,6
Pensão/Aposentadoria/ Anuidade fixa	64,9	2,7	4,3	5,2	3,7	4,9	5,7	8,6
Lucros de empresas	66,7	2,9	6,2	5,4	4	4,9	4,5	5,4
Honorários profissionais/ Comissões de vendas	79,5	2,5	4,4	3,4	2,7	2,4	1,5	3,7
Comissões/Bônus/Divisão de lucros	51,6	6,2	7,7	10,1	9,9	5,1	6,2	3,2
Dividendos	20,7	32,8	23,6	12,3	5,5	2,4	1,1	1,6
Renda de aluguel de imóveis	68,6	7,2	9,1	6,3	3,6	1,8	2,6	0,8
Ganhos de capital realizado — Títulos	45,1	18,5	19,4	10,2	3,7	1,8	0,6	0,8
Renda de fundos e espólio	86,2	3,8	2,7	2,8	1,8	1,3	0,7	0,7
Poupança/CDs (juros)	38,4	39,9	13,1	6,5	1	0,5	0,3	0,3
Ganhos de capital realizado — Outros bens	75,6	9,5	6,2	5,1	1,3	1,5	0,7	0,2
Pensão ou pensão alimentícia	99,2	0	0,3	0,2	0,2	0	0	0,2
Royalties de propriedade intelectual	97,4	1,3	0,6	0,3	0,2	0	0	0,2
Doações de dinheiro, títulos, propriedades, veículos, etc. de parentes	90,3	6,8	1,9	0,8	0,2	0	0	0
Outras fontes combinadas (não listadas acima)	73,4	4,9	8,5	6,4	2,7	1,4	1,7	1

Milionários e Trabalhando... Hoje

Uma característica dos que se tornaram economicamente bem-sucedidos é o fato de serem congruentes ou terem o "ajuste perfeito" em relação a suas carreiras. Em outras palavras, seus talentos, habilidades, conhecimentos, interesses e outras características correspondem às exigências de seus empregos. A renda gerada por uma carreira não durará se você não durar na carreira. Sem adaptação ou congruência com sua ocupação ou carreira escolhida, as perspectivas de renda de longo prazo são obscuras — ou carregadas de estresse e conflitos.

O milionário que mora ao lado atual continua a encontrar oportunidades, apesar das condições governamentais, sociais e econômicas atuais. Consciência sobre as próprias habilidades e o mercado correspondente para essas habilidades ainda é necessária. Milionários e os que se tornam economicamente independentes e bem-sucedidos com esforço próprio são capazes de (a) avaliar os próprios talentos, habilidades e características *e* o ambiente/mercado, e (b) escolher uma profissão que aproveite ambos ao máximo. Perguntamos aos 733 milionários pesquisados em 1998 em todos os Estados Unidos para *A Mente Milionária* sobre seus importantes fatores de escolha referentes à ocupação selecionada. Quatro entre cinco (ou 81%) indicaram que escolheram sua ocupação porque "permitia que usassem todas as suas habilidades e aptidões". Setenta e sete por cento dos milionários em 2016 afirmaram que gostar muito da profissão ou do negócio escolhido foi importante para seu sucesso econômico (para donos de pequenas empresas, três entre quatro declararam que isso foi importante). A experiência de pular da cama todas as manhãs precisa estar alinhada com o fato de gostar de seu trabalho.

Milionários... Em um Emprego "Comum"?

Como em 1996, hoje é possível, com uma renda de média a mais alta que a média, tornar-se um milionário por meio de uma gestão financeira consistente, prudente e disciplinada e renda regular — regular significando comissões de vendas não extraordinárias ou salários extremamente altos como os de advogados, médicos e CEOs.

Como isso acontece? Esta é a questão mais premente para os que não podem imaginar nem querem desafiar a ideia de construir riqueza com uma carreira lenta e estável. Pelas pesquisas realizadas para *Stop Acting Rich*, sabemos que o típico milionário rico em patrimônio líquido tinha uma renda domiciliar mediana anual realizada de US$89.167 quando se tornou um milionário. Em outras palavras, metade deles tinha renda inferior a esse número. O que isso nos diz sobre construir renda e conseguir segurança financeira? Para a maioria dos norte-americanos, o desejo, a disciplina e o intelecto são fatores mais importantes na acumulação de riqueza do que ter uma renda elevada. Hoje, o problema entre muitos que têm rendas elevadas é que eles acham que o dinheiro (renda) é um recurso facilmente renovável. Consequentemente, eles agem de acordo com os princípios encontrados no "Manual do Hiperconsumidor".

Todavia, nem todos os norte-americanos seguem esses princípios ou o caminho percorrido pela multidão modal (isto é, o grupo que vemos à nossa volta com mais frequência) nos EUA. Eles pensam por conta própria. E quase todos os ricos neste país ficam e continuam ricos porque extraem muito mais satisfação de construir riqueza e segurança financeira do que de exibir etiquetas caras adquiridas em lojas. Foi assim com a Sra. C.C., que foi gentil o bastante para contar algumas de suas opiniões em uma carta a meu pai sobre se tornar financeiramente independente sem nunca ter tido uma renda elevada:

Caro Dr. Stanley,

Quando meus amigos leem seu "Milionário", sempre dizem: "C.C., ele está escrevendo sobre você." Eu frequentei escolas públicas onde os professores eram modelos e mentores. Tive o benefício de conhecer muitas mulheres fortes, algumas das quais estavam financeiramente bem. Com elas, aprendi a confiar em mim mesma e não esperar que o "Príncipe Encantado" me sustentasse. Estudei em uma pequena faculdade de artes liberais com uma bolsa de estudos. Tive muitos mentores cujos exemplos moldaram minha vida.

Embora meu patrimônio líquido possa ser atribuído à frugalidade e investimentos inteligentes, meu estilo de vida foi modelado por uma educação excelente. Eu sempre tive o hábito de me afastar dos pensamentos de manada, mas minha educação me ensinou autodisciplina, independência de pensamento e um forte sentimento de ética.

Sou filha única de uma mãe solteira que trabalhava fora, e meus primeiros anos foram repletos de incertezas financeiras. Observando minha mãe, aprendi que as mulheres têm que trabalhar com mais empenho e por mais tempo para ter sucesso financeiro.

Embora eu não seja tão rica quanto a maioria de seus casos, meu patrimônio líquido é superior a US$1 milhão, e, como a maioria de seus casos, comecei com nada mais que uma bolsa de estudos na faculdade e uma boa mãe. Talvez você ache interessante o fato de que nunca ganhei mais que US$60 mil por ano. Eu trabalhei em cargos de média gerência na administração pública a maior parte de minha carreira.

Acumulei a maior parte de meu patrimônio líquido vivendo abaixo de minhas posses. Tenho tudo que quero, mas aprendi a não querer demais. Além disso, evito dívidas. No meio de minha carreira, o governo do estado passou por um processo de redução de custos, e eu corria o risco de perder o emprego. Eu disse a mim mesma que queria assumir um cargo em que nunca mais tivesse que enfrentar a incerteza. Primeiro, parei de dar aumentos a mim mesma. Todo meu dinheiro era destinado a investimentos. Em seguida, saldei o empréstimo de minha casa, e o valor das prestações foi destinado a investimentos. Sou uma

*investidora bastante conservadora, mas não tenho medo de correr riscos. Na
maioria dos anos, poupei 30% de minha renda, ou mais.*

*Meu patrimônio líquido me pertence, separado do de meu marido, e eu o
administro sozinha. Recentemente, me presenteei com uma "semiaposentado-
ria". Foi ótimo saber que eu podia me permitir o corte do salário. Embora não
tenha filhos biológicos, tenho vários filhos adotivos. Noto que eles aprenderam
comigo a habilidade de administrar bem o dinheiro, como eu aprendi com minha mãe.*

Atenciosamente,
Sra. C.C.

A história da Sra. C.C. mostra como é possível ter sucesso na criação de riqueza
apesar de uma renda que não atinge seis dígitos. Sua fonte de renda estável foi trans-
formada em riqueza por meio de poupança, investimentos disciplinados e uma vida
abaixo de suas posses. Se esse é o caminho que você está percorrendo, conectado a
um empregador, então transformar renda (que seja relativamente consistente, exceto
em alguns casos) em riqueza requer altas doses de disciplina e moderação.

Usufrua a Segurança... E Não Pare de Procurar

Trabalhar para terceiros oferece benefícios que ultrapassam a renda e as experiências profissionais. A situação proporciona algum grau de segurança: um escritório,
talvez bons colegas de trabalho e um plano de aposentadoria. Essa segurança
também pode incluir líderes para orientá-lo, equipamento pago com o dinheiro de
terceiros e festas de fim de ano acompanhadas de cartões-presente. Segurança são
mesas de pingue-pongue, assistência médica, benefícios de bem-estar e academia
de ginástica no local. Contudo, pagamos esses benefícios com nosso tempo e,
como muitos já compreenderam talvez tarde demais, a maior parte de nossa vida.
E ela nem sempre está em segurança. Obtenha e poupe não só a renda vinda do
empregador, mas aptidões, oportunidades e experiências que lhe permitirão flexibilidade e recursos no futuro.

As aptidões e experiências transportáveis criam uma boa defesa contra eliminação de cargos, reveses econômicos e até agitações políticas. Quando a catástrofe
ocorre, o conhecimento, os talentos, as habilidades e outras características que alguém possui podem ser transferidos para novos setores, países e oportunidades.
Embora talvez os milionários de algumas décadas atrás soubessem muito bem disso,
já que muitos passaram pela convulsão e pelos horrores da Segunda Guerra Mun-
dial, até indivíduos economicamente bem-sucedidos hoje reconhecem a necessidade
de se preparar, independentemente da época.

Para os que já passaram pela experiência de perder o emprego, essas lembranças são duradouras, mas isso pode ser usado para nos obrigar a agir. Veja a experiência deste milionário que mora ao lado de Minnesota durante a faculdade e a atitude que tomou:

> *Fui despedido de meu emprego de meio período como crupiê de "vinte e um" durante a faculdade. Era uma grande empresa de capital aberto em 1989. Eu precisava do emprego para pagar o aluguel, as prestações etc. Perguntei a meu supervisor por que tinha sido despedido, já que sempre me oferecia para trabalhar horas extras, recebia excelentes avaliações dos clientes e era considerado um empregado confiável com base nas avaliações de desempenho. Basicamente, ele disse que as outras pessoas tinham família e que eu era jovem e poderia encontrar outra coisa. Foi a melhor coisa que me aconteceu. Como resultado da demissão, apesar de eu ser considerado um empregado estável, aprendi desde cedo que não se pode esperar que uma empresa cuide de você, por mais que você trabalhe. Desde essa experiência, estruturei minha vida de modo a nunca ter que depender de um empregador outra vez. Sempre trabalhei por minha conta e poderia me aposentar hoje (aos 49 anos) se não gostasse tanto de trabalhar no que faço.*

Pessoas economicamente bem-sucedidas usam desafios e reveses na carreira como trampolins para melhores experiências futuras. Elas gastam pouco tempo culpando os outros. Esse recurso valioso, o tempo, é usado para ponderar, planejar e executar o próximo lance na carreira, seja trabalhando por conta própria ou empregado em outra função (ou, como vimos, aposentando-se precocemente com um estilo de vida menos voltado para o consumo).

Três Componentes para Escapar da Armadilha

Após anos de educação e, talvez, anos trabalhando em uma profissão, o que fazer se você se vir pego pela armadilha do tempo e esforço que gastou construindo, criando uma rede de relacionamentos e subindo em uma empresa na qual não quer mais trabalhar? Principalmente, se você depende de salário, essa é uma fonte de insatisfação e estresse que pode permear o resto de sua vida. Ou, e se você decidir que quer se unir aos profissionais que trabalham por conta própria?

Por estar na atividade de estudar os ricos, falamos com muitas pessoas que nos perguntam sobre nossas pesquisas e nossos dados, sobre os livros, as histórias e respostas ao questionário. Muitas vezes, a primeira parte da conversa parece com algo assim: "Gostei muito de ler *O Milionário Mora ao Lado*. Gosto de ler aquelas histórias, principalmente as dos donos de empresa... que fizeram tudo sozinhos. Sabe, pensei muito em trabalhar por conta própria." Mas o final da conversa geralmente soa como: "Não quero toda a responsabilidade de cuidar de meu próprio negócio", ou "Preciso da segurança e dos benefícios de um emprego de período integral".

Os milionários falaram sobre três assuntos relacionados a se livrar da armadilha de trabalhar para viver: criar uma margem em seu estilo de vida para possibilitar mudanças de carreira, principalmente as significativas (por exemplo, viver das economias enquanto inicia um negócio), explorar oportunidades de carreira enquanto gera renda em um emprego tradicional (por exemplo, trabalhar em dois empregos), e realizar a mudança para uma atividade autônoma.

A Margem Necessária

A maioria dos milionários que entrevistamos destacou a grande liberdade que vem de gastar menos do que se ganha. A liberdade se traduz em oportunidades para fazer mudanças na carreira que proporcionam (a) mais tempo e flexibilidade para realizar atividades fora do trabalho, e/ou (b) o potencial para aumentar a renda. Naturalmente, é difícil prever o futuro, especialmente quando você está começando e seu estilo de vida e escolha sobre gastos têm sido afetados por uma renda elevada. Um professor de biologia milionário da Califórnia nos disse: "Quando consegui meu primeiro emprego de professor na faculdade comunitária, fui contratado no regime de meio período. Um colega mais velho e experiente disse que eu precisava aprender a poupar e investir meu dinheiro, porque um dia 'você pode decidir que não quer mais lecionar. Esse dinheiro vai proporcionar a independência e, mais importante, opções, em vez de continuar a trabalhar. Dinheiro não serve para deixá-lo rico. Dinheiro serve para lhe dar opções. Você é jovem e pode não perceber isso agora, mas algum dia vai'. Esse dia aconteceu há 25 anos, e posso dizer que segui o conselho e tenho dinheiro e opções!"

Outras pessoas chegam a essa conclusão mais tarde... mas se é mais tarde e não existe nenhuma margem, o que acontece então?

A Falta de Margem do Sr. Lionel

Assim como o local em que mora, a ocupação tem um impacto significativo no estilo de vida e na liberdade ou flexibilidade que você e sua família têm para fazer mudanças significativas de carreira. Reflita, por um momento, no estilo de vida de um ex-executivo de vendas sênior de alto nível em uma empresa de porte médio, o Sr. Barry Lionel. Seus pais eram funcionários do governo, e, em geral, ele teve uma vida familiar afetuosa e amorosa. Armado de uma excelente educação universitária e experiências iniciais combativas na carreira, o Sr. Lionel começou a subir na empresa.

À medida que a empresa para a qual trabalhava progredia e sua renda aumentava, seu consumo e o da família crescia. De uma pequena casa de três quartos em uma vizinhança de classe média, a Sra. Lionel decidiu que a família precisava de uma residência que refletisse o sucesso do marido. Quando a renda dele atingiu sólidos seis dígitos, US$180 mil ao ano, a família Lionel mudou-se para uma casa de US$935 mil em um bairro de luxo. A casa que compraram valia mais do que cinco vezes a renda do Sr. Lionel na época, mas era semelhante à dos outros executivos em sua empresa. A nova vizinhança exigia o pagamento de taxas de associação de proprietários de quase US$1.500 por ano, mas mesmo assim quase todos os vizinhos eram membros de um clube de campo próximo que cobrava taxas de ingresso de US$80 mil e mensalidades de US$650. Tudo parecia cor-de-rosa para os Lionels.

Contudo, para acompanhar seus colegas e os Jones da nova comunidade, os Lionels viviam de um pagamento de salário a outro. E, então, a empresa do Sr. Lionel foi comprada! Viva!? Sim, ele ganhou aproximadamente US$1,4 milhão com a venda, mas, com poucas economias, esse passou a ser o único patrimônio líquido da família. E ele não foi incluído nos planos futuros da companhia. Talvez, mais importante e significativo, foi o fato de os hábitos de consumo de Lionel estarem firmemente atrelados a seu nível de renda passado.

O tempo passou, a poeira assentou, e após algumas tentativas fracassadas de trabalhar por conta própria, as habilidades do Sr. Lionel se atrofiaram, enquanto os hábitos de consumo da família, incluindo os dos filhos adultos, que também estão iniciando seus próprios domicílios de consumo elevado, só aumentaram. Apesar de todo o trabalho duro nos primeiros anos na empresa, ele não pôde colher os frutos de seu esforço, porque eles esgotavam assim que eram produzidos. Ele está instalado com firmeza no campo dos afluentes de declaração de renda e está preparando os filhos para fazer o mesmo.

Que tipo de caminho de carreira é esse? É um caminho realmente voltado para o estilo de vida. Pense em como o estilo de vida do Sr. Lionel necessariamente mudava a cada nível: o carro que dirigia, onde jantava, as amizades que cultivava e as férias que tirava foram, de certa forma, impostos pela combinação de sua renda e da comunidade de carreira.

Portanto, se você não gosta de se privar de quaisquer bens de consumo que estejam disponíveis, é uma escolha sua, mas uma *matemática* simples e imutável determina o resultado. Gastar acima de suas posses, gastar em vez de poupar para a aposentadoria, gastar antecipando uma futura riqueza, o torna um escravo de seu salário, mesmo com um excelente nível de renda e uma oportunidade única, como a venda de uma empresa.

O estilo de hiperconsumo desse antes jovem executivo só foi detectado quando suas opções se esgotaram, assim como o tempo. Aumentar os gastos ao longo do caminho não é percebido ou facilmente descartado por causa do tempo poupado ou da "necessidade" de ter "algo". É possível durar nesse papel? De que mais você vai precisar para sobreviver? Você quer trilhar esse caminho? Você é forte o bastante para criar um caminho onde não há nada hoje? Ou pode continuar a trabalhar para alguém *e* manter a consciência de seu eu e de suas metas? Descobrir as respostas no *início* da carreira pode ajudar a garantir satisfação no futuro.

Parte disso depende de recuarmos e entendermos nossos pontos positivos e negativos. Contudo, a maior parte depende da disciplina durante toda a vida, independentemente de seu nível de renda ou sucesso na profissão ou do que seus vizinhos, familiares e colegas de trabalho estão fazendo. De fato, é necessário ter uma margem financeira para ter a liberdade de escolher a carreira.

Mudando o Equilíbrio entre Trabalho/Família

Ter margem, ou criá-la por meio de uma poupança cautelosa, muitas vezes é exigido quando nossa vida profissional começa a interferir em aspectos mais críticos de nossa vida, incluindo a família. Observe os seguintes exemplos dessa milionária que mora ao lado, residente na Carolina do Norte, com um patrimônio líquido entre US$1 milhão e US$1,5 milhão e que contou sua experiência de se libertar da armadilha de uma renda elevada e um estilo de vida vinculado a essa situação.

Eu trabalhava para uma grande empresa global gerenciando um grande grupo de pessoas em sete países e três continentes. Meus filhos e meu marido eram prioridade máxima, mas eu sempre me flagrava dizendo "Tenho que trabalhar" nos fins de semana, de manhã cedo, até tarde da noite. Certo dia, me dei conta de que a empresa estava exigindo demais de mim quando eu estava em uma teleconferência organizada por minha equipe executiva, da qual "eu tinha que participar". Meu filho de três anos estava chorando no meu colo, o de cinco anos estava batendo à porta, e meu marido estava correndo para o trabalho para uma reunião. Nessa manhã, me conscientizei de que a vida é mais do que trabalho. Depois disso, pensamos seriamente na possibilidade de eu ficar em casa com meus filhos em período integral. Isso significava desistir do pro-

grama de treinamento executivo em que eu estava e da segurança financeira que sempre tivemos. Vendemos ações para saldar a casa, de modo que ficamos totalmente livres de dívidas. E então me demiti. Agora a vida é diferente; vivemos com economia e não podemos fazer tudo que queremos, quando queremos. Mas nossas prioridades em relação à poupança não mudaram. Nossos filhos são mais felizes, nós somos mais felizes e muito menos estressados. Temos somente uma vida, e não ia deixar que meu emprego me dissesse como vivê-la.

Jornada Dupla e Milionários que Moram ao Lado

Há uma forma de explorar opções enquanto se continua a trabalhar em período integral: ter dois empregos. Cerca de 1/3 de todos os norte-americanos trabalham em algum segundo emprego, alguns porque precisam complementar a renda, mas outros porque estão continuamente procurando oportunidades de expandir a geração de renda e se preparar para uma mudança na carreira. Essas atividades secundárias podem ser pequenas ou grandes, porém, como ocorre com a maioria dos empreendimentos realizados por norte-americanos economicamente bem-sucedidos, criar uma atividade que seja bem-sucedida (ou mesmo moderadamente bem-sucedida) requer recursos de tempo e dinheiro para ser desenvolvida e mantida. As horas semanais gastas olhando os feeds do Instagram ou jogando talvez lhe permitam buscar outros interesses que podem, por fim, levar a uma nova carreira ou a um negócio próprio.

Gerar múltiplas fontes de renda tem sido a estratégia de muitos milionários que moram ao lado durante anos. Os que conseguem criar múltiplas oportunidades para gerar renda e transformar hobbies em atividades produtoras de receita terão êxito em se tornar milionários que moram ao lado no futuro. A tecnologia possibilita grande parte disso, mas são necessários mais fatores geradores de riqueza, como disciplina, perseverança e resiliência, o que muitos estão dispostos a encarar. É preciso mais disciplina do que simplesmente manter um emprego e viver abaixo de suas posses. Exige de você não só a perseverança ao ser rejeitado enquanto trabalha em vendas, mas também que tenha uma empresa a seu lado para dar apoio. Para os que conseguem fazer com que isso funcione, a atitude proporciona uma oportunidade de experimentar um emprego e tudo que o acompanha antes de deixar o atual, com o benefício adicional de mais uma fonte de renda.

Milionários economicamente bem-sucedidos que contaram suas histórias têm alguns pontos em comum sobre o que faz a dupla jornada funcionar:

- Eles têm coragem. Reconheceram a necessidade de uma carreira com jornada dupla e arriscaram todo o tempo livre e seu capital para buscá-la fora de seu emprego "seguro".

- Eles tiveram acesso a dados de mercado. Quase todos interagiram ou, pelo menos, tiveram acesso a amostras *ad hoc* de clientes em potencial para seus possíveis produtos ou serviços. Mesmo antes de abrir seu negócio, muitos demonstraram considerável empatia pelas necessidades de seus futuros clientes. Agiram assim perguntando-lhes constantemente: "De que você precisa e quais são seus problemas com os produtos atuais?"

- Eles têm orgulho e confiança em seus negócios. Seja pintando casas, prestando assessoria virtual, anunciando seus serviços em sites para freelancers (como Upwork), ou procurando antigos colegas de classe, pessoas bem-sucedidas com dois empregos se importam pouco com o que os outros pensam de sua profissão paralela.

Benefícios da Dupla Jornada: Acesso aos Dados de Mercado

Um bom exemplo da importância do acesso ao cliente é destacado em um perfil de Paula Kent Meehan, cofundadora da empresa Redken para cuidados dos cabelos.[8] A Srta. Meehan foi aspirante a atriz no final dos anos de 1950 "presa principalmente em comerciais e pequenos papéis".

Mas também houve outro fato que desencorajou essa vencedora de concursos de beleza de tentar a carreira de atriz: "Todos os cosméticos e produtos para cuidado dos cabelos a que os atores são submetidos irritavam muito sua pele." A empreitada de jornada dupla começou logo depois que ela contou a seu cabeleireiro de Beverly Hills, Jheri Redding, sobre suas graves reações alérgicas a shampoos. Muitas das clientes do Sr. Redding (sua amostra de pesquisa de mercado) relataram ter os mesmos problemas. Na verdade, ele tinha uma "segunda atividade" como químico nas horas vagas.

O Sr. Redding e a Srta. Meehan se tornaram sócios no que hoje é conhecido como os Laboratórios Redken, e o Sr. Redding acabou vendendo sua participação na Redken para a Srta. Meehan.

Desde o início, a Srta. Meehan e o Sr. Redding estavam cientes das reações alérgicas que muitas mulheres tinham com shampoos tradicionais e outros produtos de beleza. Muitas outras pessoas também se deram conta disso, mas somente a Srta. Meehan e o Sr. Redding encararam o fato como uma oportunidade de mercado significativa. É óbvio que os dois tinham uma visão empreendedora, ou o que alguns chamam de inteligência criativa. Além disso, eles tiveram a coragem de lançar uma linha de produtos destinados a problemas alérgicos de mulheres em 35 países.

Distribuir os produtos Redken exclusivamente nos salões foi uma estratégia brilhante e nova na época. Em resumo, a Srta. Meehan tinha uma força de vendas de dezenas de milhares de cabeleireiros caros promovendo produtos para clientes que eram um público cativo "enquanto sentado na cadeira".

A Srta. Meehan era a força de marketing por trás da Redken. Ela tinha a enorme energia necessária para construir agressivamente um negócio, vender produtos e trabalhar como atriz. E ela fez "cursos noturnos de administração, contabilidade e legislação" para aprender a montar e operar uma empresa.

Sua energia infinita veio da convicção de que o produto da Redken tinha imenso potencial. Ela acreditava piamente que havia benefícios significativos a serem usufruídos pela linha de produtos de beleza com pH balanceado, e a Srta. Meehan previu que milhões de outras mulheres tinham a mesma sensibilidade que ela.

Como a maioria dos empresários bem-sucedidos, a Srta. Meehan "nutria grande afeto por seu produto, assim como por suas obrigações relacionadas à descrição de cargo". Como afirmado em *A Mente Milionária*: "escolha uma ocupação que não só seja única e lucrativa, mas de que você goste."[9]

A Confiança Exigida para Enfrentar uma Dupla Jornada

Um professor de ensino médio chamado Murray é um exemplo de ter confiança em escolher como gerar renda.

Murray lecionou por vários anos em um distrito escolar que não tinha verdadeiro comprometimento com resultados acadêmicos. Assim, quando teve a oportunidade de ensinar em um distrito em que os alunos estavam classificados entre os melhores em relação à pontuação no SAT e à possibilidade de frequentar uma universidade etc., ele agarrou a chance. Fazendo essa mudança, Murray também recebeu um aumento significativo de salário. Levado pela euforia de ensinar em uma escola tão prestigiosa e pelo aumento de dinheiro, Murray cometeu um erro. Ele comprou uma casa na adorável vila em que a escola estava localizada, mas era uma casa com uma vizinhança que ele estava longe de poder acompanhar. Normalmente, educadores são uma turma frugal. De muitas maneiras, Murray e sua família eram frugais. Mas, quando se vive em uma vila afluente, tudo é mais caro. Não importava que Murray comesse sanduíches de manteiga de amendoim que levava em um saco marrom todos os dias ou que fizesse todos os consertos e a manutenção da casa sozinho. Uma boa defesa não era suficiente. E quando o terceiro filho de Murray nasceu, sua mulher parou de trabalhar e se tornou uma dona de casa em tempo integral.

Dadas essas circunstâncias, a família não pôde contribuir para um fundo universitário para os filhos ou poupar quantias significativas de dinheiro. Esses são apenas alguns dos mesmos problemas que milhões de pessoas enfrentam nos dias de hoje.

Certo dia de verão, enquanto Murray pintava sua casa, um vizinho parou para conversar. "Gostaria de poder pintar minha casa como você, mas eu simplesmente não tenho tempo; viajo muito a negócios. Os três orçamentos que recebi para a pintura da casa me deixaram boquiaberto." Quando Murray ouviu quanto os pintores estavam cobrando, quase caiu da escada.

Na manhã seguinte, Murray teve uma revelação. A genialidade muitas vezes é definida como ver oportunidades tão óbvias que passam despercebidas por 99% das pessoas. Ele se deu conta de que poderia pintar a casa do vizinho por uma fração do que os pintores profissionais tinham proposto e ainda ter um lucro razoável. Já tinha o conhecimento e o equipamento para realizar o serviço. E, para um amador, ele era um ótimo pintor. Contudo, pensou, deveria um educador em uma comunidade afluente pintar casas durante as férias de verão? O que as pessoas diriam? No fim, Murray decidiu que o bem-estar econômico da família era mais importante do que a opinião dos vizinhos sobre sua empreitada em uma segunda ocupação.

Ele procurou o vizinho e propôs pintar sua casa por 1/3 do menor orçamento apresentado pelos pintores profissionais. O vizinho arriscou e contratou Murray. Nessa época, ele não pensou em começar um negócio de pinturas residenciais; estava apenas tentando ganhar dinheiro extra. Mas, enquanto pintava a casa, outro vizinho passou e pediu um orçamento. Ele pintou essa casa, depois outra e mais outra. Resumindo, Murray ficou sobrecarregado de trabalho. No verão seguinte, contratou vários colegas para ajudar na tarefa, e também contratou seus melhores e mais conscienciosos alunos para ganhar um dinheiro extra. E eles continuaram a trabalhar para ele durante suas férias de verão na faculdade.

Murray manteve seu "emprego diário" com todos os benefícios. Ele gosta de lecionar, mas hoje ganha muito dinheiro com seu trabalho de verão. Ele é bem-sucedido porque não deixou que seu status percebido de classe média o impedisse de ganhar a vida em algo que as pessoas consideram um "trabalho braçal".

Fazendo a Mudança para o Trabalho Por Conta Própria

O milionário que mora ao lado de amanhã pode agir com cautela e jogar na defesa. O futuro milionário que mora ao lado que trabalha por conta própria correrá riscos consideráveis, trabalhando para criar algo de valor a partir dos recursos extraordinários que lhe são dados. Quase 30% dos milionários por conta própria

Construa Riqueza para Controlar Seu Destino

A ideia de uma quantia poupada que lhe permitiria viver dez anos ou mais sem ter que trabalhar parece ficção, principalmente para os que estão no início da carreira. Porém, como discutimos no Capítulo 1, toda uma comunidade está se formando ao redor desse conceito. De fato, um fundo de independência financeira, assim que constituído, dura a vida inteira. Em 2012, meu pai escreveu sobre os benefícios desse fundo ao responder a um leitor que se sentia preso em uma carreira:

Em *O Milionário Mora ao Lado*, descrevi um milionário profissional de vendas corporativas. Ele, como outros milionários que fizeram fortuna sozinhos, disse que tinha um "fundo ... para o caso de o meu patrão sugerir (insistir) que eu saia de Austin para trabalhar na matriz". Ele nunca teve que sair de Austin, e acrescentou: "Graças a Deus." Em outras palavras, o milionário que mora ao lado acumulou fortuna suficiente para viver sem trabalhar por dez anos ou mais.

Essas palavras ainda são verdadeiras hoje, como nos lembramos ao reler o e-mail da Srta. F, que atualmente mora em uma adorável comunidade no sul dos Estados Unidos:

Fui à biblioteca local esta manhã na esperança de retirar *O Milionário Mora ao Lado*. Todavia, o único exemplar disponível estava traduzido para o espanhol, então peguei o *Millionaire Women Next Door* em seu lugar. Quando terminei o segundo parágrafo na página 8, eu tive uma crise de "chorriso" — ao mesmo tempo chorando e rindo de minha triste realidade. Meu próximo compromisso profissional seria a 13 mil quilômetros, 18 horas de voo e 12 fusos horários de distância de todos que significam tudo para mim neste mundo. Resumindo, é uma droga, mas eu tinha me convencido de que isso era necessário para pagar as contas. Basta dizer que eu tinha renovado meus esforços combinados para ser uma criadora de riqueza, e planejo contar minha transformação a você em breve. Obrigada por criar essa compilação de encorajamento baseada em evidências!

O que provocou o "chorriso" da Srta. F? Veja as palavras que escrevi em *Millionaire Women Next Door*:

Você não está cansado de ficar nas fileiras dos caçadores/coletores? Você gosta tanto de seu estilo de vida de hiperconsumo que precisa deixar sua cidade todas as semanas para ganhar seu salário e pagar suas contas?... Comece fazendo a transformação para ser uma criadora de riqueza. Pense na próxima vez em que estiver a 16 mil quilômetros de casa, cercada de estranhos e voando sob um tempo horrível. Depende de você. Essas pessoas financeiramente independentes... tomam as próprias decisões sobre seu próximo destino. Veja: você e sua carreira são essencialmente propriedade corporativa. Nenhuma de vocês tem o luxo da autodeterminação.

Eu também escrevi: "As mulheres de negócios milionárias descritas neste livro não tolerarão tal existência. São livres. Elas cultivam riqueza e estão satisfeitas com a vida. Estão no controle de seu destino."[10]

Estudos de Caso de Dupla Jornada

Os benefícios de trabalhar em dois empregos incluem a habilidade de transferir um conjunto de experiências e conhecimentos reunido em um emprego "comum" de período integral a uma nova forma de abordar problemas em seu mesmo ramo ou setor. O apêndice C inclui alguns dos cargos dos que trabalham em dois empregos de nossa pesquisa com as amostras de afluentes de renda alta/patrimônio líquido elevado. Enquanto você é pago em sua função atual, pode catalogar o conhecimento de seu setor e atividade, usando-o e aplicando-o a um empreendimento novo e potencialmente mais lucrativo. Considere estes exemplos que meu pai publicou alguns anos atrás:

Vendo Oportunidades no Consultório do Dentista

O *Atlanta Journal-Constitution* certa vez descreveu uma mulher chamada Tonya Lanthier, que foi treinada como higienista dental (uma das 192.330 deste país) e montou um negócio multimilionário com base no que, acredito, seja seu extraordinário intelecto criativo.[11] Higienistas dentais ganham, em média, US$71.530 por ano, mas ela entrou em contato com centenas de clientes em potencial, além de pessoas à procura de emprego.

Dentistas com cargos a serem preenchidos constantemente pediam (a ela) para recomendar bons funcionários. Eles sabiam que a higienista dentária trabalhava em empregos temporários em muitos consultórios e tinha muitos amigos no ramo.

Por ter tantos pedidos, ela decidiu "lançar um site nacional de empregos para a área odontológica". Atualmente, o site tem mais de 400 mil usuários registrados.

Como alguém sem experiência anterior em negócios, sem formação universitária em administração, sem conhecimentos de marketing ou experiência anterior em informática construiu um negócio bem-sucedido na internet? Pessoas com essas habilidades podem ser contratadas, mas foi o intelecto criativo (ou visão) de Tonya que se refletiu nas ofertas de sua empresa. Além disso, como ressaltado no artigo, Tonya demonstrou tremendas qualidades de perseverança e liderança.

Jornada Dupla: De Enfermeira a Vendas e a Trabalho Por Conta Própria

Uma enfermeira registrada me perguntou como pessoas em sua profissão se classificavam em termos de habilidade de transformar renda em riqueza. Enfermeiras registradas com alta remuneração estão na faixa média de produtividade, ocupando a 88ª posição entre as 200 ocupações estudadas.

Mas sua pergunta me lembrou de vários estudos de caso sobre enfermeiras que alavancavam seu treinamento rigoroso, extraordinária ética de trabalho e considerável experiência para uma variedade de empreendimentos lucrativos. Além disso, todas tinham elevada classificação no Fator 6, uma característica essencial dos milionários que moram ao lado: elas são proficientes em identificar oportunidades de mercado.

Kay, por exemplo, foi enfermeira cirúrgica por nove anos. Então ela aceitou um emprego vendendo equipamento cirúrgico. Enquanto estava na área de vendas, Kay descobriu que gastava muito tempo em uma determinada atividade que não fazia parte de sua descrição de cargo tradicional. Ela se tornou uma headhunter amadora para hospitais e clínicas que precisavam de médicos, enfermeiras e tecnólogos médicos. Esse "benefício adicional" oferecido gratuitamente a seus muitos clientes tinha muito a ver com a designação de Kay como produtora de primeira. Por fim, ela reconheceu uma oportunidade de atender a uma necessidade de mercado. Além do mais, tinha boa reputação e muitos contatos na área médica. Assim sendo, como escrevi em *O Milionário Mora ao Lado:* "A maioria dos empresários bem-sucedidos tinha algum conhecimento e experiência com o ramo escolhido antes mesmo de abrir seu próprio negócio."

Kay deixou o emprego de vendas e deu início à própria agência de emprego especializada na área médica. Grande parte de sua motivação para trabalhar por conta própria foi a necessidade de uma atividade autônoma. Ela tinha grande satisfação como enfermeira, mas descobriu que trabalhar por sua conta não requeria trabalhar com mais empenho e responsabilidade de como quando era enfermeira.

Outras enfermeiras também escolheram trabalhar por conta própria. Entre os tipos de empresa que escolheram estão consultoria em gestão/administração de ciência médica, assistência à saúde domiciliar, agências de empregos para profissionais da área da saúde, proprietários/gerentes de centros de saúde/reabilitação e proprietários/gerentes de instituições de saúde mental, creches e pré-escolas.

dizem que a maior parte de suas decisões profissionais durante a vida foram "arriscadas" ou "muito arriscadas". Comparando essa declaração com todos os outros milionários, apenas 15% disseram o mesmo. Conforme nos contou a mulher de um milionário de Austin: "Meu marido decidiu começar o próprio negócio: fiquei nervosa, mas elaboramos um plano. Reduzimos as despesas, fomos frugais, poupamos e nos sacrificamos durante vários anos para prepará-lo para deixar o emprego e trabalhar por conta própria. Vivemos com a minha renda... e bancamos tudo isso. Valeu a pena para nós."

Embora nem todos os milionários sejam donos de empresa que trabalham por conta própria (estes são 42% dos milionários em nossa amostra), o extraordinário sucesso em termos de renda e reinvestimento no próprio negócio pode ocorrer quando se tem o próprio negócio. Como meu pai escreveu em *O Milionário Mora ao Lado*: "Há muito medo nos EUA. Contudo, segundo nossa pesquisa, quem tem menos medo e preocupação? Quem você acha que é a pessoa com um trust [fundo sob custódia] de US$5 milhões, ou um empreendedor self-made man que possui vários milhões de dólares? Normalmente, é o empreendedor, a pessoa que lida com riscos e que testa sua coragem todos os dias. Dessa forma, ele aprende a combater o medo."[12]

A recompensa potencial para esses riscos profissionais, especificamente para o risco associado com a criação de um novo negócio, é a habilidade de gerar renda, mais renda do que geralmente seria possível trabalhando para terceiros. Em nossa última pesquisa, milionários por conta própria têm uma renda mediana 1,5 vez maior do que os que trabalham como empregados. Na média, seu patrimônio líquido real menos o patrimônio líquido esperado é mais que duas vezes maior que o dos que trabalham para terceiros.

Quando se trata de suas finanças, as pessoas que trabalham por sua conta são frequentemente disciplinadas, assim como as pessoas economicamente bem-sucedidas em geral, como discutimos no Capítulo 5. Eles seguem uma rotina diária que maximiza os resultados de todas as etapas do trabalho e criam a própria descrição de cargo. Oitenta e um por cento disseram que o cargo que planejaram possibilita o uso total de suas habilidades e aptidões.

Tabela 6-3. Estratégias de Carreira e Escolhas de Milionários por Conta Própria vs. Outros Milionários

Grupo Milionário	Estratégia de Carreira Atual (%)			Maioria de Escolhas de Carreira Durante a Vida (%)		
	Muito Arriscado/ Arriscado	Equilibrado	Conservador/ Muito Conservador	Muito Arriscado/ Arriscado	Equilibrado	Conservador/ Muito Conservador
Self-made man	20,8	45,9	33,3	28,9	42,3	28,8
Todos os outros	5,7	48,1	45,2	15,2	46,7	38,1

A probabilidade de se tornar um milionário é muito pequena para os que geram baixos níveis de renda. A renda familiar mediana nos EUA era de aproximadamente US$60 mil em 2016, segundo o Departamento do Censo dos Estados Unidos.[13] Com esse nível de renda, um casal com três filhos teria dificuldades em se tornar milionário. Das milhares de entrevistas que meu pai realizou durante sua carreira, uma das mais interessantes envolve um multimilionário que expressou o sentimento da maioria dos milionários que moram ao lado. Ele descreveu ter ganho dinheiro com ações, imóveis comerciais, gado, campos de petróleo e até antiguidades de alta qualidade e metais preciosos. No entanto, ele resumiu com eloquência a opinião da maioria dos milionários que moram ao lado: "É difícil ser conhecedor de várias áreas de investimento. A melhor coisa que fiz foi abrir meu negócio e ser o melhor possível nisso. Esse é o filão principal que sustenta todo o resto."

Em outras palavras, a receita principal gerada por seu negócio financiou todos os outros investimentos, como na analogia da semente de carvalho feita anteriormente. Mas trabalho por conta própria não significa automaticamente renda e riqueza elevadas. Pense no seguinte: os mais de 23 milhões de pequenos empresários e empresas individuais em 2015 tiveram uma renda média anual líquida de apenas US$11.637.

Investir na própria empresa tem sido uma das marcas dos que se tornaram economicamente bem-sucedidos, considerando que eles tenham pontos positivos, incluindo perseverança, resiliência e disciplina para superar os inevitáveis altos e baixos do negócio. A facilidade com que se pode iniciar um negócio atualmente é imensurável para os que cresceram há 20 e poucos anos atrás. Iniciar um negócio passando só algumas horas em um notebook não era possível em 1996, muito menos em 1976, quando o milionário médio em nossa amostra tinha 17 anos de idade. Nenhum desses indivíduos ouviu dos pais, mentores, orientadores, professores ou guias que

Começando a Trabalhar

o jeito de gerar renda e deixar uma marca neste mundo dependia totalmente deles e que havia recursos literalmente na ponta de seus dedos. Hoje, porém, em apenas algumas horas (ou até minutos), você pode criar um negócio online e administrá-lo com poucas despesas. A internet e as tecnologias a ela relacionadas para gerir um pequeno negócio têm nivelado o campo de atuação de muitas formas, permitindo aos que têm dificuldades com um emprego estável criar suas próprias oportunidades, independentemente do que possa tê-los retardado antes. Por exemplo, entre os que trabalham por sua conta existe uma porcentagem maior de norte-americanos portadores de deficiência (11%) que a população comum (6%),[14] em parte devido à acessibilidade que a tecnologia oferece.

Veja e Crie Valor

Naturalmente, a renda de pequenas empresas varia consideravelmente de um setor a outro e ao longo do tempo. Nem todos os negócios são igualmente lucrativos (para um exemplo, veja o Apêndice C), e nem todos têm uma renda líquida que consegue cobrir as despesas cotidianas dos donos. Veja consultórios dentários (89% são lucrativos) e restaurantes (66% têm lucro). Dos 69.364 consultórios dentários que tiveram lucro em 2015, a renda média foi de US$118.676. Compare esse valor com as mais de 400 mil pessoas que têm restaurantes e/ou bares. Sua renda líquida foi só um pouco superior a US$7 mil, de uma renda bruta de US$129.304. Selecionar o negócio certo é um fator importante para explicar a lucratividade e, por fim, a riqueza.

Independentemente de ferramentas, tecnologia e inteligência, o sucesso dos negócios ainda requer foco e criatividade, trabalho duro e disciplina, além de análise e visão. Há grandes ótimos negócios que *começam* e poucos que realmente progridem. Muitas vezes, meu pai citou pilotos de caça e generais, falando do foco e consciência necessários para serem bem-sucedidos em suas profissões. Ele escreveu:

Certa vez, um excelente piloto de caça disse sobre combatentes inexperientes: "Eles veem, mas não enxergam." Em outras palavras, apesar de ter uma visão mais que perfeita (como nascer com um intelecto altamente analítico), ela não vai ser de muita valia se ele não olhar na direção certa. O mesmo se aplica à identificação de oportunidades e escolha da ocupação certa. Os profissionais que trabalham por conta própria tendem a não fazer escolhas semelhantes, visto que pensam de modo diferente sobre negócios, geração de renda e uso da inteligência criativa para suprir uma necessidade de mercado. Isso ajuda a explicar por que muitos deles se encontram nos negócios de nicho, estagnados ou em situação difícil em que a concorrência é pouca ou inexistente, oferecendo-lhes melhores chances de sucesso. Além disso, como vimos em A Mente Milionária, *quatro entre cinco (ou 79%) dos donos de empresa milionários indicaram que escolheram seu tipo específico de negócio porque lhes dava grande probabilidade de se tornar financeiramente independentes.*[15]

Em *O Milionário Mora ao Lado* e *A Mente Milionária*, meu pai enumerou os tipos de negócios de milionários pesquisados. Esses negócios iam do "desinteressante normal" ao original. Por exemplo, em *O Milionário Mora ao Lado*, na seção "Negócios de Milionários Autônomos", você encontrará "distribuição de sêmen bovino".[16] É interessante observar que um artigo de 2013 no *The Wall Street Journal* mencionou: "Julio Moreno, de Oakdale, Califórnia, tem um freezer cheio de sêmen bovino que ele vende por pelo menos US\$3 mil a dose."[17] Se perguntarem como ele ficou rico, o Sr. Moreno diria ações ou sêmen bovino?

É verdade que a taxa de insucesso de pequenos negócios é de cerca de 80%,[18] e, como mencionado em *O Milionário Mora ao Lado*, há certos tipos de empresas individuais que têm um índice extremamente baixo de sucesso.

Ter o próprio negócio pode levar à autonomia e independência, mas não é para os fracos de coração ou os relutantes em arregaçar as mangas. Os principais diferenciais dos que podem ser bem-sucedidos nesses empreendimentos incluem uma combinação de criatividade, trabalho duro e perseverança. No caso desta última, entre os milionários por conta própria de nosso último estudo, quase 93% citaram resiliência ou perseverança como o principal fator de seu sucesso (classificado como importante ou muito importante), seguido por disciplina (90%) e honestidade com todas as pessoas (87%).

Perseverança é Necessária

Diz-se com frequência que um negócio bem-sucedido é resultado de dois ingredientes usados pelo dono: tempo e dinheiro. Muitas vezes, a pessoa precisa ter os recursos financeiros necessários para sobreviver sem um salário constante durante vários meses e até anos antes de o negócio decolar.

Nós, e, como as pesquisas mostraram, também os empresários milionários em nossos estudos, sugerimos que perseverança é o terceiro ingrediente necessário. Sucesso em qualquer empreendimento significativo, mas especialmente na criação de um negócio, é mais parecido com uma jornada de longo prazo do que uma saída à noite para se divertir. Essa longa jornada requer tempo, recursos e habilidade para administrar os inevitáveis altos e baixos de administrar um negócio e apresentar suas ideias ao mercado. Na verdade, para muitos, o sucesso só surgiu depois que eles puderam negociar sua passagem por uma série de experiências adversas.

Para Quem Você Trabalha?

Quem realmente está no controle quando grande parte de seu capital está nas mãos de terceiros? Você ainda é o dono? O glamour e o encanto das empresas de capital de risco e startups como as retratadas em séries de TV como Shark Tank *são fascinantes. Talvez isso o atraia. De algum modo, ser financiado por dívidas ainda funciona para algumas pessoas. Leia esta história sobre financiamento que meu pai escreveu relacionado a pequenos empresários e propriedade, em 2014:*

Davis é um dono de empresa milionário. No início da carreira, perguntaram-lhe: "Com que banco você trabalha?" Ele respondeu: "Eu trabalho com o banco do abuso." Parece que Davis encontrou uma mudança inusitada nos agentes de empréstimos que constantemente são condescendentes e indiferentes. E não importa quantas vezes ele saldasse os empréstimos comerciais, ele tinha que atualizar seus dados financeiros com frequência. Nessa época, Davis dependia de crédito para manter a empresa em funcionamento. Contudo, mais recentemente, ele fez alguns sacrifícios e pôde usar melhor os lucros da empresa para promover seu crescimento. Isso foi feito logo após Davis ter ouvido uma palestra dada por Gene, um extraordinário milionário que mora ao lado descrito em *A Mente Milionária*.

As revelações e contribuições de Gene para minha pesquisa o colocaram entre os dez primeiros milionários que entrevistei. Sua ocupação principal era "dono de um negócio de salvamento". Ele ficou extremamente rico comprando ou salvando da inadimplência propriedades financiadas por uma série de instituições financeiras.

Todavia, Gene também foi mentor de aspirantes a empreendedores. Ele advertia com veemência contra o uso excessivo de crédito. Parte de seus "sermões", que imagino ter sido muito persuasiva, detalha uma experiência que ele teve enquanto fechava um negócio com um grande banco comercial. Imediatamente após a assinatura do acordo, ...o gerente sênior de empréstimos chamou Gene e caminhou com ele até uma grande janela em seu escritório no último andar. Eles podiam enxergar a quilômetros... milhares de edifícios comerciais a toda volta... o gerente apontou para todos os edifícios e proferiu as palavras que deixariam uma impressão duradoura em Gene: "Nós (os credores) somos donos de tudo... Os negócios lá fora? ... Vocês (os devedores) só os administram para nós, as instituições financeiras."

Gene me disse como ficou zangado e "que não conseguia pensar direito" depois de ouvir essas palavras. Ele usou esse cenário em sua palestra para enfatizar que, se alguém ficar viciado em crédito, terá pouco ou nenhum controle sobre seu negócio: "Os banqueiros não o respeitam. Por que deveriam? Eles o treinaram como uma foca de circo."

Uma das principais razões pelas quais as pessoas trabalham por sua conta ou se tornam empreendedores é que querem ser independentes, pilotar o próprio navio. Isso exige muita coragem e iniciativa. Mas, segundo o executivo do banco citado, os donos de empresas não são realmente donos de seus negócios. Eles são controlados pelos credores. O crédito tem, é claro, seu lugar no mundo dos negócios. Mas, com o tempo, os donos de empresas deveriam esforçar-se para depender cada vez menos de instituições financeiras para tocar seu negócio.

O *Novo* Milionário Mora ao Lado

Um artigo de 2014 no *The Wall Street Journal* ressaltou como a adversidade pode ser superada para criar um negócio de sucesso.[19] O artigo descreveu as provações e tribulações de Kevin Hartford. Depois que sua antes bem-sucedida firma de consultoria afundou, ele começou a procurar por um emprego administrativo em uma empresa. Durante anos de procura, nada encontrou. Ele afirmava que empregadores em potencial eram desencorajados por causa de seu "problema de gagueira". O artigo dizia: "Durante vários anos, ele fez bicos... entregando encomendas, colando suprimentos médicos, separando correspondência e cortando grama."

Ele e um sócio assumiram uma empresa em dificuldades que fabricava peças de metal. Hoje o negócio está prosperando; em 2013, as vendas alcançaram US$6 milhões. O Sr. Hartford superou adversidades que incluíram um insucesso inicial nos negócios e uma deficiência na fala. E, segundo o artigo (ele cita dados do Ministério do Trabalho), pessoas com alguma deficiência têm probabilidade quase duas vezes maior de trabalhar por conta própria do que as demais. Muitos milionários que fizeram fortuna sozinhos, donos de empresas, relatam que escolheram uma atividade independente porque ela lhes permitia aproveitar totalmente as habilidades e aptidões que possuíam (isto é, 83% de milionários em *A Mente Milionária*). O Sr. Warren, um decamilionário que enriqueceu sozinho, descrito em *A Mente Milionária*, declarou com eloquência: "Francamente, se eu tivesse conseguido um emprego decente, nunca teria aberto uma empresa sozinho... Fui obrigado a trabalhar por conta própria. Não escolhi essa ocupação. Se eu tivesse credencias (para ser um executivo/empregado), teria aceitado a mediocridade."

Criando Seu Próprio Destino

Veja este estudo de caso apresentado pela primeira vez em *A Mente Milionária*. Considerando seus antecedentes acadêmicos nada notáveis, as perspectivas de emprego de W. K. eram limitadas. Consequentemente, ele se deu conta de que teria que ser seu próprio patrão. Dessa forma, ele avaliaria o próprio pedido de emprego.

Hoje ele é bastante bem-sucedido como corretor de hipotecas autônomo. Segundo W. K., 43 anos, nenhum de seus clientes com patrimônio líquido de US$1,7 milhão perguntou sobre suas aulas ou pontuação no SAT. Em outras palavras, sua reputação na área foi um dos motivos de ser escolhido, e não uma pontuação, uma nota ou um fato sobre sua família. Pessoas que procuram uma hipoteca querem uma hipoteca. Elas não estão interessadas se foi criado por uma mãe solteira que emigrou para os Estados Unidos aos 16 anos carregando uma sacola de plástico. Ela trabalhava 80 horas por semana enquanto criava cinco filhos. Segundo ele, "ela fez um ótimo trabalho na criação dos filhos. As melhores lições que aprendi com ela... trabalhar duro, viver de acordo com suas posses e tratar bem as pessoas. Com uma pontuação no SAT em torno de 800 (combinada), eu afirmo que qualquer um pode conseguir. Acho que a maioria das pessoas não entende. Elas vivem pelos motivos errados, uma casa grande, carros de luxo e consumo exagerado. Minha meta número 1 é ser um ótimo pai".

W. K. é mais um membro do que meu pai chamou de "Clube dos 900". Conforme descrito em *A Mente Milionária*:[20]

> *Somente os milionários com pontuação abaixo de 1.000 em seus SATs são admitidos. A vida é uma maratona. O seu resultado nessa corrida envolve muito mais que a média das notas na escola. Testes padronizados não podem ser substituídos pela participação na corrida. (Pessoas como W. K.) nunca permitiram que os criadores de "chances acadêmicas" ditassem seu desempenho na vida. Elas reconhecem que criatividade, trabalho duro, disciplina e algumas habilidades sociais, incluindo liderança, foram mais importantes que notas e resultados em testes de aptidão. Essas são as pessoas que confundem seus professores e outros fãs de testes de aptidão e inteligência.*

Então, e se seu currículo, suas credenciais acadêmicas ou o que quer que esteja em seu pedido de emprego não forem notáveis? Determine-se a passar ao outro lado da mesa de negociações. Troque os papéis. Torne-se o protagonista no drama de recursos humanos que avalia as credenciais do candidato.

Ainda Necessários: Sacrifício e Trabalho Duro

A pesquisa do Estudo sobre Jovens Empresários da Tufts e Stanford's descobriu quatro traços comuns nos fundadores: pensamento inovador, motivação e controle, foco no negócio e ter em sua vida mentores focados em negócios.[21] Os autores do estudo enfatizam que empresários "não nascem, se fazem", e que pais, mentores e professores podem apoiar esses traços, mas que, como país, muitas vezes perdemos a oportunidade de fazê-lo. Sempre que nós, como pais, completamos o projeto escolar, atendemos a um pedido de biscoitos ou pipoca, ou levamos itens esquecidos para a escola, estamos demonstrando que nossos filhos têm a segurança, sim, mas que também algo ou alguém estará lá para levantá-los quando caírem ao falhar em evitar o fracasso. Isso lhes tira a chance de aprender autoconfiança e perseverança diante da adversidade.

Lições de Empreendedorismo dos Rolling Stones

Quando atingiu a maioridade nos anos 1960, meu pai era um grande fã do rock, que surgia naquela época, fosse Led Zeppelin, Rolling Stones ou Derek and the Dominos. Embora gostasse da música, muitas vezes ele achava as histórias sobre os artistas ainda mais envolventes. Ele gostava especialmente dos Rolling Stones e muitas vezes comentou sobre a história de Mick Jagger e Keith Richards enquanto eles procuravam essencialmente ser pequenos empresários, o que meu pai descreveu em 2011:

Você está considerando a carreira de pequeno empresário? Em caso positivo, talvez queira ler o livro de Keith Richards, *Vida*.[22] Acho que a banda Rolling Stones é a pequena empresa mais produtiva do mundo livre! Muitas vezes, empresas de capital aberto se gabam de sua receita média por empregado — em centenas de milhares de dólares. Para os quatro empregados de período integral dos Rolling Stones, ela é de centenas de milhões.

Vamos deixar de lado as personas "bad boy" incluindo penteados, comportamentos, roupas... Essas personas vendem discos e ingressos de shows. No entanto, há uma explicação para como esse grupo produziu um sucesso depois do outro e gerou uma receita de bilhões de dólares — uma explicação que vai além de ter talento e intelecto criativo extraordinários.

Pense nisto: depois de completar seu primeiro tour estafante, Mick Jagger e Keith Richards tomaram uma das melhores decisões de negócios em suas curtas carreiras. Eles contrataram um agente, Andrew Oldham, para os Rolling Stones. O Sr. Oldham informou-lhes que músicos, não importa o quanto sejam talentosos, existem aos montes e que, a menos que eles começassem a compor suas próprias músicas, logo estariam fora do jogo. Ele até os trancou em uma cozinha e lhes disse para não sair sem uma canção! Jagger e Richards tornaram-se cultivadores de riqueza ao começar a compor suas canções quando tinham 20 e poucos anos. Essas novas canções foram a base geradora de todas as outras receitas, incluindo os tours da banda. Os royalties ganhos com essas canções são uma fonte de renda perpétua para os compositores e, por fim, para seus herdeiros.

Naturalmente, nem todo mundo tem o talento criativo dos Rolling Stones. Contudo, a maioria das pessoas tem a habilidade de começar a construir seus próprios "royalties" para o futuro. Pense em alguns casos sobre os quais escrevi no passado, como J. T., o agricultor florestal do Texas. Ele começou com "apenas alguns acres" e então foi aumentando seu patrimônio. Hoje ele planta 3,5 milhões de árvores por ano e possui mais de US$30 milhões. Veja o exemplo de Brian, que foi descrito em thomasjstanley.com [conteúdo em inglês]. Ele fracassou no exame de equivalência do ensino médio várias vezes. Ele disse: "Se eu posso me tornar um milionário, qualquer um pode... vendi todos os meus brinquedos... e comprei meu primeiro prédio com quatro apartamentos." Hoje ele tem sete. E, finalmente, há o bombeiro com dois empregos, Malcom, que percebeu no início da carreira que apagar incêndios é algo que não pode ser inventariado. Ele começou com uma casa que precisava de reformas e a alugou para estudantes. E a constante demanda por alojamentos para estudantes é quase uma fonte garantida de riqueza de seu patrimônio imobiliário.

Duas citações do livro *Vida*, de Keith Richards, ilustram quanto trabalho é necessário para ser bem-sucedido, algo que nem todos se dispõem a fazer:

"Durante todas as horas do dia... você cai no chão com a guitarra na mão. Foi assim. Você nunca para de aprender a tocar um instrumento."[23]

"O trabalho sempre foi muito intenso. O show não acaba só porque você saiu do palco. Tínhamos que voltar ao hotel e começar a melhorar as canções. Era trabalho de alta pressão sem parar. O que provavelmente foi bom para nós."[24]

Depois de ler essas memórias, para mim está claro que Keith Richards também tem um elevado intelecto analítico. Ele passou milhares de horas estudando todos os grandes artistas de blues e virtuoses do rock e integrou seus conhecimentos às suas composições. Até manteve um diário da reação do público a cada música nova lançada pelos Stones para futuros ajustes. Em outras palavras, ele estava reunindo e analisando informações de pesquisa de mercado. Sua paixão era provocar a mesma reação emocional profunda que sentia do público ao ouvir a música dos Stones.

Como os Rolling Stones, quase todos os que trabalham por sua conta são testados. Vários contratempos e aparente falta de reação do mercado no início precisam ser superados. Richards, em especial, tinha tremenda tenacidade, foco, paixão, energia e resistência. Ele escreve: "Durante três anos, nós tocamos... todos os dias... bem acima de mil apresentações... quase sem pausa... dez dias de folga em todo esse período."

Em metade das mil apresentações que os Stones fizeram antes de vir para os EUA, eles não ganharam nada. Como você se sentiria se "houvesse só duas pessoas na plateia"? Mas eles continuaram sua missão musical apesar de sua situação financeira precária, condições de vida inumanas e conselheiros e gerentes predadores. Richards explica o porquê: "... minha ideia nunca foi ganhar dinheiro. Originalmente, era... ganhamos o bastante para pagar as cordas de nossas guitarras? ... mais tarde... ganhamos o bastante para apresentar o show que queremos? Inicialmente... o dinheiro era... quase todo aplicado no que queríamos fazer."

Não há dúvidas de que o Sr. Richards ajudou a vender milhões de guitarras para garotos que imaginaram igualar seu sucesso. Porém, eles logo descobriram que é muito mais fácil comprar uma guitarra e tocar a música com dicas visuais do que praticar durante milhares e milhares de horas enquanto se trabalha de graça.

Determinação para Carreiras

Tal como na administração de nossas vidas financeiras, o modo como abordamos o trabalho é influenciado por nossas primeiras experiências. Milionários muitas vezes contam que ter o apoio de cuidadores ou mentores fez a diferença na forma com que se tornaram bem-sucedidos. E as primeiras experiências, em especial as desafiadoras ou os fracassos, podem melhorar nossa abordagem das próximas oportunidades.

Caso sua vida profissional esteja em xeque, o que é necessário para recomeçar, para ser capaz de trocar um emprego por outro ou criar o próprio negócio? Como muitos fizeram a transição de uma carreira a outra, ou de um emprego para o trabalho por conta própria?

Do mesmo modo que abordamos a gestão de nossas finanças pessoais, é essencial construir recursos relacionados ao trabalho na forma de experiências e reputação. Continuar a buscar oportunidades independentemente da situação de emprego, incluindo jornada dupla, acumular capital de conhecimentos e experiência que podem então ser usados para tomar uma atitude ou criar suas próprias oportunidades. Mas talvez mais importante seja assegurar uma margem financeira contínua para fazer mudanças de carreira quando necessário ou desejado.

Passados mais de 20 anos, o mundo do trabalho mudou mais do que meu pai suspeitava quando começou a trabalhar neste livro vários anos atrás. Verdade, o conceito de emprego vitalício e pensões que cuidam de nós na aposentadoria desapareceram há muito. E os ramos nos quais os milionários se encontram estão se expandindo. Continuar a encarar empregadores como garantia de segurança e proteção é ingenuidade e pode impedir sua habilidade de construir riqueza por conta própria.

Os conceitos tradicionais de trabalho estão desaparecendo lentamente, e os milionários que moram ao lado de amanhã estão adotando novos conceitos de geração de renda, em termos de como abordam o emprego e de como geram experiência e conhecimento para dar o próximo passo.

Capítulo 7

Investindo Recursos

O risco está em não saber o que se está fazendo.

— Warren Buffett

O SUCESSO ECONÔMICO DEPENDE DA ADMINISTRAÇÃO EFICAZ DOS RECURSOS. Os que conseguem transformar sua renda em riqueza alocam tempo, energia e dinheiro de modo a levá-los ao sucesso financeiro duradouro. Essa constatação não mudou em 20 anos, e suspeitamos que não mudará tão cedo.

Norte-americanos economicamente bem-sucedidos *não conseguem o sucesso* seguindo a multidão, e com isso nos referimos às multidões que compram na Black Friday pessoalmente, às multidões que gastam todo e qualquer tempo livre consumindo e se irritando com a política, ou às multidões que passam mais de duas horas por dia nas mídias sociais. Como vimos ao longo dos anos, e ainda hoje, a maioria dos milionários que moram ao lado é o oposto. Eles pensam e agem de modo diferente dos demais quando se trata de fazer compras, se ou como se permitem ser influenciados em seus hábitos de gastos e de vida e, claro, como investem. Eles são poupadores e investidores em uma população de hiperconsumidores. Eles estudam seus investimentos, incluindo seus próprios negócios e setores de atividade, e tomam decisões sensatas com base em informações sobre como usar os recursos que têm para investir e crescer.

Os fatores de sucesso listados no Capítulo 5 não só impactam nossa habilidade de determinar modos de gerar renda, criar empregos e encontrar carreiras, mas também impactam o meio pelo qual administramos a renda que geramos. Gerar receita com uma carreira que nos apaixona, como vimos no Capítulo 6, proporciona recursos. Além das áreas de consumo no Capítulo 4, como indivíduos economicamente bem-sucedidos crescem e utilizam a riqueza que criam e acumulam ao longo do tempo? O que, nos últimos 20 anos, impactou o modo como investem?

O *Novo* Milionário Mora ao Lado

Quando da redação deste livro, havia mais de mil empresas de tecnologia financeira que ofereciam serviços para leigos e profissionais de finanças.[1] Muitas dessas empresas oferecem aos consumidores meios eficientes de administrar a vida financeira, com pouca ou nenhuma ajuda de um consultor financeiro ou administrador de patrimônios (ou, na linguagem de *O Milionário Mora ao Lado*, corretores da bolsa). Aconteça o que acontecer, podemos poupar, comprar opções e investir em ações estrangeiras exóticas no conforto de nosso smartphone. Não temos que ligar para nosso corretor para fazer transações (embora algumas pessoas ainda o façam, visto que existem cerca de 631 mil corretores de ações nos Estados Unidos).[2] Medidas mais sofisticadas — como "tax-loss harvesting" [no Brasil, a legislação permite que os ganhos de capital de uma carteira possam ser reduzidos se houver prejuízo fiscal na venda de uma ação componente da carteira] — também estão sendo automatizadas graças a consultores-robôs, algoritmos e tecnologias semelhantes.

Mas, em face desses avanços na tecnologia e de uma onda de mudanças em como a consultoria é oferecida (por exemplo, o surgimento do chamado "fiduciary standard" ["padrão fiduciário", em tradução livre, refere-se a uma conduta profissional ética em que os interesses dos investidores se sobrepõem aos dos consultores]), as características de investidores prudentes não mudaram muito em 20 anos. Atitudes em relação a investimentos mudam com os tempos,[3] mas quem tem uma abordagem disciplinada nessa questão costuma ficar firme diante da adversidade da economia e flutuações no mercado. Quer esse comportamento prudente seja inato ou algo que os investidores aprendem com cuidadores, mentores ou consultores, as decisões de investimento tomadas podem impactar nossa habilidade de construir riqueza no longo prazo.

Onde Está Investido

Talvez por causa de sua dependência da autoaprendizagem ou do exame atento dos mercados e oportunidades de investimento, os milionários tipicamente aplicam seus recursos em tipos mais convencionais de investimento (veja a Tabela 7-1). Mais de 60% dos milionários têm 30% ou mais investidos em contas de aposentadoria. Cerca de 55% dos milionários têm algum investimento em imóveis. Milionários em nosso estudo mais recente investiram em produtos exóticos ou incomuns. Aproximadamente 6% dos milionários têm parte de seus bens aplicados em direitos de uso de terras, por exemplo, e muito poucos (4%) têm intangíveis (por exemplo, direitos autorais ou outra propriedade intelectual) como parte de seu portfólio.

Tabela 7-1. Porcentagem de Bens de Propriedade de Milionários

Tipo de Bem	Porcentagem de Alocação de Bens							
	0	1	5	10	20	30	50	75 ou mais
	Porcentagem de Milionários							
Contas de aposentadoria	2	3,2	7,1	12,1	13,5	23,4	28,2	10,5
Dinheiro	3,5	19,6	35,7	25,2	9,8	4,5	1,2	0,7
Cash in value — Seguro de vida	49,6	22,8	13	6,9	4,9	1	0,8	0,8
Empresa ou sociedade privada de capital fechado	58,8	5,6	6,9	8,1	5,4	5,4	4,6	5,1
Títulos	16,7	7,5	12,5	15,2	15,9	15,9	9,4	7
Opções de ações	80,6	5,4	5,7	3,2	2,7	1,8	0,2	0,4
Imóveis (pessoal; só capital próprio)	3,6	2,4	8,2	19,8	27,3	21,3	15	2,4
Imóveis (comercial/investimento)	67,7	2,7	7,1	7,3	6	3,9	4,3	1,1
Veículos motorizados	13,1	54	26,8	4	1,9	0,3	0	0
Tangíveis/Colecionáveis	37,9	39,5	16,8	4,4	1	2	0	0,2
Direitos de uso de terras	94,4	3,7	0,9	0,7	0,2	0	0	0,2
Bens intangíveis	96,2	2,7	1	0	0	0	0	0

Alguns pontos de interesse nesses dados que comparam a composição dos espólios brutos de diversas dimensões em 2016 versus 1996:

- Parece que em um espólio bruto de US$20 milhões ou mais, fundos multimercado e obras de arte são investimentos muito mais atraentes. Em 2016, a composição de fundos multimercado salta para 3,7% em US$20 milhões, comparados a apenas 0,69% para espólios entre US$10 e US$20 milhões (e ainda menos que isso em espólios menores). (Dados sobre fundos multimercado/patrimônio privado de 1996 não estão disponíveis.) De forma semelhante, arte como uma classe de ativos compreende 1,83% e 2,56% do valor do espólio bruto para espólios acima de US$20 milhões em 2016 e 1996, respectivamente, e é quase inexistente em espólios menores. Esses dados parecem apoiar a ideia de que em um certo ponto de patrimônio

Tabela 7-2. Dados de Impostos sobre Espólio da RF Comparando Declarações de 2016 e 1996

Tipo de Ativo	Tamanho do Espólio Bruto (Declaração de 2016)				Tamanho de Espólio Bruto (Declaração de 1996)			
	>$5 milhões	$5–$10 milhões	$10–$20 milhões	>$20 milhões	>$5 milhões	$5–$10 milhões	$10–$20 milhões	>$20 milhões
	Porcentagem de Valor Bruto de Espólio*							
Residência pessoal	8,70	7,93	6,43	2,77	8,68	4,66	3,58	1,16
Outros imóveis	11,67	14,84	14,24	12,43	13,34	12,49	11,44	6,42
Ações de empresas de capital fechado	2,87	4,61	7,33	19,25	3,03	8,70	11,99	20,27
Ações de empresas de capital aberto	24,16	22,85	25,81	24,43	21,87	28,96	30,94	35,12
Títulos estaduais e municipais	10,39	7,89	9,35	6,47	12,04	14,98	16,01	10,29
Títulos públicos	0,91	0,77	0,75	1,17	0,89	3,76	3,26	5,91
Títulos corporativos e estrangeiros	1,60	1,48	1,52	1,31	0,72	0,68	0,56	0,42
Fundos de títulos	0,94	0,48	0,52	0,37	4,03	0,30	0,15	0,08
Fundos de investimentos	1,34	0,90	0,66	0,39	4,03	1,05	0,64	0,29
Dinheiro	11,81	9,60	9,43	6,06	13,66	6,84	6,38	4,72
Net life insurance	1,30	2,61	1,61	0,51	0,09	0,10	0,07	0,02
Bens agrícolas	3,72	5,79	3,95	1,63	0,49	0,28	0,18	0,23
Participação patrimonial privada/Fundos multimercado	0,37	0,32	0,69	3,70	n/a	n/a	n/a	n/a
Ativos de aposentadoria	9,62	11,59	7,58	2,14	n/a	n/a	n/a	n/a
Objetos de arte	0,49	0,47	0,40	0,12	0,31	0,56	0,55	0,46
Arte	0,37	0,28	0,52	1,83	0,11	0,36	0,47	2,56

*Não totaliza 100% por causa de certas classes de ativos excluídas da tabela. n/a = não divulgado em separado nos dados de 1996.

extremamente elevado (isto é, US$20 milhões ou mais), investimentos mais exóticos e complexos tornam-se inevitavelmente atraentes.

- No conjunto de dados de 2016 e 1996, a composição "ações de capital fechado" do espólio salta extraordinariamente para um tamanho de espólio de US$20 milhões ou mais. Empresas familiares se inserem nessa categoria.

De fato, são os investimentos exóticos, fundos multimercado e capital privado que, de certo modo, se encontram no final da lista. Um dos mitos sobre os ricos, perpetuado pela mídia e falta de informação, é o de que pessoas com algumas posses fazem investimentos exóticos. Com base nos dados do IR destacados, parece que esse fenômeno de investimentos exóticos ocorre com patrimônios líquidos aproximados de US$20 milhões ou mais... isto é, depois que você fez sua fortuna e pode se dar ao luxo de pagar mais taxas com retorno menor. A maioria dos milionários que moram ao lado não põe dinheiro nessa espécie de investimentos exóticos.

Em sua carta de 2016 para os acionistas da Berkshire Hathaway, Warren Buffett explicou esse fenômeno comportamental com perfeição:[4]

Ao longo dos anos, muitas vezes me pediram conselhos sobre investimentos, e, no processo de responder, aprendi muito sobre o comportamento humano. Minha recomendação habitual tem sido um fundo de índice S&P 500 de baixo custo. Devo reconhecer que meus amigos que têm apenas poucos recursos geralmente seguiram minha sugestão.

Acredito, porém, que nenhum dos indivíduos, instituições ou fundos de pensão megarricos seguiram o mesmo conselho quando o dei. Em vez disso, esses investidores agradecem educadamente minhas ideias e partem para ouvir o canto da sereia de um gerente com honorários elevados ou, no caso de muitas instituições, para procurar outra raça de hiperassistente chamada consultor.

Todavia, esse profissional enfrenta um problema. Você pode imaginar um consultor de investimentos dizendo aos clientes, anos após ano, para continuarem aplicando em um fundo de índice como o S&P 500? Isso seria um suicídio profissional. Porém, altos honorários vão para as mãos desses hiperassistentes, se eles recomendam pequenas mudanças gerenciais a cada ano. Esse conselho é apresentado com um palavreado esotérico que explica por que "estilos" de investimentos modernos ou tendências econômicas atuais tornam a mudança apropriada.

Os ricos estão acostumados à sensação de que é seu destino na vida ter a melhor comida, escola, diversão, moradia, cirurgia plástica, entradas para jogos etc. Seu dinheiro, em sua opinião, deveria lhes comprar algo superior comparado ao que as massas conseguem.

> *De fato, em muitos aspectos da vida, a riqueza comanda produtos ou serviços de primeira qualidade. Por esse motivo, as "elites" financeiras — pessoas ricas, fundos de pensão, doações a universidades etc. — têm muita dificuldade em contratar um produto ou serviço também disponível para pessoas que investem apenas alguns milhares de dólares. Essa relutância dos ricos normalmente prevalece mesmo que o produto em questão seja — na base da expectativa — claramente a melhor opção. Meu cálculo, reconhecidamente muito superficial, é o de que a busca da elite por conselhos de investimento superiores fez com que, no geral, mais que US$100 bilhões fossem desperdiçados na década passada...*
>
> *O comportamento não vai mudar. Indivíduos ricos, fundos de pensão, doações etc. continuarão a sentir que merecem algo "extra" em termos de consultoria de investimentos. Esses consultores que habilmente atendem a essas expectativas ficarão muito ricos. Este ano, a poção mágica poderá ser os fundos multimercado, e no ano que vem, alguma outra coisa. O resultado provável desse desfile de promessas é previsto em um ditado: "Quando uma pessoa com muito dinheiro encontra uma pessoa com experiência, a com experiência fica com o dinheiro, e a com dinheiro fica com a experiência."*

Compare essa mentalidade de investimentos exóticos que Buffet descreve à abordagem empregada pelo famoso stock-picker [selecionador de ações] da Fidelity, Peter Lynch. O axioma do Sr. Lynch sobre empresas cujas ações ele comprou é congruente com a filosofia adotada por muitos dos milionários donos de empresas que estudamos ao longo dos anos. Grande parte do sucesso do Sr. Lynch em selecionar ações foi prevista no grande número de entrevistas pessoais que ele realizou com os participantes-chave e as visitas que ele fez às sedes corporativas. Algumas de suas conclusões mais interessantes ou "Lynchismos" incluem:[5]

> *Uma forma de julgar o comprometimento da empresa com a frugalidade é visitando sua sede. A extravagância de qualquer escritório corporativo é diretamente proporcional à relutância da gerência em recompensar os acionistas.*
>
> *Se você pudesse prever o futuro (desempenho de uma ação) a partir do balanço patrimonial, então matemáticos e contadores seriam as pessoas mais ricas do mundo.*
>
> *O investidor amador... pode vencer o mercado ignorando a multidão.*
>
> *Tudo o mais sendo constante, invista na companhia com menos fotografias coloridas no relatório anual.*

Especialmente dignas de nota são algumas observações do Sr. Lynch sobre várias empresas que ele previu corretamente que seriam vencedoras:

> *Na sede da empresa... sem sala de refeições executivas... sem limousines no estacionamento... sem jatinho corporativo no aeroporto.*

> *Evite gastar dinheiro em um templo grego para o escritório principal, móveis Queen Anne para o lobby, penduricalhos, patrocinadores famosos e obras de arte originais na paredes. Pôsteres de viagem... é o suficiente.*

> *Executivos só recebem bônus se a empresa tiver bom resultado no ano. Sucesso, e não o status ocupacional, é a base para as recompensas.*

Este último Lynchismo está em harmonia perfeita com o Fator 3 de *O Milionário Mora ao Lado*, que fundamenta o estilo de vida dos milionários que moram ao lado: eles acreditam que a independência financeira é mais importante que exibir um status social elevado.

Porém, com muita frequência, o afluente de declaração de renda equipara "exótico" a "melhor" — talvez consciente ou subconscientemente, porque aplicar dinheiro nesses tipos de investimentos implica um certo status. Os tipos de afluentes de declaração de renda podem supor que precisam desses investimentos exóticos e caros porque eles são consistentes com seus níveis de renda, suas outras compras reveladoras de status (carros e casas caras) e seu status econômico. Mas dados concretos mostram que a maioria deles estaria em melhor situação se implementasse um plano de investimento simples, consistente, diversificado e coberto pelo mercado, e mantivesse os custos baixos. Todavia, isso pode se parecer muito com comprar um Toyota, em vez de um Lexus.

Um exemplo digno de nota da armadilha da filosofia de investimento exótico é o desempenho dos fundos de doação universitária. Os erros dos fundos de doações da Harvard University — o maior desse tipo — foram alvo de muita publicidade. No ano fiscal de 2016, o fundo de doações reportou uma perda de 2% durante o período, quando o índice S&P 500 estava constante (sem ganhos ou perdas). E embora o fundo de Harvard possa ser a vítima malsucedida mais famosa que Ben Carlson, no blog "Uma Riqueza de Bom Senso", apelidou de "prêmio do ego", ele certamente não está sozinho. Em 2017, o Sr. Carlson escreveu um artigo que comparou os retornos anuais de um portfólio simples de três fundos Vanguard (o que ele chama de "Modelo Bogle") a retornos médios anualizados dos fundos de doação universitários nacionais. Os retornos de dez anos do portfólio do Modelo Bogle (6%) se classificaram entre os primeiros 10% de retornos de doações (um retorno anual de 5,4% ficou no decil superior). Assim, para explicar esses dados: se você se sentar diante do computador e investir seu portfólio em três dos fundos Vanguard mais utilizados (ou ETFs — Exchange Traded Fund) com um custo combinado de cerca de 0,10% ao ano, se sairá muito melhor que 90% ou mais dos fundos de doação universitários que existem por aí. E entenda como esses fundos de doação funcionam — como o Sr. Carlson escreveu: "Esses fundos são investidos em capital de risco, capital privado, infraestrutura, imóveis privados, madeira, os melhores fundos multimercado que o dinheiro pode comprar; eles têm acesso aos melhores administradores de ações e fundos de ações; eles usam alavancagem; investem em derivativos complicados; usam os consultores mais renomados e conectados, e a grande maioria desses fundos ainda não consegue vencer o portfólio de fundos de baixo custo do índice Vanguard."[6]

Em resumo, esses tipos afluentes de declaração de renda, desejosos de status e investimentos exóticos, acabam pagando mais... por menos. Mas por quê? Eles são inteligentes, e no entanto estão dispostos a pagar um "prêmio do ego" mesmo diante de evidências de que esses investimentos costumam proporcionar menos valor do que uma alternativa mais barata. A parte psicoanalítica de nossa equipe se pergunta se é possível que haja uma sinalização complexa (potencialmente subconsciente) ocorrendo aqui, com os tipos afluentes de declaração de renda enviando a mensagem: "Tenho bastante para jogar fora."

A Maioria dos Milionários Não Tem Obras de Arte

Muitas pessoas nos Estados Unidos são ambiciosas e querem imitar os que são economicamente bem-sucedidos. O pessoal de marketing gasta bilhões de dólares tentando incutir a ideia de que indivíduos mais bem-sucedidos e ricos têm um amplo portfólio de obras de arte supostamente sofisticadas. Isso é um mito hoje, assim como foi durante a história de nossa economia. Famílias de alta renda podem encarar a arte como um meio de mostrar aos outros que eles são ricos: entretanto, só seus níveis de renda estão acima da média. Seu patrimônio líquido normalmente conta uma outra história.

A arte se insere na classificação geral de objetos tangíveis ou colecionáveis. Certa vez, meu pai escreveu um artigo sobre o assunto para a *American Demographics*. Nele, dizia: "Surpreendentemente, menos de 6% dos ativos do milionário comum constituem-se de coisas tangíveis ou colecionáveis, como antiguidades, coleções de moedas e selos, pedras preciosas ou *obras de arte*."[7]

Mas ele escreveu esse artigo há mais de 30 anos. As coisas mudaram desde então? Não em nosso estudo mais recente, no qual a maioria dos milionários (quase

78%) tem 1% ou menos de sua fortuna aplicada em colecionáveis e tangíveis. E quase nada mudou, segundo recentes dados de impostos sobre espólio do IR.[8] Em geral, entre milionários com fortuna de US$2 milhões ou mais, só 1,3% de sua riqueza está aplicada em obras de arte tangíveis. Mesmo essa pequena porcentagem pode estar superestimada, já que é provável que muitas peças muito caras sejam falsas.

A arte é só mais uma categoria de ativos sobre a qual um grande número de milionários disse: "Não tenho. Nunca tive." O mesmo se aplica a vários outros ativos discutidos em detalhes em *Stop Acting Rich*. Apenas uma minoria de milionários já tem uma casa de férias, um barco, um avião, uma coleção de vinhos, um carro de luxo ou ternos caros.

Características de Investidores Bem-sucedidos

Analise a seguinte descrição de investidores individuais:

> *Os investidores que vivem no mundo real e os que povoam modelos acadêmicos são primos distantes. Na teoria, investidores mantêm portfólios diversificados e os negociam raramente para reduzir impostos ou outros custos de investimento. Na prática, investidores se comportam de modo diferente. Eles negociam com frequência e são inábeis ao selecionar as ações, incorrendo em custos de investimentos desnecessários e perdas de retornos. Eles costumam negociar as que não deviam e vice-versa, gerando obrigações fiscais desnecessárias. Muitos mantêm portfólios mal diversificados, resultando em níveis desnecessariamente elevados de variados tipos de risco, e muitos são indevidamente influenciados pela mídia e experiências passadas. Investidores individuais que ignoram os conselhos habituais para comprar e conservar portfólios com comissões baixas e bem diversificados geralmente o fazem em prejuízo próprio.[9]*

A tendência à ação, não à inação, ou a propensão a agir, em vez de não fazer nada, pode levar os investidores com qualquer nível de experiência a agir quando nenhuma ação é necessária. Esses "fazedores" de investimentos extremos acabam comprando e vendendo no momento errado porque têm propensão a agir. O outro lado, é claro, inclui os que são avessos a tomar qualquer medida, em vez disso esperando para criar estratégias de investimento que podem ser obsoletas antes mesmo de serem implementadas.

O que faz um investidor *bem-sucedido*? Aquele que é capaz de investir quando o mercado está em baixa e ficar à vontade com investimentos acompanhados de riscos maiores? Como os comportamentos que diferenciam CFOs domésticos de elevado potencial dos que têm menor capacidade de construir riqueza, há algumas características e comportamentos que separam investidores bem-sucedidos de outros, não importa quais sejam a situação econômica ou fatores governamentais. Sabemos que coragem e disposição de correr riscos estão fortemente ligadas ao patrimônio líquido.[10] Durante décadas passadas, milionários contaram que essa coragem lhes possibilitou enfrentar tempestades não só nas próprias carreiras ou empresas, mas também em seus investimentos. A *coragem* de investir exige algum nível de confiança para que se tome uma decisão baseada em investimentos, assim como, antes de mais nada, personalidade para querer se envolver em investimentos. E também sabemos que conhecimento financeiro e tolerância a riscos estão relacionados.[11] O conhecimento pode ser conquistado por autoaprendizagem e pesquisa, e, como vimos ocorrer ao longo do tempo, prodigiosos acumuladores de riqueza tendem a passar mais tempo pesquisando e planejando seus investimentos do que seus colegas subacumuladores de riqueza. Os dados também revelam que os ansiosos e preocupados costumam se envolver mais em comportamentos relativos a investimentos de curto prazo e potencialmente prejudiciais.[12]

Em nossa pesquisa sobre a criação de um teste psicológico de tolerância ao risco baseado em experiência e comportamento, constatamos cinco componentes característicos de "bom investidor" — *bom* sendo definido como estar geralmente à vontade em investir no mercado de ações e comprar (versus vender) em um mercado em baixa.[13]

Personalidade Afeita a Riscos

Investidores bem-sucedidos costumam ser capazes de tomar decisões de investimento mesmo quando o resultado exato ainda é desconhecido. Eles costumam ficar à vontade fazendo investimentos mesmo sem total convicção do que o futuro reserva.

Preferência pelo Alto Risco

Os que preferem investimentos com maior risco (por exemplo, ações) que têm maior oportunidade de retorno e costumam tomar decisões melhores em relação a investimentos.

Confiança ao Investir

Enquanto a confiança excessiva pode levar os investidores a tomar decisões imprudentes, uma dose de autoconfiança e eficácia pessoal diferencia investidores bem-sucedidos dos malsucedidos. Sem uma dose efetiva de confiança, decisões sobre investimentos podem ser criticadas e, por fim, mudadas, muitas vezes com efeitos financeiros desvantajosos.

Julgamento/Conhecimento Referente a Investimentos

Como citado por Warren Buffett: "O risco vem de não saber o que se está fazendo." Os que adquirem conhecimentos sobre como os investimentos funcionam, os seus possíveis altos e baixos e a natureza cíclica do mercado de ações, têm maior probabilidade de tomar decisões sobre investimentos em geral mais acertadas. Sabemos que os prodigiosos acumuladores de riqueza passam mais tempo investigando investimentos do que seus colegas subacumuladores de riqueza, e que esse conhecimento está relacionado a melhores decisões de investimento.[14]

Serenidade

A serenidade geralmente se refere à habilidade de suportar mudanças (normalmente crises, mas também períodos de alta) no mercado. Esses investidores que mantêm a calma e a coragem diante de uma quebra da bolsa costumam tomar decisões melhores do que os investidores ansiosos.

Características de Investidores Milionários

O perfil do investidor bem-sucedido pertence a uma ampla gama de investidores, incluindo aqueles entre as pessoas de renda elevada. E, como ocorre no caso da construção de riqueza em geral, ele é uma combinação de características e comportamentos que podem impactar nossa habilidade de obter sucesso nos investimentos. Quais, então, são as características dos investidores *milionários*? Elas são semelhantes ao que encontramos em amostras mais abrangentes de norte-americanos? Investidores milionários costumam ser um grupo confiante. Em nosso estudo mais recente, um pouco mais de 70% acreditam que sabem mais sobre investimentos do que os demais. Sabemos que confiança em investir pode ser uma faca de dois gumes, visto que em excesso pode exercer efeitos prejudiciais na tomada de decisões relativas a investimentos (por exemplo, acreditar que se pode prever oscilações de preço).[15]

De certa forma, porém, as decisões relativas a investimentos e como usar recursos em geral voltam ao fator de sucesso *disciplina*. Quase 60% dos milionários (ou três em cinco) têm metas de curto e longo prazo, e cerca de 55% raramente se distraem quando trabalham em um projeto. Um pouco mais de 60% dizem planejar sua futura situação financeira.

O *Novo* Milionário Mora ao Lado

Quando se trata de como investem, quase 55% dos milionários acham que o sucesso nos investimentos se deve mais aos próprios esforços em estudar e se informar do que a conselhos que recebem de especialistas. De modo semelhante, só um pouco menos de 1/3 dos milionários alega confiar em um profissional de finanças para tomar decisões referentes a investimento. Observamos ainda em uma pesquisa realizada junto a investidores de alta renda, que os de melhor comportamento com relação a investir também têm maior probabilidade de despedir um consultor ou outro profissional que não considera muito útil.[16] A lição a ser aprendida por profissionais de finanças que buscam investidores milionários é a de que eles devem ser os melhores entre os melhores e apresentar essa realidade a seu público-alvo.

Investidores milionários dedicam tempo reunindo conhecimento e experiência na gestão de investimentos. Eles passam uma média de 10,5 horas por mês estudando e planejando investimentos futuros, e vemos diferença nessas horas entre prodigiosos acumuladores de renda e subacumuladores de renda: especificamente, 10,5 horas por mês para prodigiosos acumuladores, comparadas a 8,7 horas por mês para subacumuladores. Eles dedicam tempo pesquisando investimentos e onde aplicar seu dinheiro, mesmo que isso signifique investi-lo em seu próprio negócio. Sabemos que seus conhecimentos em questões financeiras os deixam mais tolerantes ao correr riscos referentes a investimentos.[17] A visão do futuro e o conhecimento de finanças normalmente estão associados a correr maiores riscos financeiros,[18] de modo que o tempo gasto em gerir e pesquisar investimento ajuda na tomada de decisões.

Tabela 7-3. Declarações dos Milionários sobre Investir

Declaração	Porcentagem Concordo Muito/ Concordo
Eu sei mais sobre investimentos que a maioria das pessoas	70,4
Eu passo muito tempo planejando meu futuro financeiro	61,8
A valorização dos meus investimentos é mais uma função de autoaprendizagem do que de conselhos especializados	54,8
Para tomar decisões sobre investimentos, confio muito em um consultor	33,2

Investidores que tendem a partir para a ação, qualquer ação, diante de informações novas e aparentemente relevantes, costumam ter pior desempenho no longo prazo. Investidores milionários *às vezes* entram *em ação* para gerir seus investimentos. Em 2016, os milionários fizeram em média 17 transações referentes a investimento durante o ano. Cerca de um em cinco milionários mantém os investimentos por menos de três anos. O importante aqui é se a decisão de agir foi prudente e ponderada, ou se foi apressada (e resultado da tendência à ação, não à inação). Uma tomada de decisão financeira adequada é uma combinação complexa de conhecimento (incluindo conhecimentos financeiros), orientação para o futuro e calma em um turbilhão de fatores ambientais. Costumamos tomar decisões melhores sobre nossas finanças quando temos uma visão voltada para o futuro e quando estamos calmos. Esses fatores foram encontrados no laboratório e no campo.[19]

Tabela 7-4. Período Médio de Retenção de Investimentos

Período Habitual para Retenção de Ações/Fundo Mútuo de Ações	Porcentagem de Investidores		
	Milionários	Grupos de Acumulação de Riqueza	
		PARs	SARs
Dias–Meses	6,3	6	9,4
1–2 anos	16,3	17,9	16,1
3–5 anos	30,7	30,6	30,2
6–10 anos	18,6	19,4	11,4
Mais de 10 anos	28,2	26,1	32,9

É Necessário Correr Riscos

Que outras características definem investidores milionários? Eles estão dispostos a correr riscos e estão voltados para o futuro. Considere o oposto: conforme nos contou uma milionária que mora ao lado que vive na Flórida: "Meu marido tem medo de investir, só quer uma conta de poupança com juros baixos. Meus investimentos em fundos mútuos têm sido criticados como 'imprudentes' já há 20 anos — no entanto, eles representam uma imensa parte de nossa riqueza." Muitos milionários são empresários, e empresários costumam ter menos aversão ao risco.[20] Funcionários públicos correm menos riscos que os do setor privado. Quem evita correr riscos também tem satisfação menor.[21]

Não obstante os erros cometidos, ou percebidos, investidores e norte-americanos economicamente bem-sucedidos assumem correr riscos ao investir. Em geral, famílias afluentes com elevado patrimônio líquido relatam adotar diferentes tipos de comportamentos referentes a investimentos comparados àquelas de elevada renda

O *Novo* Milionário Mora ao Lado

alvo do mercado de consumo de massa. Famílias afluentes informam correr riscos acima da média ao investir, compreendendo a natureza do investimento, em geral, e compreendendo o nível adequado de risco a ser assumido em seu portfólio com mais frequência que seus colegas não afluentes.[22] Embora a situação não seja necessariamente casual, ela destaca a importância e, talvez, a necessidade de um grau de conhecimento e tomada de risco maior que os exigidos de famílias afluentes. Milionários em nosso estudo atual relataram correr mais riscos no início da carreira do que atualmente, talvez refletindo a idade das pessoas em nossas amostras, em que a média é de 61 anos.

Tabela 7-5. Estratégia de Investimento de Milionários por Porcentagem

Como Você Classificaria...	Arriscada/Muito Arriscada	Equilibrada	Conservadora/ Muito Conservadora
Sua estratégia de investimento quando começou a trabalhar em período integral?	55,6	28,6	15,7
Sua estratégia de investimento/ portfólio atual?	17,5	56	26,5

O dinheiro poupado perde parte de seu poder de compra todos os anos devido à inflação. Prodigiosos acumuladores de riqueza entendem que o dinheiro deve ser investido de modo produtivo a fim de evitar essa perda causada pela inflação e fazê--lo *crescer* para atender a necessidades e desejos futuros. Os dados aqui indicam que prodigiosos acumuladores de riqueza normalmente adotam uma abordagem "arriscada" ou "muito arriscada" em relação aos investimentos no início de sua carreira, e então equilibram essa abordagem para um estilo de investimento mais moderado e conservador à medida que acumulam mais bens e seu horizonte de tempo para a necessidade de dinheiro se reduz. Um de nossos leitores conta uma história que fala sobre dois poupadores e como eles investiram:

> *Meus pais adotaram uma ótima defesa e gerenciaram e pouparam seus salários suados fielmente durante anos. Mas suas economias arduamente ganhas iam para uma lata de café todos os meses e anos (literal ou figurativamente). Meu sogro, por outro lado, não poupou tanto todos os anos, mas foi um investidor mais esperto (ou talvez mais sortudo) e colocou todos os dólares economizados no Fundo Fidelity Magellan todos os anos. Meu sogro foi muito mais longe que meus pais, que não chegaram nem perto dos retornos de investimento que ele obteve.*

Prodigiosos acumuladores de riqueza se servem regularmente dessas duas frentes: eles se comprometem a poupar parte de seus ganhos e têm êxito em investir em ativos produtivos que possibilitam crescimento em longo prazo. Imagine o poder do aumento de uma poupança anual de 143% (nosso "alfa de comportamento de poupança" calculado) então se compondo com adicionais 3% de investimento alfa [aquele cuja estratégia "vence" o mercado] de retornos de portfólio todos os anos (seja por custos de investimento reduzidos, serviços de consultoria em investimentos, melhores comportamentos de investimento — compre em baixa, venda na alta... não o contrário — ou todos acima). Prodigiosos acumuladores encontram meios de empregar a maioria (ou todas) essas vantagens em seu benefício em longo prazo.

Erros de Investimento: Aprendendo com a Prática

Na previsão do patrimônio líquido e na tomada de decisões de investimento segura (por exemplo, comprar na baixa e vender na alta), a confiança desempenha um papel importante, mas muitas vezes se trata de uma confiança com um toque de humildade e realismo sobre as habilidades e aptidões relativas aos investimentos e gerência de investimentos em geral. Como Warren Buffet disse certa vez: "Investidores devem se lembrar de que empolgação e gastos são seus inimigos. E se eles insistirem em tentar prever o desempenho da aplicação em títulos, devem tentar ficar receosos quando os outros estão ambiciosos, e ambiciosos quando os outros estão receosos." Um padrão consistente de comportamentos e experiências de vida que demonstram um grau de confiança moderado sobre a habilidade e aptidões referentes a investimentos está ligado ao patrimônio líquido, independentemente de idade, renda e porcentagem de riqueza *herdada*.[23]

Na área de investimento, a confiança excessiva pode ser prejudicial. Tem sido demonstrado que confiança excessiva em investir tem relação com decisões malsucedidas, incluindo negociações frequentes, superestimativas no valor dos títulos e seleção inadequada de fundos mútuos. Na verdade, em um estudo em larga escala sobre confiança excessiva do investidor, os pesquisadores concluíram: "Acreditamos que haja uma explicação simples e convincente para o elevado grau de negociação contraprodutiva nos mercados financeiros: excesso de confiança."[24]

Desde 1996, uma das tendências na psicologia de investimentos é a ênfase no meio acadêmico e em outros lugares, incluindo as salas de grandes corretoras, em *finanças comportamentais*, um termo que descreve as tendências psicológicas e cognitivas que podem impactar o modo pelo qual investidores individuais tomam decisões sobre compra e venda de títulos, entre outros fatores. Richard Thaler, que

O *Novo* Milionário Mora ao Lado

ganhou o Prêmio Nobel de 2017 por seu trabalho em economia comportamental, demonstrou empiricamente o que investidores sagazes já sabiam: que tendências de investimento e a confiança nas próprias emoções podem impactar negativamente a capacidade de alguém tomar decisões financeiras seguras. A aplicação prática das finanças comportamentais se dá no fato de que, se os investidores ou seu consultor tiverem consciência dessas tendências, eles podem evitar que indivíduos tomem decisões de investimento desvantajosas baseadas em conceitos ou tendências irracionais sobre o mercado.

Investidores bem-sucedidos ficam mais tolerantes ao risco e adotam atitudes mais adequadas em relação a riscos financeiros porque tiveram experiências — boas e más — com investimentos.[25] E, sem dúvida, eles cometeram alguns erros pelo caminho. Normalmente, o que cria um investidor *melhor* é a dedicação ao aprendizado ao longo do tempo.

Os erros comuns de milionários investidores, relatados por mais da metade de nossa amostra, incluem erros de *timing de mercado*, especificamente vendendo tarde ou cedo demais, ou a espera pelas altas e baixas do mercado para vender ou comprar. Naturalmente, esses erros são fáceis de observar depois de cometidos. Os milionários contaram que alguns de seus erros mais fantásticos em investimento os levaram a sua visão e comportamentos atuais sobre como fazer o dinheiro crescer. Muitas vezes, a culpada foi a confiança excessiva.

Outros tipos de erros de investimento incluíram tentativas de equilibrar o portfólio entre investimentos mais confiáveis ou seguros com investimentos mais exóticos ou especulativos. Melhorar esses comportamentos exige autoaprendizagem e disciplina ou a orientação e conselhos de consultores dedicados aos melhores interesses dos clientes (e não aos próprios).

Tabela 7-6. Registro de Comportamentos de Investimento de Milionários[26]

Comportamentos de Investimento	Porcentagem Relatando Comportamento
Vender uma ação ruim tarde demais	73,6
Vender uma ótima ação cedo demais	60,3
Esperar demais para vender ações na alta da bolsa	58,1
Esperar demais para investir na baixa da bolsa	55,3
Tentar equilibrar um portfólio "seguro" com um portfólio "especulativo"	53,5
Comprar/conservar ações do empregador	44,4
Preocupar-se mais com perdas do que com ganhos	41,6

Investir com base na recomendação de um amigo ou parente	41,5
Tentar prever as altas/baixas da bolsa	37,5
Investir em opções de ações/ações altamente especulativas	36,9
Permitir que outra pessoa administre minhas finanças	34,8
Vender uma ação com base em baixa recente	34,2

Os erros com tipos de investimentos específicos ou em certas empresas normalmente são algo subjetivo. Não existe uma ação secreta ou um conjunto de investimentos enumerados pelos milionários como os "melhores" ou os "piores". Como há anos nos pedem uma lista de ações "melhores" e "piores" segundo a classificação de investidores milionários, decidimos fazer essa pergunta em nossa pesquisa mais recente. Como a maioria dos investidores e milionários mais sensatos nos contou, determinar as melhores e piores ações é algo subjetivo. Embora o assunto seja merecedor de uma manchete, não vale a pena discutir sobre ações individuais, com a exceção de alguns temas colhidos nas listas:

- Ações ótimas de empresas cujas atividades envolvem a internet [comércio ou tecnologia] foram listadas muitas vezes como as piores nas quais já investiram.

- Ações dignas de manchetes cujas cotações despencaram também foram listadas como as piores nas quais já investiram (por exemplo, WorldCom, Enron).

- Ações sólidas de primeira linha foram muitas vezes citadas como as melhores (por exemplo, 3M, IBM).

- Ações de empresas empregadoras formam uma mistura heterogênea.

- Alguns dos "melhores" investimentos incluíram (alguns com certa dose de ironia): "Minha esposa", "meu negócio" e "minha educação".

Pagando por "Conselhos"

Os milionários selecionam seus consultores (e tecnologias) com sensatez. Enquanto muitos confiam nas próprias habilidades, uma parcela significativa de milionários continua a trabalhar com consultores financeiros. Em 1996, havia 246 mil gerentes de investimento e corretores de ações nos Estados Unidos.[27] Em 2014, esse número era de 341.500.[28] Mais de 70% dos milionários de nossa amostra relataram ter contas com empresas de investimentos com um completo leque de serviços, e só 15% informaram ter contas em um departamento fiduciário. Mas

O *Novo* Milionário Mora ao Lado

eles pagam relativamente pouco pelo serviço que recebem: 1/3 de milionários destinaram 0% de sua renda em honorários de consultoria de investimento, e 56% deles alocaram 1%.

Contudo, independentemente de quantos milionários usam alguma forma de instituições ou consultores financeiros, a maioria não adota seus conselhos. Como mencionamos antes, menos que 1/3 de investidores milionários *depende* muito de um consultor de investimentos, e 70% alegam saber mais sobre investimentos do que a maioria dos consultores. Mais da metade dos milionários informou que a valorização de seus portfólios de investimentos se deve mais à autoaprendizagem do que à consultoria especializada. Essa posição é coerente com pesquisas que mostram que mesmo especialistas não superam o desempenho de "não especialistas" quando se trata de criação de portfólio e retornos.[29]

Finalmente, profissionais da área financeira que trabalham com milionários devem focar a prevenção dos principais erros relacionados a investimento. Estudos sobre "Consultores Alfa", da Vanguard, demonstrando o valor de trabalhar com um profissional de finanças, atribuem metade dos ganhos de trabalhar com um consultor (isto é, metade dos 3% do aumento no desempenho do portfólio advindo de trabalhar com um consultor) à alteração ou melhoria de *comportamentos* relativos a investimentos.[30]

Serviços de Consultoria Financeira e Fiduciários

O Sr. Jack, um administrador pleno de ativos comissionado, me disse recentemente que está ficando frustrado com seu trabalho. Ele ouve cada vez mais que o mundo que conhece, que inclui venda de serviços financeiros com base em comissões a populações afluentes, está caminhando na direção de uma situação de locadora de vídeos com a proliferação da tecnologia de investimento "faça você mesmo" e uma nova ênfase em consultores fiduciários que são impedidos de aceitar comissões para os produtos de investimento que recomendam aos clientes. Ele está procurando meios de ganhar dinheiro de qualquer forma possível para seus "conhecimentos em investimentos" em um mundo novo de "consultores-robôs" e redução de honorários. Assim, ele calcula que reduzirá seus "mínimos" para incluir tipos emergentes de milionários que moram ao lado, na esperança de que fiquem com ele enquanto constroem sua riqueza ao longo do tempo.

O Sr. Jack quer um mapa que o leve diretamente para esses indivíduos. Nessa conversa, ele me perguntou, especificamente, como posso ajudar a encontrá-los. Certamente, ele pensa que por causa das pesquisas de meu pai e minhas eu posso lhe dar esse mapa. Sim, o mapa está disponível. Examinando os padrões de comportamento e experiências financeiras de clientes em potencial, ajudaremos ele a compreender se está lidando com um possível milionário que mora ao lado.

O que o Sr. Jack não entende, porém, é que mesmo que ele os encontre, milionários emergentes provavelmente não estarão interessados no que ele está vendendo. A tecnologia possibilitou que se tornassem consumidores experientes de serviços financeiros e, normalmente, exigem qualidade elevada a custo baixo, quer sejam do tipo "faça você mesmo" ou procurem orientação financeira. E os que desejam trabalhar com um profissional de finanças hoje têm várias opções, incluindo uma nova geração de planejadores financeiros que cobram apenas honorários, sem comissões, e que atuam sob juramento fiduciário que antes só era encontrado em departamentos fiduciários. Nesse ambiente, o Sr. Jack terá que se esforçar ao máximo para demonstrar seu valor para milionários emergentes que se fizeram sozinhos.

O problema com o negócio do Sr. Jack é que ele não inclui o principal valor de trabalhar diretamente com um profissional de finanças: orientação sobre comportamentos relativos a todos os aspectos financeiros. O Sr. Jack não está interessado em algum tipo de comprometimento profundo em ajudar seus clientes a se tornar mais confiantes em suas decisões relativas a finanças ou investimentos.

Mas o valor real a ser oferecido por consultores financeiros hoje em dia é ajudar seus clientes a evoluir de subacumuladores a prodigiosos acumuladores. Isso ocorrerá mais com a mudança de comportamentos financeiros do que com a alteração na composição de portfólios.

Assim, infelizmente para o Sr. Jack, quer ele saiba ou não, o que ele está de fato procurando é um cliente que *acredite* que ele é um milionário que mora ao lado, mas se comporta como a maioria dos pseudoafluentes, pagando alto por quase qualquer bem de consumo, equiparando renda à riqueza e gastando na *expectativa* de ficar rico. Os clientes que seriam ideais para ele não estão interessados em ouvir nada relativo a mudanças de comportamento ou fazer uma autorreflexão. Eles querem que o Sr. Jack vença o mercado. Esses são os clientes ideais do Sr. Jack, e eles pagarão honorários adicionais sobre transações relacionadas a investimentos com satisfação pelo privilégio de trabalhar com ele.

O Milionário que Mora ao Lado Encontra Você

Vamos comparar a abordagem do Sr. Jack para procurar milionários que moram ao lado em potencial com a da Sra. Jenkins, uma consultora financeira remunerada por honorários que opera de acordo com o padrão fiduciário. Sua orientação e consultoria devem atender aos melhores interesses do cliente e não podem ser objeto de conflito por potenciais comissões de um produto em especial. No final

O *Novo* Milionário Mora ao Lado

do dia, enquanto o Sr. Jack está vendendo produtos, a Sra. Jenkins está demonstrando ao seu mercado-alvo que está focada em trabalhar com pessoas a fim de aumentar suas chances de serem bem-sucedidas no longo prazo. Em vez de *vender* ao milionário que mora ao lado, seu sucesso é medido por ser uma consultora confiável e orientar seus clientes para tomar decisões melhores e ter comportamentos mais adequados em relação a investimentos. Ela mostra claramente o que pode ou não fazer pelos clientes, e aqueles que pode ou não ajudar. Sua transparência a ajuda a encontrar e atrair as pessoas que querem fazer o que, às vezes, representa o trabalho duro de se tornar mais consciente e disciplinado quanto à riqueza. Ela educa possíveis clientes e visitantes por meio de posts em blogs e artigos, demonstrando seus conhecimentos e abordagem. Ela orienta os clientes para se tornarem investidores sagazes. Por esse valioso serviço, *é procurada por milionários que moram ao lado.*

Tudo, desde sua marca ("Se você quer vencer o mercado, não posso ajudá-lo") ao modo como cobra os clientes por seus conselhos, ressalta os *comportamentos* que ela quer que os clientes adotem. A Sra. Jenkins baseia seu sucesso em como pode auxiliar os clientes a melhorar sua trajetória em direção à riqueza. Em comparação, o Sr. Jack encara seu sucesso como o próximo cheque de comissão que vier do fundo mútuo com altas comissões iniciais que acabou de vender a um alvo desinformado.

Os profissionais de finanças que atrairão o novo milionário que mora ao lado percebem que, para construir riqueza, são necessários certos comportamentos, não carros, acessórios ou cargos. Os que querem ter sucesso no longo jogo de construção de riqueza procurarão consultores que se veem mais como treinadores no demorado jogo do sucesso econômico.

Vendendo Produtos Financeiros

Em 1996, o foco principal de qualquer profissional de finanças era o de um gerente de investimentos, como o Sr. Jack, alguém que podia comprar e vender títulos em seu nome enquanto embolsava uma elevada comissão pelo serviço. Presumivelmente, o gerente de investimentos também sugeriria uma diversificação, tirando proveito de medidas que compensam perdas tributárias e adotando outras decisões estratégicas que beneficiem o cliente ou investidor. Os milionários dos anos 1980 e 1990 exigiam *que outra pessoa* negociasse em seu nome. Logo após a publicação de *O Milionário Mora ao Lado*, a negociação online abriu um novo mundo aos investidores. Todos, em qualquer situação, podiam comprar e vender à vontade. Se não quisessem, os investidores não precisavam mais interagir com corretores de valores.

A Construção da Riqueza Revisitada

Com todos os avanços na tecnologia, um abandono em larga escala (nem mesmo em larga escala moderada) dos profissionais de finanças pelos afluentes, ou mesmo afluentes emergentes, não tem sido uma tendência no setor de serviços financeiros. É interessante notar que, ao longo do tempo, alguns passaram a se satisfazer com produtos de consumo, mas negligenciaram os conselhos e serviços sobre o planejamento de investimentos e aposentadoria. Esse fato foi destacado por meu pai em 2014:

Para fins de construção de riqueza... quando você está em uma faixa de renda elevada (US$100 mil ou mais), ganhar mais importa menos do que você vai fazer com aquilo que já tem.

Por definição, os ricos em patrimônio líquido estão entre os primeiros 25% da distribuição de ativos líquidos. Esses indivíduos costumam aplicar todo o dinheiro possível em investimentos, não em consumo. Os ricos em patrimônio líquido gastam em média 100 horas por ano pesquisando e planejando seus investimentos. Por outro lado, os "afluentes de declaração de renda", ou aqueles que estão entre os últimos 25% da distribuição de riqueza, passam cerca de 50 horas por ano nessas atividades. O interessante é a correlação significativa entre tempo gasto em estudar/planejar e patrimônio líquido. *Meus estudos mostram que os ricos em patrimônio líquido têm ativos líquidos de seis a dez vezes maior que os afluentes de declaração de renda!*

Os ricos em patrimônio líquido também usam esse tempo mais eficazmente procurando orientação profissional a fim de ajudá-los a tomar decisões importantes. Eles geralmente reúnem uma equipe de consultores, entre advogados, contadores, corretores e banqueiros (agentes fiduciários) e estão dispostos a pagar generosamente por bons conselhos.

É uma ironia surpreendente que exista uma relação inversa entre a disposição de pagar por artigos de luxo e a disposição de pagar por uma consultoria em investimentos. Os afluentes de declaração de renda gastam exageradamente em carros, barcos e casas e costumam economizar em consultoria de investimentos. Os ricos em patrimônio líquido, porém, economizam em artigos de luxo e estão mais dispostos a pagar muito por uma boa consultoria jurídica e financeira.

O *Novo* Milionário Mora ao Lado

Porém, como ocorre em qualquer emprego ou profissão, gerentes de investimentos bem-sucedidos têm certos conhecimentos, aptidões, habilidades e outras competências que lhes permitem ter êxito nessas tarefas. Frequentemente, é uma função do tempo e esforço dedicados à pesquisa de investimentos (por exemplo, estudo intenso da empresa em si, do setor e do mercado). Como os gerentes de investimento dos anos 1990, a visão típica do sucesso em "selecionar ações" é que somente 7% podem fazê-lo com eficiência.

O que isso significa para o milionário que mora ao lado? Para o norte-americano autossuficiente que enriqueceu sozinho? Em 1996, o conselho era procurar ajuda profissional para administrar a riqueza. Na época, era a fonte para indivíduos que operariam sob um padrão fiduciário (em comparação a um padrão de adequação ao perfil de risco do cliente, padrão esse ligado principalmente àqueles que cobravam comissão sobre a venda). Hoje existe toda uma subindústria que adota um padrão fiduciário de aconselhamento no mundo dos serviços financeiros que é mais acessível a uma faixa mais ampla de níveis de renda e riqueza que antes. Esses são os indivíduos que agirão em seu melhor interesse.

Consciência do Espaço dos Serviços Financeiros

Em 2002, pesquisadores da American University e da Washington State University concluíram seu artigo sobre a pesquisa com recomendações para indivíduos que desejam investir de um modo que evitaria os erros de investimento comuns.[31] Entre eles estão comportamentos que já eram evidentes para os que buscam independência econômica:

- Entender as tendências dos investimentos. Muitos comportamentos e tendências relatados por milionários entram na categoria de tendências de investimento.

- Identificar objetivos e limitações de investimento. Quais são as metas e como elas podem ser atingidas considerando os riscos?

- Desenvolver diretrizes de tomada de decisão quantitativas... diretrizes que evitem emoção.

- Diversificar investimentos.

- Rever investimentos e realocá-los conforme necessário.

Hoje, muitas das recomendações podem ser seguidas por meio de tecnologias. Em outras palavras, realizar ou não investimentos por meio de um serviço de in-

Investindo Recursos

vestimentos automatizado (isto é, robôs-consultores), desse modo tirando grande parte do aspecto emocional do processo de investimento. Ele permite a diversificação e realocação com base em metas referentes a investimentos e usa algoritmos que afastam as emoções de muitas tomadas de decisão.

Assim, por que investidores individuais precisariam de consultores? Continuamos a ver uma mudança do que tradicionalmente seriam os "corretores de valores" — indivíduos vendendo investimentos — para os que se envolvem em gestão de investimentos ou em planejamento financeiro especificamente.

Consistente com os dados e descobertas relatados aqui e em livros anteriores de meu pai estava a suspeita de que a consultoria financeira iria se dirigir à *gestão comportamental* e se afastaria da gestão de portfólios. Por causa do "efeito Vanguard", a gestão de ativos está no processo de ser comoditizada. Afinal, se seu portfólio pode atingir retornos melhores que 90% dos fundos de doação universitária prósperos e ricos ao custo de algumas horas em seu computador pessoal e dez pontos-base ao ano, por que pagar mais por menos? Mas o que nossos dados também mostram é que há grandes ganhos a serem auferidos para o indivíduo na arena da gestão comportamental. Durante décadas, certamente encontramos um grande número de pessoas para quem nossos dados sobre comportamento produziram uma reação de "puxa, é mesmo?" (mesmo para esse grupo nosso trabalho foi valioso, porque todos tinham alguém próximo que *não entendia*, e os dados serviram como uma terceira parte imparcial para ecoar seus argumentos em apoio a um estilo de vida frugal). Mas a maioria do feedback que recebemos dos leitores dizia que esses insights comportamentais foram um verdadeiro momento "eureca". Algumas dessas pessoas contaram histórias de serem capazes de mudar seu comportamento com rapidez e caminhar na direção dos prodigiosos acumuladores de riqueza quase imediatamente. Contudo, a maioria descreveu o processo como difícil, que não vinha naturalmente, e que era exigido muito trabalho para superar anos de programação em contrário. De fato, em muitos casos eles procuraram apoio e orientação nessa jornada.

Nossos dados indicam que consultores financeiros estão gastando cada vez mais tempo discutindo questões "não financeiras" com os clientes. À medida que plataformas técnicas (os robôs-consultores) continuam a entrar no mercado para assistência puramente técnica em áreas como seleção de portfólios, reequilíbrio e tax-loss harvesting [venda de títulos com prejuízo para compensar ganhos de capital], gestão e treinamento comportamental, pode ser o último e melhor cenário para consultores financeiros pessoais sobreviverem e prosperarem.

Infelizmente, nem todos os consultores focam os melhores interesses dos clientes. Como alega o Sr. Dennis P., um consultor de 60 anos que trabalha para uma das principais instituições financeiras do país: "Eu quero clientes a quem falta

Deve-se Dar Ouvidos ao Analista Financeiro?

Acumuladores de riqueza bem-sucedidos se superam em avaliar a qualidade das informações financeiras que recebem e, portanto, em que decidem se basear, e não aceitar cegamente os conselhos de alguém que exibe um título de "especialista". Meu pai escreveu este texto sobre análise financeira em 2011:

Entre as 200 principais categorias de renda elevada, analistas financeiros se classificam regularmente entre os 10 primeiros na porcentagem dos que têm renda anual realizada de US$200 mil ou mais. Mas eles são ricos? Muitos são. O grupo de analistas financeiros se classifica em primeiro lugar em termos de porcentagem de membros com investimentos líquidos de US$1 milhão ou mais. Contudo, use de critério ao ouvir os analistas; nem todos têm um bom histórico. E nem todos são excelentes em transformar renda em riqueza. Segundo minha estimativa, eles estão em 116º nesse quesito. É necessário o equivalente a 154 analistas com renda elevada para produzir 100 milionários.

Em um artigo de 2011 na *USA Today*, foi citado um estudo de Edward Swanson, professor de finanças na Texas A&M University, que analisou as recomendações de analistas de investimentos. O estudo foi primeiro publicado em *The Accounting Review*. Segundo o artigo, "...você pode aumentar o desempenho de suas ações de modo significativo combinando informações de analistas e vendedores a descoberto... especificamente: compre ações que tenham recomendação de 'venda' de analistas, mas que tenham uma baixa atividade de venda a descoberto. Venda ações que têm recomendação de 'compra' dos analistas, mas têm muita atividade de vendas a descoberto".[32]

O que significa "muitas atividades de venda a descoberto"? Significa simplesmente que há muito dinheiro de investimentos sofisticados apostado na expectativa da queda das ações.

Naturalmente, isso não diz muito sobre as pesquisas de analistas (ou, talvez, sobre honestidade e integridade). E dá muito crédito aos vendedores a descoberto — não ao que eles dizem, mas ao que fazem.[33]

Na realidade, alguns analistas financeiros têm uma excelente média de realizações. Muitos deles são mencionados no perfil anual dos melhores analistas do *The Wall Street Journal*. Parte de ser um bom investidor é determinar a confiabilidade de várias fontes de informação disponíveis.

confiança." Ele opera no modelo do corretor de consultoria financeira plena e comissão plena. Seus clientes costumam ser do tipo "novos" executivos, com renda elevada, em busca de status e que têm pouco tempo para acompanhar o investimento ou procurar aqueles que oferecem orientação relativa a investimentos. Eles adoram dicas de ações "novas" e estratégias de investimentos que se assemelham a jogos. Têm pouco tempo para gerir as próprias aplicações, costumam estar no jogo de investimentos, querem as últimas ações mais novas e gostam do prestígio de usar uma empresa de serviços financeiros renomada. É fácil dizer: "Eu trabalho com a X (insira o nome de uma corretora famosa)" e se sentir bem junto a outros igualmente pressionados pelo tempo, afluentes de declaração de renda que buscam subir socialmente. O custo desse privilégio conveniente são ótimos 2% de ativos que o Sr. P. administra todos os anos fazendo muito pouco. Talvez o nosso Sr. Jack precise de uma estratégia diferente: visar esse grupo.

Enquanto líderes de nível executivo são a maioria de seus clientes, o Sr. P. também tem em sua agenda clientes sem autoestima ou autossuficiência no que tange a investimentos. Esse consultor prefere que seus clientes sejam totalmente dependentes de sua orientação e de seus conhecimentos. De fato, encontramos outros provedores de serviços profissionais (advogados, médicos etc.) que se sentem da mesma forma: clientes que acham que sabem mais que os especialistas e podem ser uma verdadeira dor de cabeça (ou foi o que nos disseram). Mas, considerando que um consultor financeiro procura clientes a quem falta confiança para se aproveitar e vender indiscriminadamente valores mobiliários e lhes vender produtos financeiros desnecessários e caros, não é surpresa que o setor como um todo tenha um grande problema de relações públicas.

As ondas de mudança em regulações e cultura popular sobre planejadores financeiros estão levando à lenta adoção do padrão fiduciário: o consultor que oferece recomendações somente no melhor interesse do cliente. Como discutido em *O Milionário Mora ao Lado* em relação a "ensinar a parcimônia", hoje é praticamente do conhecimento de todos que se um consultor se negar a assumir o compromisso e assinar um juramento fiduciário, então, milionários, cuidado.

Acreditamos, e vimos em pesquisas passadas, que ser economicamente bem--sucedido também requer escolher uma equipe adequada de consultores confiáveis. Muitos milionários nos contaram que querem poder focar seu conhecimento (por exemplo, administrar seu negócio) enquanto deixam que outros especialistas (contadores, planejadores financeiros) foquem o deles. Tendo isso em mente, o que deveria um aspirante a milionário que mora ao lado procurar quando pensa

O *Novo* Milionário Mora ao Lado

em contratar conhecimentos profissionais para a administração das finanças? Estas são as principais perguntas a fazer:

1. Quanto mesmo eu vou lhe pagar?

Os dias de pagar uma polpuda comissão ao corretor de valores pelo privilégio de comprar um produto financeiro de que você talvez nem precise (ou, se precisar, poderia ter sido comprado de modo independente) já se foram. O setor de serviços financeiros e o público em geral ainda não sabem. Levará anos, ou talvez décadas, para que essa indústria de muito dinheiro morra uma morte, que será lenta, mas que está a caminho. Os consultores que são remunerados "só por honorários", que não recebem comissões (ou qualquer outra forma de remuneração) de grandes empresas financeiras pelo produto financeiro nos quais seus clientes colocam seu dinheiro, fazem parte de um segmento pequeno, mas crescente na indústria já há anos, e prodigiosos acumuladores entendem que essa é a única maneira de pagar por serviços de consultoria financeira. O "honorário" pode ser uma porcentagem dos "ativos sob administração" ou um honorário de "subscrição" ou "retenção", mais previsível e objetivo, por mês ou por ano.

2. Que valor vou receber de você?

O valor entregue por um consultor financeiro deve ser determinado com facilidade — mesmo que não obviamente visível. Já há vários anos, a Vanguard realizou uma pesquisa intitulada Alfa do Consultor, que cataloga e quantifica o valor adicional proporcionado por consultores financeiros profissionais. O estudo da Vanguard calcula um benefício incremental de aproximadamente 3% de retorno adicional de portfólio baseado nos benefícios de itens como reequilíbrio de portfólio, construção de portfólio e melhoria de comportamentos de investimentos (por exemplo, não comprar na alta e vender na baixa). Mas essa análise quantifica somente os benefícios recebidos de consultores financeiros profissionais em relação ao dinheiro *já poupado e investido*. E o *dinheiro adicional* que é poupado (e, por fim, investido) por causa dos serviços de consultoria financeira profissional? A pesquisa de mercado que realizamos por meio da DataPoints indica que indivíduos que podem melhorar seus comportamentos de construção de riqueza passam a se beneficiar de uma taxa anual de poupança que é 143% maior do que a de seus colegas de baixo desempenho (17% versus 7%). (E observe: esses benefícios podem ser atingidos pela melhoria dos comportamentos financeiros em uma base de "faça você mesmo" ou com a assistência de um consultor financeiro profissional.) Em outras palavras, indivíduos que consistentemente mostram comportamentos de construção de riqueza bem-sucedidos em áreas como frugalidade, indiferença

O que Ainda os Torna Diferentes

Quando os bons tempos acontecem em Wall Street, o mesmo acontece com as lojas de luxo da vizinhança, como se pode ver neste artigo que meu pai escreveu em seu blog há alguns anos:

Em uma transmissão de *Mad Money*, em 2012, Jim Cramer fez uma análise de vários varejistas que atendem aos afluentes. Um deles foi a Tiffany's. Jim indicou que o preço das ações da empresa, naturalmente, estava altamente correlacionado com suas vendas e, por fim, seus lucros. Além do mais, ele sugeriu que o desempenho desse varejista sofisticado estava altamente relacionado com o desempenho dos produtos e serviços financeiros e as organizações que os vendem. Em português, isso significa que quando os trabalhadores de Wall Street recebem bônus altos, eles gastam profusamente em produtos oferecidos pela Tiffany's.

Meus próprios dados sugerem que os profissionais de marketing de produtos e serviços de investimentos têm maior probabilidade de ser da variedade de afluentes de declaração de renda do que do tipo rico em patrimônio líquido. Quando a renda é alta entre essa população de consumidores, você tem probabilidade de encontrar uma série de artigos de jornal que detalham seus prolíficos hábitos de consumo. Por outro lado, quando os ganhos são reduzidos, a redução do consumo salta à vista, e os varejistas sofisticados se preocupam com seu futuro. Em um artigo do *New York Times*, Kevin Roose declarou: "... empresas de investimentos em Nova York fizeram... US$13,5 bilhões em 2011, uma forte queda dos US$27,6 bilhões alcançados em 2010... sentindo o aperto da baixa de Wall Street... lojas de artigos de luxo... em Nova York sentem dificuldades."[34] Que impacto isso terá na vendas da Tiffany's? Você sabe a resposta.

Ah, os afluentes de declaração de renda! Quando se deparam com uma elevação significativa na renda, eles ficam inclinados a entrar no modo de hiperconsumo. Compare os afluentes de Wall Street com um segmento diferente. Recentemente ocorreu um expressivo aumento na renda de fazendeiros do país: "...a receita líquida dos fazendeiros dos EUA atingiu o recorde de US$98,1 bilhões em 2011, 24% mais que no ano anterior." A maioria dos fazendeiros é do tipo rico em patrimônio líquido. Eles costumam alocar lucros inesperados em aumentos de capital e ações e títulos de qualidade, em vez de troféus de brilhantes e prata. Novos silos e tratores são os símbolos de status no campo. Como publicado no *The Wall Street Journal*, existe uma "...estreita relação entre ações da John Deere e o preço do milho por alqueire... Quando a receita no campo é alta, os fazendeiros ficam motivados a investir nas máquinas verdes e amarelas da Deere (tratores etc)."[35]

> Em *Stop Acting Rich*, descrevi fazendeiros em termos de sua produtividade para transformar renda em riqueza. Eles se classificam em 8º lugar nessa dimensão entre os 200 principais grupos ocupacionais de maior renda nos Estados Unidos. E o outro grupo, o pessoal de marketing de serviços de investimento? Minha prova de fogo nesse contexto é a proporção de milionários produzidos como uma função de geradores de alta renda dentro desse segmento. Eles estão classificados bem abaixo dos fazendeiros, entre médicos e advogados de alta renda. Mas em termos da proporção gerando rendas elevadas (US$200 mil ou mais), eles ficam entre os dez primeiros.

social, responsabilidade etc. poupam em média 143% mais todos os anos do que seus pares de pontuação mais baixa. Se um consultor financeiro puder ajudá-lo a aumentar sua taxa de poupança anual mesmo em metade dessa porcentagem, ele valerá seu peso em ouro.

3. Você está agindo no meu melhor interesse? (Ou: posso confiar em você?)

Na verdade, esta deveria ser a primeira pergunta em qualquer relacionamento de serviços profissionais, e com consultores financeiros não é diferente. Sempre procuramos avaliar essa questão nas pessoas com quem fazemos negócios e de quem pedimos orientação, e quando se trata da gestão de nosso dinheiro, ela é extremamente importante. Já há décadas, "consultores financeiros" atuando de acordo com o modelo de "corretores" de vender produtos sob comissão têm tornado essa uma pergunta difícil de responder. Mas os consultores remunerados "só por honorários" da atualidade referidos antes estão normalmente atuando de acordo com um "padrão fiduciário" — da mesma forma que os advogados operam com base nas regras da ordem dos advogados — que obriga e exige que eles sempre ajam no melhor interesse de seus clientes. (Essa é uma daquelas áreas em que uma nova regra é revelada e é difícil imaginar que não tenha *sempre* sido a norma.)

Orientação sobre Mais que Finanças

Nossas responsabilidades e nossos comportamentos financeiros estão interligados com o restante de nossa vida. Em parte, esse é o motivo pelo qual quem atua no setor de serviços financeiros utilizando uma abordagem holística no trabalho com os clientes está tendo êxito. Como discutimos antes, levamos ao trabalho de gerenciamento financeiro todas as outras características, experiências, desafios, relacionamentos familiares que permeiam o restante de nossa vida. O que isso significa para o setor de serviços financeiros? Os conhecimentos necessários são uma verdadeira combinação de planejamento financeiro, psicologia, consultoria e planejamento de vida.

Questões de família, saúde e casamento, assim como o luto e a religião, são apenas alguns tópicos não financeiros com que os consultores do setor trabalham com os clientes. Há alguns anos, um estudo de larga escala sobre consultores rendeu uma grande quantidade de informações sobre a evolução do papel de consultores financeiros como coaches.[36] A pesquisa, que inclui aproximadamente 1.400 consultores ligados à Associação de Planejamento Financeiro ou o Conselho de Padrões Financeiros Certificados, destacou os tópicos, desafios e incidentes críticos enfrentados pelos consultores relacionados a questões não financeiras. Cerca de 90% de consultores relataram se envolver em coaching e aconselhamento não financeiro, e 25% dos contatos de consultores com clientes consistiam em questões não financeiras. Três quartos dos entrevistados calcularam que isso tem aumentado nos últimos cinco anos. Algumas das questões não financeiras discutidas incluíram:

- Metas de vida (64%)

- Saúde física (52%)

- Questões relativas à carreira (50%)

Morte de membros da família ou amigos, conflitos e desavenças com filhos e problemas conjugais também foram listados no topo das áreas discutidas. Em termos de tempo gasto, os consultores relataram que metas de vida pessoais, carreira ou emprego do cliente e saúde física tomaram a maior parte do tempo.

A evolução dos serviços de consultoria financeira, de um foco em transações para um de relacionamento,[37] de aconselhamento baseado em vendas para uma prática holística, também está desafiando a distinção entre coaches, consultores e orientadores financeiros muitas vezes usada por acadêmicos e profissionais de hoje. Essa falta de clareza dá aos consultores focados no bem-estar dos clientes a oportunidade de reunir experiência nessa área e também comunicar essa oferta a clientes em potencial.

Os autores do estudo concluíram:

Divórcio, brigas de família, suicídio, drogas, saúde mental, religião e espiritualidade, doenças e morte — essa parece uma lista de questões que são e devem ser tratadas por um membro do clero, um assistente social, psicólogo ou médico. Nossa pesquisa revela que planejadores financeiros muitas vezes enfrentam essas questões. Conhecimento sobre investimentos e seguros não resolverão esses problemas. Possuir cursos avançados em contabilidade, tributação, finanças ou investimentos será muito útil aos consultores, mas não será suficiente. Na medida em que o planejamento financeiro está destinado a ajudar um cliente a atingir metas pessoais na vida, técnicas de treinamento e planejamento de vida se tornarão aptidões necessárias para planejadores financeiros.[38]

Esses tópicos são quase demais para o Sr. Jack ou o Sr. P. Contudo, como agora vemos cada vez mais, ignorar a natureza entrelaçada da gestão financeira e gestão pessoal está saindo de moda. A abordagem da Sra. Jenkins pode provar ser a melhor no longo prazo.

Investindo em Conhecimento

Menos de 1/3 dos milionários em nossa amostra mais recente conta muito com um consultor de investimentos. Como, então, os indivíduos economicamente bem-sucedidos podem administrar seus investimentos? Parte de construir riqueza é alocação de tempo, um recurso não renovável, para administrar que dinheiro entra com eficiência. Esse tempo também é gasto construindo conhecimento.

Habilidades de investimento dependem mais de criação do que da natureza. As complexidades e os conhecimentos necessários precisam de orientação, lições que a maioria de nós não recebe em casa. Por exemplo, em um de nossos estudos com investidores de alta renda, menos de 1/5 deles relatou que seus pais os ensinaram a investir, enquanto mais de 55% disseram que os pais lhes ensinaram a importância de poupar para o futuro.[39] Como explicou um milionário do Alasca (um engenheiro petrolífero): "Gostaria de ter aprendido a investir quando jovem. Meus pais realmente não entendiam, e acho que seu plano de longo prazo era uma pensão e um pequeno negócio na fazenda. No início dos anos 1990, com a queda dos preços do petróleo juntamente com o valor dos imóveis no Alasca, perdemos todo nosso patrimônio. Foi uma época difícil para nós, mas essa experiência teve grande influência em nossos hábitos de gestão financeira e investimento hoje. Tudo que temos hoje cresceu a partir daquela época."

Investindo Recursos

Enquanto a maioria de investidores milionários em nossa amostra mais recente concordou que gastavam tempo considerável em seus investimentos, também vemos um padrão consistente em nossos grupos de acumuladores de riqueza. Especificamente, PARs consistentemente gastam mais tempo estudando investimentos e planejando decisões de investimentos futuros que os SARs, embora a diferença entre esses dois grupos tenha diminuído desde 1996. Nos dados da pesquisa de 1996, os SARs relataram gastar 55% do tempo que os PARs gastavam por mês estudando e planejando decisões de investimento futuro. Nos dados de 2016, SARs reportaram que esse número subiu para 77%. O motivo para essa mudança não está claro, mas desconfiamos que seja, pelo menos em parte, devido a maior disponibilidade de notícias de qualidade sobre investimentos e comentários online. Em 1996, para acessar esse tipo de informação objetiva, um investidor teria de assinar publicações (muitas vezes caras), como boletins informativos privados, ou periódicos, como o *Barron's*. Em 2016, essas fontes ainda estão disponíveis (por um preço), mas também há um universo de fontes de informação de qualidade (gratuitas) na forma de sites, blogs, podcasts etc. Assim, investir se tornou uma atividade democrática não só pela proliferação de fundos de índice e a drástica redução de honorários, mas também pela disseminação de informação e conteúdo gratuito.

O tempo gasto na gestão e no planejamento de decisões para investimentos futuros está positivamente relacionado ao patrimônio líquido, independentemente de (ou, estatisticamente falando, controlando por) idade e renda. É de surpreender, então, que pessoas economicamente bem-sucedidas, ou seja, bem-sucedidos em transformar renda em riqueza, passem mais tempo que seu pares subacumuladores pesquisando investimentos?

Conclusão

Acredite em si mesmo! Tenha fé em suas habilidades! Sem uma confiança humilde mas razoável em seus pontos positivos, você não será bem-sucedido ou feliz.

— Norman Vincent Peale

SE HOUVER UMA CARTILHA SOBRE QUEM SERÁ O PRÓXIMO MILIONÁRIO QUE MORA ao lado, não será encontrada em um código postal, no banco do motorista de um carro específico ou com um certo relógio ou tipo de portfólio. Em vez disso, a fórmula para ajudar a encontrar (ou, mais importante, a se tornar) o novo milionário que mora ao lado pertence aos padrões e às experiências de comportamentos relacionados à riqueza que compõem nossa vida diária.

A menos que você queira simplesmente que os aspectos demográficos determinem seu rumo, terá que contar com o que faz um dia depois do outro. É por esse motivo que os milionários que fizeram fortuna sozinhos são ricos: eles alocam seu tempo, energia e dinheiro de forma que lhes possibilite construir riqueza, poupam, gastam e investem com disciplina em um mundo de consumidores profissionais e estão cientes de seus pontos positivos e das condições do mercado, da economia e de questões pessoais que podem fazê-los tropeçar no futuro.

Hoje, e no futuro, os que desejam construir riqueza sem uma renda excessivamente alta ou algum ganho inesperado significativo terão que mudar o estilo de vida e os comportamentos. Na verdade, muitos de nós não estamos dispostos a fazê-lo. E porque *não gostamos do que precisamos fazer*, declaramos que não há jeito para se tornar financeiramente independente por conta própria.

Quer estejamos analisando compras de consumidores ou investindo, adquirindo casas ou tendo outras preocupações financeiras, temos visto ao longo dos anos que os competentes em transformar renda em riqueza continuam a ser diferentes. Eles pensam e agem de modo distinto do que se espera, e certamente de modo diferente da norma. Os que querem se superar em construir riqueza e tornar-se economicamente bem-sucedidos podem ter de desistir de versões tradicionais de educação, carreira e investimento. De fato, nossa vida e estilo de vida podem parecer muito diferentes da de nossos pais, principalmente se nossa criação incluía consumo elevado.

Episódios e descobertas referentes a preços de jeans ou erros de investimento a serem evitados são interessantes e podem ter alguma utilidade, mas não bastam para criar um padrão de comportamentos que leve à riqueza em longo prazo. Como discutimos no Capítulo 5, a tarefa de administrar assuntos financeiros exige certas competências, certos conjuntos de padrões de comportamento consistentes e eficazes na transformação de renda em riqueza. Não é suficiente, nem perto disso, ser frugal um dia do ano ou fazer uma compra de carro sensata.

Em vez disso, construir riqueza exige a combinação de nossa habilidade e disposição de viver abaixo de nossas posses, de ser confiante nas decisões financeiras e, por fim, assumir a responsabilidade pelos resultados econômicos de nossas famílias. A tarefa exige que ignoremos a quantidade de coisas que os outros estão fazendo, dirigindo e vestindo, e que sejamos suficientemente focados para monitorar o que está ocorrendo em nossa vida financeira. E exige percorrer nosso caminho financeiro com determinação: criar metas e planos baseados em como queremos que nossa vida se pareça e então estabelecer um curso para atingi-los. Achamos interessante que um relatório recente da Vanguard sobre "previsão econômica" — um relatório destinado, presumivelmente, a ajudar traders a tomar decisões de negociação de curto prazo — foi concluído informando ao leitor que *poupar* é o fator que exerce o maior impacto na habilidade de construir riqueza ao longo do tempo.

Mesmo que não estejamos naturalmente confiantes em nossas decisões relativas a dinheiro ou se preferirmos fazer compras como um de nossos passatempos, a boa notícia para todos é que cada uma dessas características de comportamento, em graus variáveis, é resultado da combinação de natureza *e* criação. Em outras palavras: não importa onde esteja agora, você pode mudar seu comportamento financeiro e seu estilo de vida. Ou ainda:

Geralmente, acumuladores de riqueza de alto potencial não nascem, se fazem.

Essa é a boa notícia. Nossos comportamentos financeiros podem transcender quaisquer grupos a que possamos pertencer, seja de gênero ou outros. O que aconteceu no passado, embora possa ter previsto nosso futuro, até certo ponto, não é necessariamente nosso futuro, principalmente se focarmos e treinarmos para um caminho financeiro melhor. A boa notícia é que existem recursos, muitos dos

Satisfação: Usufruindo a Jornada para a Riqueza

E aqueles que não precisam mudar nada em seu estilo de vida porque têm uma rede de proteção considerável? Os que recebem amplas doses de Pronto Socorro Econômico, como meu pai escreveu em 2010, não têm o privilégio de experimentar a busca pela riqueza e, por essa razão, talvez a vejam como algo comum:

Sim, hoje é desafiador construir riqueza sozinho. Também era desafiador em 1996. Porém, se alguém deseja viver na "Vila Independência", é possível e necessário.

E os que herdam sua riqueza? Talvez eles morem na Rua da Facilidade. Mesmo para os que herdam sua riqueza, existem diferenças individuais consideráveis em como eles acabam utilizando essa riqueza. Os "herdeiros realizadores" versus "herdeiros não realizadores" podem estar em sua família ou vizinhança.

Como classifico os milionários que herdaram toda ou a maioria de sua fortuna? Eu não os considero felizardos. Na verdade, acho que eles são desprivilegiados. Eles não tiveram o privilégio de sentir a grande satisfação e o orgulho proporcionado pela construção da própria fortuna. Inúmeros milionários me contaram que a jornada para a riqueza traz mais satisfação do que chegar ao destino. Quando olham para trás e veem sua história, se lembram constantemente das metas econômicas estabelecidas e da grande satisfação obtida ao alcançá-las. Sim, no contexto da realização econômica, é da viagem, da jornada rumo à emancipação financeira, que eles se vangloriam com mais frequência.

Nunca inveje quem herdou seu destino. A maioria das viagens para a autonomia financeira começa com o primeiro tostão economizado. Na próxima vez em que você vir uma semente caída no chão, leve-a para casa e coloque-a sobre a mesa. Ela ficará lá para o lembrar de que mesmo os carvalhos gigantescos, como as fortunas, começam com uma simples semente.

Se você leu *O Milionário Mora ao Lado,* deve se lembrar de trechos de uma entrevista que realizei com o Dr. Dave North.[1] Dave tinha acabado de ser eleito para o hall da fama de milionários que moram ao lado em sua primeira indicação. Ele declarou que a jornada para a independência financeira (seu patrimônio liquido era superior a US$7 milhões) foi mais satisfatória e lhe deu mais orgulho do que a situação de seu balanço patrimonial atual. Durante a entrevista com Dave, ele explicou como melhorou a autoestima e a satisfação durante os primeiros anos de construção de riqueza:

"Mesmo quando tinha 11 anos de idade, poupei meus primeiros US$50 trabalhando em um açougue. É como hoje... só que hoje a quantidade de zeros muda... Mais zeros, mas a regra e a disciplina são as mesmas. Quando

> frequentei a faculdade, minha mulher lecionava. Tínhamos uma renda modesta... Mesmo então sempre seguíamos a regra... poupar — mesmo então, poupávamos. Não se pode investir sem alguma coisa... A primeira coisa é poupar. Você deve aproveitar as oportunidades de investimento... Você deve ter algo com que aproveitar excelentes oportunidades... Isso faz parte de minha formação."
>
> Não é necessário ser um profissional ou executivo com elevada remuneração como Dave para ser financeiramente independente. Quatro dos cinco milionários nos EUA enriqueceram sozinhos. Um total de 42% dos 944 milionários descritos em *Stop Acting Rich* tinham um patrimônio líquido de zero ou menos quando começaram a trabalhar em período integral. Aprenda a extrair felicidade da jornada para a riqueza, não da aparência dela. Experimente a constante alegria de estar no controle de sua vida, sem permitir que o consumo o controle.

quais são gratuitos e acessíveis — muito mais do que em 1996 —, para os que desejam crescer, aprender e obter os conhecimentos necessários para gerir seus assuntos financeiros. Usadas de modo proveitoso, tecnologias podem nos impelir para o melhor. Nosso comportamento em relação às finanças pode mudar a qualquer momento, independentemente de quem sejam os governantes de plantão ou de onde veio nossa família.

Assim, onde está o novo milionário que mora ao lado hoje? Em todas as suas formas, o milionário que mora ao lado continuará a existir e prosperar enquanto neste país [os Estados Unidos] estiverem presentes a liberdade e as recompensas únicas para empreendedorismo, disciplina e trabalho duro. A seguir há um resumo do que continuará a ser exigido de quem busca o sucesso financeiro:

- Ignorar os mitos da riqueza, incluindo a confusão entre renda e patrimônio líquido e as barreiras para criar riqueza por conta própria.

- Reconhecer a influência exercida por terceiros em atitudes e comportamentos financeiros e aprender com os que são igualmente comprometidos com o sucesso financeiro acima e além de parecer rico.

- Tomar boas decisões de consumo continuamente, começando com não dar atenção à vizinhança, compreendendo seu efeito potencial na tarefa de atingir metas financeiras.

- Avaliar pontos fortes e fracos referentes a finanças para melhorar o que for possível em áreas como a frugalidade, assumir responsabilidade por resultados financeiros e confiança para tomar decisões com base em conhecimento.

- Decidir desde o início sobre uma filosofia de trabalho e carreira e não supor que uma visão tradicional do trabalho que determina uma existência das 8h às 18h dos 25 aos 67 anos é o único caminho.

- Reconhecer que comportamentos de investimento bem-sucedidos podem ser aprendidos e melhorados e que os frutos de investir eficazmente o que é poupado ao longo do tempo proporcionam segurança para os aspectos mais importantes da vida.

Talvez em 20 anos os pesquisadores encontrem uma pílula ou fórmula secreta que transforme renda em riqueza de modo fácil e confiável. Quando tal receita for encontrada, deixaremos de falar sobre comportamentos e disciplina, frugalidade, alocação de recursos e perseverança. Até lá, os que desejam percorrer o caminho do sucesso econômico têm nas mãos um mapa para a jornada à frente, repleta de desafios, mas também de recompensas.

Apêndice A: Estudos

Segmentação por Bairro e Status da Propriedade Empresarial

O estudo sobre milionários usado na maioria das tabelas e discussões neste livro foi realizado entre abril de 2015 e janeiro de 2016. Para identificar essa amostra de afluentes, usamos um banco de dados residencial e empresarial comercialmente disponível. Para ser exato, usamos uma empresa que empregou uma metodologia semelhante à que foi usada para identificar famílias milionárias nas pesquisas passadas (por exemplo, as de *O Milionário Mora ao Lado* e *A Mente Milionária*). Isto é, a identificação de famílias de alta renda ou elevado patrimônio líquido dependeu da geocodificação. Selecionamos um grupo mosaico da Experian, American Royalty, que representa 0,73% da população dos Estados Unidos.[1] Esse grupo representa as famílias mais ricas do país, como definido pela Experian, e é baseado na geocodificação de endereços e códigos postais. Então usamos os dados de Statistics of Income [Dados Estatísticos de Renda] de 2012[2] do IR para classificar todos os estados de acordo com todas as declarações de espólio. Fizemos uma subamostra de famílias nos sete estados mais importantes em termos de total de declarações (20% da amostra; os estados foram Califórnia, Flórida, Illinois, Nova Jersey, Nova York, Pensilvânia e Texas), e uma superamostra dos estados restantes (80% da amostra). Fizemos sobreamostras de estados que tinham um número menor de milionários para garantir que um corte transversal mais amplo de norte-americanos fosse incluído na amostra.

Além das famílias, incluímos um subconjunto de pequenos empresários na amostra, utilizando a mesma empresa e as opções de donos de empresa, e incluímos cargos como presidente, proprietário, CEO e fundador.

No total, selecionamos 9.947 chefes de família, assim como 1.516 pequenos empresários para incluir no estudo.

Criamos um instrumento de pesquisa que incluiu perguntas sobre estilo de vida, dados demográficos, comportamentos e hábitos. Foram incluídas muitas perguntas que foram usadas em estudos anteriores (as que foram usadas em *O Milionário Mora ao Lado* e *A Mente Milionária*, por exemplo), juntamente com novas seções relativas à compra de imóveis e comportamentos referentes a investimentos. Foram criadas uma versão impressa e outra online do estudo. O A. L. Burruss Institute of Public Service and Research [Instituto de Serviço Público e Pesquisa A. L. Burrus, da Universidade Estadual Kennesaw] administrou o estudo (in-

O *Novo* Milionário Mora ao Lado

cluindo envio de correspondência e coleta) e inseriu os dados para levantamentos impressos. Foram conduzidas múltiplas levas de coleta de dados.

Leva 1: cinco mil chefes de família foram contatados por carta e solicitados a preencher a pesquisa em troca de US$1, e receberam um lembrete para concluir a pesquisa cerca de três semanas depois. Esta leva resultou em 461 respondentes para uma taxa de resposta de 9,2%.

Leva 2: esta leva de dados coletados incluiu duas amostras de 500 chefes de família que receberam (a) uma carta de apresentação seguida por uma pesquisa em papel ou (b) uma carta de apresentação seguida por um cartão postal pedindo-lhes para preencher uma pesquisa online, cada qual com um incentivo de US$2. A taxa de resposta foi de 18,2% para a versão em papel, e de 11,4% para a versão online. Para esta leva, 148 em mil chefes de família contatados participaram do estudo.

Leva 3: o instrumento do estudo foi dividido em duas condições para reduzir sua extensão, e os participantes nesta leva foram designados ao acaso para o formulário A ou B. Os dados coletados desta leva incluíram 3.947 chefes de domicílio e 1.516 donos de pequenas empresas, que receberam uma carta de apresentação seguida por um cartão postal convidando-os a preencher uma pesquisa online em troca de US$2. As taxas de resposta dessa coleta de dados foi de 7,32% e de 6,6% para chefes de domicílio (n = 289) e donos de pequenas empresas (n = 100), respectivamente.

Um total de 998 respostas foram recebidas a tempo de serem incluídas em nossas análises. Em geral, a taxa de resposta foi de 9%. Das respostas recebidas, 164 estavam incompletas, restando 834 respostas. Destas, 669 eram de milionários ou decamilionários.

Estudos Adicionais
Assim como em *O Milionário Mora ao Lado* e outras obras relacionadas, amostras e estudos adicionais foram incluídos neste livro em alguns casos. Uma das principais fontes de dados adicionais é descrita aqui. Usando o mesmo instrumento de pesquisa que na amostra de afluentes citada antes, pesquisamos 528 indivíduos usando um serviço de crowdsourcing (Mechanichal Turk, da Amazon). Os respondentes receberam US$2 em troca da participação. Para poder participar, os indivíduos precisavam ter uma renda anual bruta de pelo menos US$25 mil, ser responsáveis pela administração financeira individual ou conjunta de sua família e ter pelo menos 25 anos de idade. Isso resultou em uma amostra basicamente de afluentes de renda elevada, com idade média de 37,9 anos, que eram, na maioria, homens (53,5%) e tinham uma renda mediana estimada de US$87.101,21. Quase

metade da amostra (47,7%) tinha um patrimônio líquido abaixo de US$200 mil, enquanto 44,2% da amostra tinham um patrimônio líquido entre US$200 mil e US$999.999.

Estudos de Comportamentos e Experiências

O estudo da natureza preditiva de experiências e comportamentos passados foi examinado usando-se múltiplos estudos entre 2012 e 2017. Esses estudos examinaram a utilidade de mensurações baseadas em biodados de acúmulo de riqueza com duas amostras diferentes: membros do Painel do Instituto de Pesquisa do Mercado de Afluentes e duas amostras obtidas por crowdsourcing com uma maioria de norte-americanos de renda elevada. Detalhes dessa pesquisa podem ser encontrados no Relatório Técnico de Criação de Saúde e no Relatório de Comportamentos Financeiros e Potencial de Riqueza da DataPoints,[3] assim como em artigos periódicos e apresentações.[4]

Apêndice B: Classificação de Firmas Individuais por Porcentagem de Lucro (1998 e 2015)[1]

Setor	1998		2015	
	% lucro	Número de retornos	% lucro	Número de retornos
Produtos de plástico e borracha			98	3.188
Consultórios de médicos especialistas em saúde mental	93	21.698	91	37.200
Corretor de bancos de investimento e corretores de seguros	49	2.246	90	12.810
Consultórios de dentistas	94	91.998	89	77.693
Consultórios de podólogos	75	6.296	88	7.905
Assistência social	83	75.876	87	834.770
Corretores de seguros	67	20.839	86	10.176
Consultório de quiropráticos	84	31.285	86	33.912
Outros serviços ambulatoriais de saúde (incluindo serviços de ambulância, bancos de sangue e órgãos)	–	–	86	35.594
Gestão de resíduos e serviços de regeneração	69	15.741	85	24.059
Hospitais	–	–	85	9.787
Construção de edifícios	–	–	84	622.635
Empreiteiros de serviços especiais de construção	87	1.789.725	84	2.035.724
Construção	86	2.243.044	84	2.696.797
Serviços de saúde e assistência social	86	1.506.387	84	2.181.372
Elaboração de desenhos técnicos, inspeção de obras e agrimensura	91	50.347	83	44.376
Enfermagem e instalações de acolhimento	72	48.026	83	81.300
Funilaria	79	80.665	83	70.691
Serviços jurídicos	83	318.005	83	345.480
Serviços administrativos e de apoio e gestão de resíduos	–	–	82	2.471.954

Setor	1998		2015	
	% lucro	Número de retornos	% lucro	Número de retornos
Serviços administrativos e de apoio	83	1.235.496	82	2.447.895
Consultórios médicos (exceto especialistas em saúde mental)	87	170.538	82	179.425
Pesquisa científica e serviços de desenvolvimento	53	12.566	82	40.461
Instalações de estocagem e armazenamento	74	3.826	82	8.290
Transporte por caminhão	–	–	82	643.728
Serviços de saúde ambulatoriais	87	760.492	81	1.255.515
Centros de pronto-atendimento e outros profissionais de saúde diversos	–	–	81	259.314
Outros transportes terrestres/trânsito	–	–	80	655.423
Serviços pessoais e de lavanderia	81	1.208.071	80	2.493.940
Consultórios de profissionais de saúde mental e terapeutas sociais	92	150.205	80	197.753
Transporte e armazenamento	80	790.262	80	1.619.557
Outros serviços de contabilidade	83	345.408	80	356.199
Outros serviços	81	1.857.237	79	3.512.160
Serviços de assistência médica residencial	83	93.523	79	386.214
Escritórios de auditores independentes	93	48.585	79	46.475
Estabelecimentos não classificados	82	348.125	78	589.940
Fabricação de produtos de metal	75	29.319	78	36.733
Laboratórios de testes	–	–	78	6.564
Corretores e negociantes de contratos de commodities	65	7.621	78	3.031
Serviços educacionais	79	292.813	77	855.798
Consultórios de optometristas	98	12.810	77	22.796
Consertos variados	85	342.797	77	398.593

Setor	1998		2015	
	% lucro	Número de retornos	% lucro	Número de retornos
Entregadores e mensageiros	76	182.092	77	189.460
Móveis e produtos afins	58	31.772	76	23.881
Serviços de arquitetura	87	70.786	76	102.545
Transporte aéreo e ferroviário	61	13.722	76	16.929
Publicidade e serviços afins	81	86.337	75	144.018
Pesquisa de mercado e de opinião pública	49	28.111	75	53.368
Museus, sítios históricos e instituições semelhantes	–	–	75	8.028
Arquitetura, engenharia e serviços afins	84	226.852	75	249.754
Reparo e manutenção de veículos	78	306.369	75	360.747
Todos os setores não agrícolas	75	17.408.809	74	25.226.245
Equipamento, aparelhos e componentes elétricos	71	7.936	74	8.239
Serviços especializados, científicos e técnicos	78	2.431.374	74	3.486.604
Laboratórios médicos e de diagnóstico	83	19.427	74	17.709
Organizações religiosas, filantrópicas, civis, profissionais e outras	–	–	74	258.879
Oficina mecânica e autoelétrica	77	138.276	74	197.540
Outros serviços variados	75	454.840	73	775.788
Outros serviços profissionais, científicos e técnicos	76	1.145.409	73	1.932.153
Produtos em madeira	44	37.081	73	31.955
Serviços de consultoria técnica, científica e administração	77	563.555	73	918.517
Couro e produtos associados			72	6.038
Serviços de design gráfico	74	205.552	72	286.069
Atividades de apoio à mineração	70	12.818	71	19.300

Setor	1998		2015	
	% lucro	Número de retornos	% lucro	Número de retornos
Escritórios de corretores de imóveis, corretores de mercado, administradores e avaliadores de imóveis	–	–	71	858.484
Fabricação de produtos diversos	–	–	71	66.390
Processamento de dados, publicação e transmissão na internet e em portais de busca na web	–	–	71	100.357
Serviços de engenharia	74	86.090	71	85.798
Atividades de apoio para transporte (incluindo reboque de veículos a motor)			71	90.138
Companhia e corretoras de seguros	77	294.680	70	311.554
Indústria química	–	–	70	15.976
Agentes e corretores de seguros e atividades afins	76	387.774	70	422.069
Outros serviços de reparo e manutenção de veículos (incluindo troca de óleo, lubrificação e lava-rápido)	–	–	70	92.517
Atividades de apoio para agricultura e exploração florestal	62	121.885	70	106.930
Outras atividades relativas a seguro e outros veículos financeiros	73	93.095	70	110.515
Imóveis	77	796.471	69	1.167.939
Produtos de petróleo e carvão	–	–	69	1.030
Locação e leasing de imóveis	–	–	69	1.214.655
Finanças e seguros	73	598.939	68	636.234
Produtos eletrônicos e de informática	70	12.937	68	16.891
Exploração florestal e extração de madeira (incluindo viveiros florestais e reflorestamento)	–	–	67	52.006
Manufatura	67	361.254	67	380.959
Produção de filmes e gravação de áudio	59	54.643	67	112.826
Restaurantes (serviço completo e limitado) e bares	–	–	66	427.770

Setor	1998		2015	
	% lucro	Número de retornos	% lucro	Número de retornos
Locação e arrendamento de equipamento automotivo	80	17.803	66	15.330
Revendedores de carros e peças	69	131.095	66	132.250
Outras atividades relacionadas a imóveis	79	102.301	66	257.276
Transporte de água	98	2.720	66	6.033
Informações	65	212.455	66	337.957
Bens duráveis, incluindo maquinário, madeira, metais etc.	74	186.195	66	189.507
Artes cênicas, espetáculos desportivos e indústrias afins	60	820.312	66	1.346.487
Gráficas e atividades de apoio afins	77	36.768	66	31.950
Serviços	44	7.147	65	20.235
Artes, entretenimento e recreação	61	986.769	65	1.499.737
Serviços especializados em design	60	141.563	65	270.473
Intermediação de crédito e atividades afins	76	63.151	65	39.213
Títulos, contratos de commodities e outros investimentos financeiros	64	148.034	65	174.952
Hospedagem, serviços de alimentação e bares	64	302.777	65	486.163
Lojas de bebidas e alimentos	81	127.853	65	92.538
Mineração	50	119.376	64	134.638
Indústria de entretenimento, jogo e recreação	67	165.341	64	145.222
Engenharia de construção pesada e civil	–	–	64	38.439
Extração de petróleo e gás			63	109.099

Setor	1998		2015	
	% lucro	Número de retornos	% lucro	Número de retornos
Vestuário	61	23.213	63	22.701
Lojas de variedades	73	27.061	63	28.966
Mercado editorial (exceto internet)	70	48.598	62	77.200
Comércio atacadista (comerciante atacadista)	73	376.581	61	371.148
Outras atividades financeiras de investimento (consultoria de investimentos)	64	115.889	61	147.617
Equipamento de transportes	100	8.092	61	11.931
Maquinário	85	32.967	61	24.012
Outras atividades de mineração	–	–	61	6.239
Agricultura, exploração florestal, caça e pesca	64	288.922	60	269.704
Produção de alimentos			60	54.971
Material de construção, equipamento de jardinagem e revendedores de suprimentos	73	51.639	59	26.585
Lojas de eletrônicos e de eletrodomésticos	82	39.038	59	13.704
Serviços de levantamento topográfico e mapeamento (exceto geofísico)	100	15.598	59	10.471
Bens não duráveis, incluindo alimentos, fibras, produtos químicos etc.	71	190.386	58	142.190
Produtos minerais não metálicos	88	8.078	58	9.178
Radiodifusão (exceto internet) e telecomunicações e provedores de serviços de internet	–	–	58	47.574
Pesca, caça e armadilhagem	–	–	58	66.144
Lojas de variedades	48	453.894	57	618.370
Lojas de roupas e acessórios	70	120.917	57	164.182
Alojamento de viagem (incluindo hotéis, motéis e pousadas)	–	–	56	38.853
Comércio varejista	55	2.349.535	55	2.460.635

Setor	1998		2015	
	% lucro	Número de retornos	% lucro	Número de retornos
Postos de gasolina	71	37.767	55	16.546
Lojas de artigos esportivos, hobbies, livros e música	61	140.232	54	104.898
Serviços de locação e arrendamento	58	75.143	54	45.550
Passeios turísticos	40	4.491	54	9.556
Mercados, agentes e corretores de comércio de atacado de eletrônicos	–	–	53	39.451
Hospedagem	63	56.380	53	58.393
Lojas de produtos de saúde e cuidado pessoal	44	143.921	53	136.758
Lojas de móveis e decoração	78	58.877	52	25.876
Varejistas sem loja	47	1.017.241	52	1.099.962
Arrendatários de imóveis (incluindo miniarmazéns e autoarmazenagem)	–	–	51	52.178
Locação e arrendamento de maquinário e equipamento comercial e industrial	–	–	50	15.176
VR (veículo recreativo), parques e acampamentos recreativos	72	14.107	49	9.999
Pensões e hospedarias	56	11.862	47	9.542
Centros de locação geral e locação de outros bens de consumo	52	13.620	45	11.906
Locação de eletrodomésticos e produtos eletrônicos	–	–	38	2.671
Fábrica de tecidos e produtos têxteis	94	5.668	35	13.115
Criação de animais (incluindo cães e gatos)	25	26.188	34	44.625
Indústria de metais primários	–	–	27	2.781
Títulos e bolsa de commodities	–	1.439	11	1.317

Apêndice C: Cargos Selecionados de Jornada Dupla de Prodigiosos Acumuladores de Riqueza de Renda Elevada

Administrador Judiciário
Administrador de Sistemas
Advogado
Analista
Analista de Negócios
Analista Financeiro
Aposentado
Assistente
Auditor
Autônomo/Freelancer
Auxiliar de Pessoal
Cientista
Cientista Alimentar
Clérigo
Conselheiro Acadêmico
Consultor
Consultor de Assistência Médica Sênior
Consultor de Pesquisas Estatísticas
Contador
Corretor de Imóveis
Desempregado
Diretor de Programa de Negócios
Diretor de Qualidade
Dona de Casa
Educador
Empresário
Empresário/Empreiteiro
Empresário/Gerente de Negócios Agrícolas

Enfermeiro (a)
Engenheiro
Engenheiro de Automação
Engenheiro de Software
Entrada de Dados
Escritor
Estudante
Fazendeiro
Físico
Fotógrafo
Freelancer
Gerente
Gerente de Escritório
Gerente de Manutenção
Gerente de Marketing Digital
Gerente de Médio Escalão
Gerente de Operações
Gerente de Programa de Pesquisa
Gerente de Qualidade
Gerente de TI
Gerente de Varejo
Gerente de Vendas
Gerente e Parceiro Comercial
Gerente Financeiro
Gerente Florestal
Investidor
Líder de Equipe
Líder de Recreação
Locador

Operador de Empilhadeira
Orientador Educacional
Pai/Mãe que Fica em Casa
Palestrante
Paralegal
Pequeno Empresário
Professor
Professor de História do Ensino Médio
Profissional de Saúde
Programador
Proprietário/Operador de Empresa
Provedores de Cuidados Infantis
Recrutador
Redator de Notícias de TV
Redator de Publicidade
Redator Jurídico
Representante de Seguros
Supervisor de Merenda
Técnico de Farmácia
TI
Vendas e Desenvolvimento Comercial
Web Designer
Webmaster

Notas

Prefácio

1 Stanley e Danko, 1996, 3.

2 Federal Reserve, 2015.

3 American Psychological Association, 2015.

4 Fallaw, 2017.

Capítulo 1

1 Mr. Money Moustache, 2013.

2 Rockstarfinance.com, 2018.

3 Stanley e Danko, 2010.

4 Relatório do World Economic Forum, 2017.

5 Spectrem Group, 2018.

6 United States Census Bureau, 2017.

7 Congress of the United States Congressional Budget Office, 2016.

8 Federal Reserve, 2017a.

9 Semega, Fontenot e Kollar, 2017.

10 Federal Reserve, 2017a.

11 Genworth, 2016.

12 United States Census Bureau, 2017.

13 Bureau of Labor Statistics, 2017.

14 Kruger, Grable e Fallaw, 2017; Fallaw, Kruger e Grable, 2018.

15 Gatewood e Feild, 1998.

16 Kruger, Grable e Fallaw, 2017; Fallaw, Kruger e Grable, 2018.

17 Fallaw, 2017.

18 Cassuto, 2013.

19 Associated Press-NORC Center for Public Affairs Research, 2017.

20 Federal Reserve, 2015.

21 Internal Revenue Service Statistics of Income, 2015.

22 Amostras obtidas por *crowdsourcing* realizada pelo Affluent Market Institute e DataPoints entre 2013 e 2017.

23 Pew Research Center, 2017.

24 Shoen, 2015.

Capítulo 2

1 Bureau of Labor Statistics, 2016a.

2 Os números relativos a renda e patrimônio líquido desta seção são de 2013.

3 Tax Foundation, 2012.

4 Johnson, Raub e Newcomb, data desconhecida.

5 Muller, 2011.

6 Stanley, 2012.

7 Stanley e Danko, 1996.

8 Berkowitz, 2013.

9 Sahadi, 2011.

10 Berkowitz, 2011.

11 Kroll, 2012.

12 Fallaw, 2017.

13 Taylor, Klontz e Lawson, 2017.

14 Trevelyan et al., 2016.

15 Stanley, 2009.

16 Horwitz, 2011.

17 Kroll, 2012.

18 Paletta, 2014.

19 Leonhardt, 2014.

20 Sorkin, 2011.

21 Corrado, 2011.

22 Pew Research Center, 2014.

23 Stanley, 2009. Note que, em 2016, 80% dos milionários classificaram trabalho duro como importante ou muito importante para seu sucesso.

Capítulo 3

1 Global Financial Literacy Excellence Center, 2018.

2 Stokes, Mumford e Owens, 1989; Snell, Stokes, Sands e McBride, 1994.

3 Solheim, Zuiker e Levchenko, 2011.

4 Letkiewicz e Fox, 2014.

5 Ibid.

6 Gatenby, 2000.

7 National Bureau of Economic Research, 2012.

8 Zagorsky, 2005.

9 Stanley, 2000; Yarrow, 2015.

10 Dokko, Li e Hayes, 2015.

11 Easton, 2012.

12 Stanley, 2000.

13 Internal Revenue Service, 2012.

14 Norton, 2014; Anderson, Kraus, Glainsky e Keltner, 2012.

15 Mangleburg, Doney e Bristol, 2004.

16 Lee, 2012.

17 Fallaw, 2017.

18 Bentley, 2010.

19 Stanley, 2009, 21.

20 Bureau of Labor Statistics, 2016e.

21 Stanley, 2013.

22 Stanley e Danko, 1996, 75.

23 Stewart, 2016; Asano, 2017.

24 Veja, por exemplo, Wang, Yu e Wei, 2012.

25 Margalit, 2016.

26 Byron, 2010.

27 Ibid.

28 Godin, 2008.

29 Inmar, 2014.

30 Cavale, 2018.

Capítulo 4

1   Stanley e Danko, 1996, 27.

2   Fallaw, 2017; Fallaw, Kruger e Grable, 2018.

3   Weinberg, Reagan e Yankow, 2004.

4   Stanley, 2009, 43.

5   Zhang, Howell e Howell, 2014.

6   Williams, 2014.

7   Federal Reserve Bulletin, 2017b.

8   Bankrate.com, 2012a.

9   Bankrate.com, 2012b.

10 Bernardo, 2017.

11 Stanley e Danko, 1996, 68.

12 Nota: os valores em dólar de 1996 foram convertidos para valores de 2016 usando o Calculador IPC do Instituto de Estatísticas do Trabalho.

13 Statistic Brain, 2017.

14 Cotton Incorporated, 2013.

15 ShopSmart, 2010; Tuttle, 2011.

16 American Apparel and Footwear Association, 2016.

Notas

17 Mesnik, 2017.

18 Stanley, 2000, 289.

19 Snyder, 2011.

20 Sawyers, 2013.

21 Stanley, 2009, 14.

22 Internal Revenue Service, 2017.

23 Stanley e Danko, 1996, 37.

Capítulo 5

1 Bureau of Labor Statistics, 2016c.

2 Fallaw, 2016; Fallaw, 2017; Fallaw, Kruger e Grable, 2018; Grable, Kruger e Fallaw, 2017; Kruger, Grable e Fallaw, 2017.

3 Fallaw, Kruger e Grable, 2018.

4 Ibid.

5 Chernow, 2018.

6 Bolduc, 2012.

7 Schmidt e Hunter, 1998.

8 Letkiewicz e Fox, 2014. Fallaw, 2017.

9 Fallaw, 2017.

10 Stanley, 2009, 54 (parafraseado).

11 National Center for O*NET Development, 2016.

12 Lehrer, 2011.

13 Zagorsky, 2007.

14 McGrath, 2015.

15 Lusardi e Mitchell, 2011.

16 Ibid.

17 Rich, 2012.

18 *Atlanta Journal-Constitution*, 4 de março de 2012.

19 Stanley, 2009, 97

20 Letkiewicz e Fox, 2014.

21 Stanley, 2009, 296.

22 Stanley, 2000, 107.

23 *Atlanta Journal-Constitution*, 18 de março de 2012.

24 Stanley, 2009, 296.

25 Judge e Hurst, 2007.

26 Fidelity Investments, 2016.

27 Federal Reserve, 2017b.

28 National Center for Education Statistics, 2018.

O *Novo* Milionário Mora ao Lado

29 Hanks, 2015.

30 Schmidt e Hunter, 1998.

31 Stanley, 2000, 83.

32 Cassuto, 2013.

33 Stanley, 2000, 85.

34 O'Connor, 2012.

35 Stanley, 1998.

36 Stanley, 2004.

37 Stanley, 2000, 98.

38 Bureau of Labor Statistics, 2016h. (Todos os dados, exceto uso de mídia social.)

39 Asano, 2017.

40 University College of London, 2009; Farrell, 2015.

41 Farrell, 2015.

42 Fallaw, 2017.

Capítulo 6

1 Neuharth, 2013.

2 Bureau of Labor Statistics, 2016g.

3 Levanon, Kan e Li, 2016.

4 Pew Research Center, 2013.

5 Society for Human Resource Management, 2015.

6 Gallup, 2017.

7 CareerBuilder, 2017.

8 Martin, 2014.

9 Stanley, 2000, 393.

10 Stanley, 2005, 8.

11 *Atlanta Journal-Constitution*, 2014.

12 Stanley e Danko, 1996, 241.

13 Semega, Fontenot e Kollar, 2017.

14 Bureau of Labor Statistics, 2016b.

15 Stanley, 2014; Stanley, 2011.

16 Stanley e Danko, 1996, 256.

17 Phillips, 2013.

18 Speights, 2017.

19 Hagerty, 2014.

20 Stanley, 2000, 120–21.

21 Geldhof e Lerner, 2015.

22 Richards e Fox, 2010.

Notas

23 Ibid, 103.

24 Ibid, 173.

Capítulo 7

1 Su, 2016.

2 Financial Industry Regulatory Authority, 2017. Note que esses dados são diferentes dos apresentados pelo Bureau of Labor Statistics (2016).

3 Grable, Lytton, O'Neill, Joo e Klock, 2006.

4 Buffett, 2017.

5 Lynch, 2012, 86, 140, 185, 190, 191, 227–28, 305.

6 Carlson, 2017.

7 Stanley e Moschis, 1984.

8 Internal Revenue Service, 2017.

9 Barber e Odean, 2011, 36–37.

10 Finke e Huston, 2003.

11 Grable, 2000; Grable e Joo, 2004; Wang, 2009.

12 Mayfield, Perdue e Wooten, 2008.

13 Fallaw, 2018a.

14 Ibid.

15 Barber e Odean, 2001.

16 Fallaw, 2018a.

17 Sages e Grable, 2010.

18 Grable, 2000.

19 Howlett, Kees e Kemp, 2008.

20 Hartog, Ferrer-i-Carbonell e Jonker, 2002.

21 Sages e Grable, 2010.

22 Kruger, Grable e Fallaw, 2017.

23 Fallaw, 2018a.

24 Barber e Odean, 2001.

25 Corter e Chen, 2006.

26 A lista completa de comportamentos relativos a investimentos está disponível na DataPoints [conteúdo em inglês].

27 Bureau of Labor Statistics, 1996.

28 Bureau of Labor Statistics, 2016f. Note que esses dados são diferentes do cálculo da Autoridade Regulatória da Indústria Financeira (2017) do número de representantes ou corretores da bolsa nos EUA.

29 Bodnaruk e Simonov, 2015.

30 Vanguard, 2016.

31 Baker e Nofsinger, 2002.

32 Waggoner, 2011.

33 Ibid.

34 Roose, 2012.

35 Jakab, 2012.

36 Dubofsky e Sussman, 2009.

37 Fallaw, 2016.

38 Dubofsky e Sussman, 2009, 57.

39 Fallaw, 2018b.

Conclusão

1 Stanley e Danko, 1996, 72–93.

Apêndice A

1 Experian, 2014.

2 Internal Revenue Service, 2012.

3 Fallaw, 2016; Fallaw, 2017; Fallaw, 2018a.

4 Grable, Kruger e Fallaw, 2017; Kruger, Grable e Fallaw, 2017; Fallaw, Kruger e Grable, 2018.

Apêndice B

1 Internal Revenue Service, 1998; Internal Revenue Service, 2015. Note que as classificações se referem a firmas individuais com mais de mil retornos. Devido a mudanças nas categorizações de firmas entre 1998 e 2015, algumas comparações diretas não podem ser feitas.

Referências Bibliográficas

American Apparel and Footwear Association. (2016). "ApparelStats and ShoeStats 2016 At-a-Glance". https://www.aafaglobal.org/AAFA/ApparelStats_and_ShoeStats_at-a-glance.aspx

Associação Americana de Psicologia. (2015). "Money Stress Weighs on American's Health". http://www.apa.org/monitor/2015/04/money-stress.aspx

Anderson, C., Kraus, M. W., Galinsky, A. D. e Keltner, D. (2012). "Tyhe Local-Ladder Effect: Social status and subjective well-being". *Psychological Science* 23(7), 764–71.

Associated Press-NORC Center for Public Affairs Research. (2017). "Phasing into Retirement: Older americans' experiences with work and retirement planning". http://www.apnorc.org

Asano, E. (2017). How Much Time Do People Spend on Social Media? [Infographic]. *Social Media Today*. https://www.socialmediatoday.com

Baker, H. K. e Nofsinger, J. R. (2002). "Psychological Biases of Investors". *Financial Services Review* 11(2), 97.

Bankrate. (2012a). "How Much House Can I Afford?" https://www.bankrate.com/ alculators/mortgages/new-house-calculator.aspx

Bankrate. (2012b). "Home Values: Prices rise, fall equally". https://www.bankrate.com/finance/real-estate/home-values-prices-rise-fall-equally.aspx

Barber, B. M. e Odean, T. (2001). "Boys Will Be Boys: Gender, overconfidence, and common stock investment". *Quarterly Journal of Economics*, 261–92.

Barber, B. M. e Odean, T. (2011). "The Behavior of Individual Investors". http:// dx.doi.org/10.2139/ssrn.1872211

Bentley, T. (16 de outubro de 2010). "A Chart Topping Cave Dweller". *Wall Street Journal*. https://www.wsj.com/articles/SB10001424052748703843804575534513063943170

Berkowitz, B. (12 de outubro de 2011). "Buffett Tells Congressman He Paid $6.9 mln taxes". Reuters. https://www.reuters.com/article/buffett/buffett-tells-congressman-he-paid-6-9-mln-taxes-idUSN1E79B1AV20111012

Berkowitz, J. (23 de abril de 2013). "Checkpoint Carlo: How tax cops killed Italy's supercar market". Car & Driver. https://www.caranddriver.com/news/checkpoint-carlo-how-tax-cops-killed-italys-supercar-market

Bernardo, R. (13 de março de 2017). "2017's Happiest Places to Live". Wallethub. https://wallethub.com/edu/happiest-places-to-live/32619/

Bodnaruk, A. e Simonov, A. (2015). "Do Financial Experts Make Better Investment Decisions?" *Journal of Financial Intermediation*, 24(4), 514–36.

Bolduc, B. (11 de fevereiro de 2012). "Leadership Secrets of George Washington". *Wall Street Journal*. https://www.wsj.com/articles/SB10001424052970204369404577211010507347208

Buffett, W. (25 de fevereiro de 2017). Berkshire Hathaway Letter to Shareholders 2016. www.berkshirehathaway.com/letters/2016ltr.pdf

Bureau of Labor Statistics. (1996). *Occupational Outlook Handbook, 1996-1997*. https://www.bls.gov/news.release/history/ecopro_031596.txt

Bureau of Labor Statistics. (2016a). "College Tuition and Fees Increase 63 Percent Since January 2006". -2006.htm.

O *Novo* Milionário Mora ao Lado

Bureau of Labor Statistics. (2016b). "Employed Persons by Disability Status, Industry, Class of Worker, and Sex, 2016 Annual Averages". https://www.bls.gov/news.release/disabl.t04.htm

Bureau of Labor Statistics. (2016c). "Entrepreneurship and the U.S. Economy". https://www.bls.gov/bdm/entrepreneurship/entrepreneurship.htm

Bureau of Labor Statistics. (2016d). *Occupational Outlook Handbook: Personal financial advisors.* http://www.bls.gov/ooh/business-and-financial/personal-financial-advisors.htm

Bureau of Labor Statistics. (2016e). *Occupational Outlook Handbook: Physicians and surgeons.* https://www.bls.gov/ooh/healthcare/physicians-and-surgeons.htm

Bureau of Labor Statistics. (2016f). *Occupational Outlook Handbook: Securities, commodities, and financial services sales agents.* https://www.bls.gov/ooh/sales/ securities-commodities-and-financial-services-sales-agents.htm

Bureau of Labor Statistics. (2016g). "Self-Employment in the United States". https://www.bls.gov/spotlight/2016/self-employment-in-the-united-states/pdf/self-employment-in-the-united-states.pdf

Bureau of Labor Statistics. (2016h). "Time Spent in Detailed Primary Activities and Percent of the Civilian Population Engaging in Each Activity, Averages per Day by Sex, 2016 Annual Averages". https://www.bls.gov/tus/a1_2016.pdf

Bureau of Labor Statistics. (2017). CPI Inflation Calculator. Retirado de https:// www.bls.gov/data/inflation_calculator.htm>.

Byron, E. (2010). "Wash Away Bad Hair Days". *Wall Street Journal.* https://www.wsj.com/articles/SB10001424052748704911704575327141935381092

CareerBuilder. (2017). Living Paycheck to Paycheck is a Way of Life for Majority of U.S. Workers, According to New CareerBuilder Survey [press release]. http://press.careerbuilder.com/2017-08-24-Living-Paycheck-to-Paycheck-is-a-Way-of-Life-for-Majority-of-U-S-Workers-According-to-New-CareerBuilder-Survey

Carlson, B. (2017). "How the Bogle Model Beats the Yale Model" [blog entry]. http://awealthofcommonsense.com/2017/02/how-the-bogle-model-beats-the-yale-model/

Cassuto, L. (1º de julho de 2013). "Ph.D. Attrition: How much is too much?" *Chronicle of Higher Education.* https://www.chronicle.com/article/PhD-Attrition-How-Much-Is/140045

Cavale, S. (1º de março de 2018). "P&G Says Cut Digital Ad Spend by $200 million in 2017". *Reuters.* https://www.reuters.com/article/us-procter-gamble-advertising/pg-says-cut-digital-ad-spend-by-200-million-in-2017-idUSKCN1GD654

Chernow, R. (2010). *Washington: A life.* Boston, MA: Penguin Press.

Congress of the United States Congressional Budget Office (2016). *Trends in Family Wealth: 1998–2013.* https://www.cbo.gov/sites/default/files/114th-congress-2015-2016/reports/51846-familywealth.pdf

Consumer Reports (2017). "Consumer Reports' Car Reliability FAQ". https://www.consumerreports.org/car-reliability-owner-satisfaction/consumer-reports-car-reliability-faq/

Corrado, C. (20 de novembro de 2011). "The Wealth Race". *American Thinker.*https://www.americanthinker.com/articles/2011/11/the_wealth_race.html

Corter, J. E. e Chen, Y. J. (2006). "Do Investment Risk Tolerance Attitudes Predict Portfolio Risk?" *Journal of Business and Psychology*, 20(3), 369–82.

Cotton Incorporated. (2013). "Driving Demand for Denim Jeans". http://lifestyle monitor.cottoninc.com/driving-demand-for-denim-jeans/

Credit Suisse Research. (2016). *The Global Wealth Report 2016.* http://publications.credit-suisse.com/tasks/render/file/index.cfm?fileid=AD783798-ED07-E8C2-4405996B5B02A32E

Dokko, J., Li, G. e Hayes, J. (2015). "Credit Scores and Committed Relationships". 1° de março de 2018. Retirado de www.kiplinger.com/article/credit/T017-C023-S002-what-your-credit--score-says-about-your-love-life.html.

Dubofsky, D. e Sussman, L. (2009). "The Changing Role of the Financial Planner Part 1: From financial analytics to coaching and life planning". *Journal of Financial Planning*, Agosto de 2009, 48–57.

Easton, N. (2012). "Don't Blame the 1% for America's Pay Gap". *Fortune*. http://fortune.com/2012/04/24/dont-blame-the-1-for-americas-pay-gap/

Experian. (2014). *Experian Mosaic Guide* [PDF document]. Costa Mesa, CA: Experian.

Fallaw, S. S. (2016). *Financial Behaviors and Wealth Potential* [white paper]. DataPoints. https://www.datapoints.com/research/

Fallaw, S. S. (2017). *The Building Wealth Technical Report*. DataPoints. https://www.data points.com/

Fallaw, S. S. (2018a). *The Investor Profile Technical Report*. DataPoints. https://www.data points.com/

Fallaw, S. S. (2018b). *Understanding Great Investors: The competencies of investing success.* [white paper]. DataPoints. https://www.datapoints.com/research/

Fallaw, S. S., Kruger, M. e Grable, J. (2018). *The Household CFO: Using job analysis to define tasks related to personal financial management.* 2018 Academic Research Colloquium for Financial Planning and Related Disciplines. https://ssrn.com/abstract=3040904

Farrell, M. (2015). "New Year, Same You". *Psychology Today*. https://www.psychologytoday.com/blog/frontpage-forensics/201501/new-year-same-you

Federal Reserve. (2015). *Report on the Economic Well-Being of U.S. Households in 2015.* https://www.federalreserve.gov/2015-report-economic-well-being-us-households-201605.pdf

Federal Reserve. (2017a). "Changes in U.S. Family Finances from 2013 to 2016: Evidence from the survey of consumer finances". *Federal Reserve Bulletin* 103(3), 1–42. https://www.federal-reserve.gov/publications/files/scf17.pdf

Federal Reserve. (2017b). *Report on the Economic Well-Being of U.S. Households in 2016.* https://www.federalreserve.gov/publications/files/2016-report-economic-well-being-us-hou-seholds-201705.pdf

Fidelity Investments. (2016). *10th Annual College Savings Indicator: Executive summary of key findings.* https://www.fidelity.com/bin-public/060_www_fidelity_com/documents/press-release/csi-exec-natl.pdf

Financial Industry Regulatory Authority. (2017). Key Statistics for 2017. Retirado de http://www.finra.org/newsroom/statistics.

Finke, M. S. e Huston, S. J. (2003). "The Brighter Side of Financial Risk: Financial risk tolerance and wealth". *Journal of Family and Economic Issues* 24(3), 233–56.

Gallup. (2017). *State of the American Workplace Report.* Retirado de http://news.gallup.com/reports/199961/7.aspx.

Gatenby, R. (2000). Married only on the weekends? A study of the amount of time spent together by spouses [research paper]. Office for National Statistics. Retirado de https://www.ons.gov.uk/ons/rel/lifestyles/time-use/2000-edition/married-only-at-the-weekends-a-study-of-the--amount-of-time-spent-together-by-spouses.pdf>.

Gatewood, R. D. e Feild, H. S. (1998). *Human Resource Selection* (4th edition). Fort Worth, TX: The Dryden Press.

O *Novo* Milionário Mora ao Lado

Geldhof, J. e Lerner, R. M. (26 de maio de 2015). "How to Recognize a Budding Entrepreneur". *Wall Street Journal*. https://www.wsj.com/articles/how-to-recognize-a-budding-entrepreneur-1432318006

Genworth. (2016). *Annual Cost of Care Study: Costs continue to rise, particularly for services in home*. 1° de março de 2018. Retirado de http://investor.genworth.com/investors/news-releases/archive/archive/2016/Genworth-2016-Annual-Cost-of-Care-Study-Costs-Continue-to-Rise-Particularly-for-Services-in-Home/default.aspx.

Global Financial Literacy Excellence Center. (2018). *The TIAA Institute-GFLEC Personal Finance Index*. http://gflec.org/initiatives/personal-finance-index/

Godin, S. (31 de janeiro de 2008). "Permission Marketing" [blog entry]. https://seths.blog/2008/01/permission-mark/

Grable, J. E. (2000). "Financial Risk Tolerance and Additional Factors That Affect Risk Taking in Everyday Money Matters". *Journal of Busciness and Psychology*, 14(4), 625–31.

Grable, J. E. e Joo, S. H. "Environmental and biophysical factors associated with financial risk tolerance". *Financial Counseling and Planning*. 15(1), 1–6.

Grable, J. E., Kruger, M. e Fallaw, S. S. (2017). "An Assessment of Wealth Accumulation Tasks and Behaviors". *Journal of Financial Service Professionals*, 71(1), 55–70.

Grable, J. E., Lytton, R. H., O'Neill, B., Joo, S. H. e Klock, D. (2006). "Risk Tolerance, Projection Bias, Vividness, and Equity Prices". *Journal of Investing*, 15(2), 68–74.

Hagerty, J. R. (25 de janeiro de 2014). Entrepreneur Let No Impediment Stop Him. *Wall Street Journal*. 2 de março de 2018. Retirado de https://www.wsj.com/articles/entrepreneur-let-no--impediment-stop-him-1389835205.

Hanks, T. (14 de janeiro de 2015). "Tom Hanks on His Two Years at Chabot College". *The New York Times*. https://www.nytimes.com/2015/01/14/opinion/tom-hanks-on-his-two-years-at-chabot-college.html?_r=0&mtr ref=undefined&gwh=3CEBA5FE3A28B253BDDD61A2BF967E2E&gw t=pay&assetType=opinion

Hartog, J., Ferrer-i-Carbonell, A. e Jonker, J. (2002). "Linking Measured Risk Aversion to Individual Characteristics". *Kyklos* 55(1), 3–26.

Horwitz, S. G. (26 de janeiro de 2011). "Data Overlook Upward Mobility". *Atlanta Journal Constitution*. https://www.ajc.com/news/opinion/data-overlook-upward-mobility/2R5x19rNC2j-fAnkd0ppPQI/

Howlett, E., Kees, J., e Kemp, E. (2008). "The Role of Self-Regulation, Future Orientation, and Financial Knowledge in Long-Term Financial Decisions". *Journal of Consumer Affairs* 42, 223–42.

Inmar. (2014). *2014 Coupon Trends: 2013 Year-End Report*. http://go.inmar.com/rs/inmar/images/Inmar_2014_Coupon_Trends_Report.pdf

Internal Revenue Service. (1998). Table 3—1998, Nonfarm Sole Proprietorships: Business Receipts, Selected Deductions, Payroll, and Net Income, by Industrial Groups Classified with the North American Industry Classification System. https://www.irs.gov/statistics/soi-tax-s-tats-nonfarm-sole-sproprietorship-statistics

Internal Revenue Service. (2012). *SOI Tax Stats—Individual Income Tax Returns—2012*. https://www.irs.gov/statistics/soi-tax-stats-individual-income-tax-returns

Internal Revenue Service. (2015). Table 1. Nonfarm Sole Proprietorships: Business Receipts, Selected Deductions, Payroll, and Net Income, by Industrial Sectors, Tax Year 2015. https://www.irs.gov/statistics/soi-tax-stats-nonfarm-sole-proprietorship-statistics

Internal Revenue Service. (2017). *SOI Tax Stats—Individual Income Tax Returns—2016*. https://www.irs.gov/statistics/soi-tax-stats-individual-income-tax-returns

Internal Revenue Service. (2018). *SOI Tax Stats—Estate Tax Filing Year Tables*. https://www.irs.gov/statistics/soi-tax-stats-estate-tax-filing-year-tables

Jakab, S. (15 de fevereiro de 2012). "It Is Time to Reap What Deere Has Sown". *Wall Street Journal*. https://www.wsj.com/articles/SB10001424052970204062704577223624164009432

Johnson, B., Raub, B. e Newcomb, J. (unknown). A New Look at the Income-Wealth Connection for America's Wealthiest Decedents. Internal Revenue Service, Statistics of Income. https://www.irs.gov/pub/irs-soi/13rpwealthdedents.pdf

Judge, T. A. e Hurst, C. (2007). "Capitalizing on One's Advantages: Role of core self-evaluations". *Journal of Applied Psychology* 92(5), 1212.

Kahlenberg, R. D. (2012). "Should Colleges Consider Legacies in the Admissions Process?" *Wall Street Journal*. https://www.wsj.com/articles/SB10001424052970204653604577249230164868846

Kroll, L. (12 de setembro de 2012). "The Forbes 400: The richest people in America". *Forbes*. https://www.forbes.com/sites/luisakroll/2012/09/19/the-forbes-400-the-richest-people-in-america/

Kruger, M., Grable, J. E. e Fallaw, S. S. (2017). "An Evaluation of the Risk-Taking Characteristics of Affluent Households". *Journal of Financial Planning* 30(7), 38–47.

Lehrer, J. (2 de abril de 2011). "Measurements That Mislead". *Wall Street Journal*. https://www.wsj.com/articles/SB10001424052748704471904576230931647955902

Lee, S. H. (2012). "When Are Frugal Consumers Not Frugal? It Depends on Who They Are With". *Advances in Consumer Research* 40, 584.

Leonhardt, D. (23 de janeiro de 2014). "Upward Mobility Has Not Declined, Study Says". *The New York Times*. https://www.nytimes.com/2014/01/23/business/upward-mobility-has-not-declined-study-says.html?_r=0&mtrref=undefined

Letkiewicz, J. C. e Fox, J. J. (2014). "Conscientiousness, Financial Literacy, and Asset Accumulation in Young Adults". *Journal of Consumer Affairs* 48(2), 274–300.

Levanon, G., Kan, M. e Li, A. (19 de julho de 2016). "Job Satisfaction Continues to Rise". Blog *Conference Board*. https://www.conference-board.org/blog/postdetail.cfm?post=5231

Lusardi, A. e Mitchell, O. S. (2011). "Financial Literacy around the World: An overview". *Journal of Pension Economics and Finance* 10(4), 497–508.

Lynch, P. (2012). *Beating the Street*. Nova York: Simon e Schuster.

Mangleburg, T. F., Doney, P. M. e Bristol, T. (2004). "Shopping with Friends, and Teen's Susceptibility to Peer Influence". *Journal of Retailing* 80. *Journal of Retailing* 80 (2), 101–16.

Margalit, L. (2016). "What Screen Time Can Really Do to Kids' Brains". *Psychology Today*. https://www.psychologytoday.com/blog/behind-online-behavior/201604/what-screen-time-can-really-do-kids-brains

Martin, D. (2014). "Paula Kent Meehan, Co-Founder of a Hair Giant, Dies at 82". *The New York Times*. https://www.nytimes.com/2014/06/26/business/paula-kent-meehan-hair-care-entrepreneur-dies-at-82.html

Mayfield, C., Perdue, G. e Wooten, K. (2008). "Investment Management and Personality Type". *Financial Services Review* 17, 219–36.

McGrath, M. (18 de novembro de 2015). "A Global Financial Literacy Test Finds That Just 57% of Adults in U.S. Are Financially Literate". *Forbes*. https://www.forbes.com/sites/maggiemcgrath/2015/11/18/in-a-global-test-of-financial-literacy-the-u-s/#62cf5a0c58f0.

Mesnik, H. (10 de abril de 2017). "Fast Fashion: With the rise of disposable fashion trends, americans are purchasing and throwing out clothing faster than ever". *State Press*. www.statepress.com/article/2017/04/spmagazine-sustainability-recycling-fashion-in-arizona

Mr. Money Moustache. (23 de fevereiro de 2013). "Getting Rich: From zero to hero in one blog post" [blog post]. https://www.mrmoneymustache.com/2013/02/22/getting-rich-from-zero--to-hero-in-one-blog-post/

Muller, J. (30 de dezembro de 2011). "What the Rich People Really Drive". *Forbes*. https://www.forbes.com/sites/joannmuller/2011/12/30/what-the-rich-people-really-drive/#7a34b9e54e04

National Bureau of Economic Research. (2012). *Were They Prepared for Retirement? Financial Status at Advanced Ages in the HRS and Ahead Cohorts*. NBER Working Paper No. 17842. www.nber.org/papers/w17824.pdf

National Center for Education Statistics. (2018). Table 303.70. Total undergraduate fall enrollment in degree-granting postsecondary institutions, by attendance status, sex of student, and control and level of institution: Selected years, 1970 through 2026. https://nces.ed.gov/programs/digest/d16/tables/dt16_303.70.asp

National Center for O*NET Development. (2016). *Summary Support for Ship Engineers* (53-5031.00). https://www.onetonlNne.org/link/summary/53-5031.00

Neuharth, A. (28 de março de 2013). "Neuharth: Best way to get rich is the stock market". *USA Today*. https://www.usatoday.com/story/opinion/2013/03/28/neuharth-best-way-to-get-rich--is-the-stock-market/2029129/

Norton, M. I. (2013). "All Ranks Are Local: Why Humans Are Both (Painfully) Aware and (Surprisingly) Unaware of Their Lot in Life". *Psychological Inquiry* 24(2), 124–25.

O'Connor, C. (7 de março de 2012). "Undercover Billionaire: Sara Blakely joins the rich list thanks to spanx". *Forbes*. https://www.forbes.com/sites/clareoconnor/2012/03/07/undercover--billionaire-sara-blakely-joins-the-rich-list-thanks-to-spanx/#8dfe410d736f

Paletta, D. (2014). "New Data Muddle Debate on Economic Mobility". *Wall Street Journal*. https://www.wsj.com/articles/new-data-muddle-debate-on-economic-mobility-1390453098

Pew Research Center. (2013). "The Demographics of Job Satisfaction". www.pewsocialtrends.org/2013/12/11/on-pay-gap-millennial-women-near-parity-for-now/sdt-gender-and--work-12-2013-4-06/

Pew Research Center. (2014). "Most See Inequality Growing, but Partisans Differ over Solutions". http://assets.pewresearch.org/wp-content/uploads/sites/5/legacy-pdf/1-23-14%20Poverty_Inequality%20Release.pdf

Pew Research Center. (2017). "Key Trends in Social and Digital News Media". www.pewresearch.org/fact-tank/2017/10/04/key-trends-in-social-and-digital-news-media/

Phillips, M. M. (13 de abril de 2013). "This Ain't No Bull: Nary a cowboy can ride 'em these days". *Wall Street Journal*. https://www.wsj.com/articles/SB10001424127887323916304578400503374361938

Rich, M. (31 de janeiro de 2012). "In Atlanta, Housing Woes Reflect Nation's Pain". *The New York Times*. http://www.nytimes.com/2012/02/01/business/economy/in-atlanta-housing-woes-reflect-nations-economic-pain.html?ref=motokorich.

Richards, K. e Fox, J. (2010). *Life*. Londres: Little, Brown e Company

Rockstarfinance.com (2018). *Rockstar Directory: A directory of personal finance blogs (and resources)*. https://directory.rockstarfinance.com/personal-finance-blogs/category/general-finance

Roose, K. (29 de fevereiro de 2012). "Bonuses Dip on Wall St., but Far Less Than Earnings". *The New York Times*. https://dealbook.nytimes.com/2012/02/29/as-bank-profits-plunge-wall-street-bonuses-fall-modestly/

Sages, R. A. e Grable, J. E. (2010). "Financial Numeracy, Net Worth, and Financial Management Skills: Client characteristics on financial risk tolerance". *Journal of Financial Service Professionals* 64(6), 57–65.

Sahadi, J. (12 de outubro de 2011). "Buffett Made $62,855,038 Last Year". CNN Money. http://money.cnn.com/2011/10/12/news/economy/buffett_taxes_2010/index.htm

Sawyers, A. (23 de setembro de 2013). "Leases Buoy Market, Add Factory Risk". *Automotive News*. www.autonews.com/article/20130923/RETAIL/309239957/leases-buoy-market-add--factory-risk

Schmidt, F. L. e Hunter, J. E. (1998). "The Validity and Utility of Selection Methods in Personnel Psychology: Practical and theoretical implications of 85 years of research". *Psychological Bulletin* 124(2), 262–74.

Semega, J. L., Fontenot, K. R. e Kollar, M. A. (2017). Income and Poverty in the United States: 2016. United States Census Bureau. https://www.census.gov/library/publications/2017/demo/p60-259.html

Shoen, J. W. (2015). "Why Does a College Degree Cost So Much?" CNBC. https://www.cnbc.com/2015/06/16/why-college-costs-are-so-high-and-rising.html

ShopSmart. (2010). Jeaneology: ShopSmart poll finds women own 7 pairs of jeans, only wear 4 [press release]. https://www.prnewswire.com/news-releases/jeaneology-shopsmart-poll--finds-women-own-7-pairs-of-jeans-only-wear-4-98274009.html

Snell, A. F., Stokes, G. S., Sands, M. M. e McBride, J. R. (1994). "Adolescent Life Experiences as Predictors of Occupational Attainment". *Journal of Applied Psychology*, 79(1), 131.

Snyder, J. (10 de janeiro de 2011). "Retail Joins Fleet in Driving Growth". *Automotive News*. www.autonews.com/article/20110110/RETAIL01/301109953/retail-joins-fleet-in-driving-growth

Society for Human Resource Management. (2015). *2015 Employee Job Satisfaction and Engagement: Optimizing organizational culture for success.* https://www.shrm.org/hr-today/trends-and-forecasting/research-and-surveys/pages/job-satisfaction-and-engagement-report-optimizing-organizational-culture-for-success.aspx

Solheim, C. A., Zuiker, V. S. e Levchenko, P. (2011). "Financial Socialization Family Pathways: Reflections from college students' narratives". *Family Science Review* 16(2).

Sorkin, A. R. (29 de agosto de 2011). "The Mystery of Steve Jobs's Public Giving". *The New York Times*. https://dealbook.nytimes.com/2011/08/29/the=-mystery-of-steve-jobss-public-giving/?mtrref-undefined

Spectrem Group. (2018). New Spectrem Group Market Insights Report Reveals Significant Growth in U.S. Household Wealth in 2017 [press release]. Retirado de https://spectrem.com/Content/press-release-new-spectrem-group-market-insights-report-reveals-significant-growth-in-US-household-wealth-in-2017.aspx.

Speights, K. (21 de maio de 2017). "Success Rate: What percentage of businesses fail in their first year?" *USA Today*. 2 de março de 2018. Retirado de https://www.usatoday.com/story/money/business/small-business-central/2017/05/21/what-percentage-of-businesses-fail-in-their-first-t-year/101260716/.

Stanley, T. J. (1989). *Marketing to the Affluent*. Irwin Professional Publishing. Irwin Professional Publishing.

Stanley, T. J. (1991). *Selling to the Affluent: The professional's guide to closing the sales that count.* Irwin Professional Publishing.

Stanley, T. J. (1993). *Networking with the Affluent and Their Advisors*. Irwin Professional Publishing.

Stanley, T. J. (2000). *The Millionaire Mind*. Kansas City, MO: Andrews McMeel Publishing. Publicado no Brasil com o título *A Mente Milionária*.

Stanley, T. J. (2005). *Millionaire Women Next Door: The many journeys of successful american businesswomen*. Kansas City, MO: Andrews McMeel Publishing.

Stanley, T. J. (2009). *Stop Acting Rich: . . . and start living like a real millionaire*. Hoboken, NJ: John Wiley & Sons.

Stanley, T. J. (26 de julho de 2011). "One Man's Junk, Another Man's Treasure" [blog post]. www.thomasjstanley.com/2011/07/one-mans-junk-another-mans-treasure/

Stanley, T. J. (31 de janeiro de 2012). "Drive Rich or Be Rich" [blog post]. http://www.thomasjstanley.com/2012/01/drive-rich-or-be-rich/

Stanley, T. J. (30 de novembro de 2013). "Wealth? No, Not Yet!" [blog post]. www.thomasjstanley.com/2013/11/wealth-no-not-yet/

Stanley, T. J. (25 de março de 2014). "Does Your Chosen Vocation Have Great Market Opportunities?" [blog post]. www.thomasjstanley.com/2014/03/does-your-chosen-vocation-have-great-market-opportunities/

Stanley, T. J. e Danko, W. D. (1996). *The Millionaire Next Door*. Atlanta, GA: Longstreet Press. Publicado no Brasil com o título *O Milionário Mora ao Lado*.

Stanley, T. J. e Moschis, G. P. (1984). "America's Affluent". *American Demographics* 6(3), 28–33.

Statistic Brain. (2017). Denim Jeans Industry Statistics. https://www.statisticbrain.com/ denim-jeans-industry-statistics/

Stewart, J. B. (2016). "Facebook Has 50 Minutes of Your Time Each Day. It Wants More". *The New York Times*. https://www.nytimes.com/2016/05/06/business/facebook-bends-the-rules-of-audience-engagement-to-its-advantage.html

Stokes, G. S., Mumford, M. D. e Owens, W. A. (1989). "Life History Prototypes in the Study of Human Individuality". *Journal of Personality* 57(2), 509–45.

Su, J. B. (28 de setembro de 2016). "The Global Fintech Landscape Reaches Over 1,000 Companies, \$105B in Funding, \$867B in Value: Report". *Forbes*, https://www.forbes.com/sites/jeanbaptiste/2016/09/28/the-global-fintech-landscape-reaches-over-1000-companies-105b-in-funding-867b-in-value-report/#66689d1326f3

Tax Foundation. (2012). Fiscal Fact No. 317: *Who Are America's Millionaires?* https://taxfoundation.org/who-are-americas-millionaires/

Taylor, C. D., Klontz, B. e Lawson, D. (2017). "Money Disorders and Locus of Control: Implications for assessment and treatment". *Journal of Financial Therapy*, 8(8), 124–37.

Trevelyan, E., Gambino, C., Gryn, T., Larsen, L., Acosta, Y., Grieco, E., Harris, D. e Walters, N. (Novembro de 2016). *Characteristics of the U.S. Population by Generational Status: 2013*. United States Census Bureau. https://www.census.gov/content/dam/Census/library/publications/2016/demo/P23-214.pdf

Tuttle, B. (2011). A Weak Argument: Why some jeans cost \$300. *Time*. http://business.time.com/2011/07/08/a-weak-argument-why-some-jeans-cost-300/

United States Census Bureau. (2016). *State and County Quickfacts*. http://quickfacts.census.gov/qfd/states/00000.html

United States Census Bureau. (2017). *Wealth and Ownership Data Tables, 2013*. https://www.census.gov/topics/income-poverty/wealth/data/tables.all.html

University College London. (2009). "How Long Does It Take to Form a Habit?" www.ucl.ac.uk/news/news-articles/0908/09080401

Vanguard. (2016). "Vanguard's Advisor Alpha". https://www.vanguard.com/pdf/ISGAA.pdf

Waggoner, J. (2011). "Pit Stock Analysts vs. Short Sellers for Rich Clues". *USA Today*. https://usatoday30.usatoday.com/money/perfi/columnist/waggon/2011-02-18-investing18_st_N.htm

Wang, A. (2009). "Interplay of investors' financial knowledge and risk taking". *The Journal of Behavioral Finance*, 10(4), 204–213.

Wang, X., Yu, C. e Wei, Y. (2012). "Social Media Peer Communication and Impacts on Purchase Intentions: A consumer socialization framework". *Journal of Interactive Marketing*, 26(4), 198–208.

Weinberg, B., Reagan, P. B. e Yankow, J. (2004). "Does Neighborhood Affect Hours Worked? Evidence from longitudinal data". *Journal of Labor Economics* 22(4), 891–924.

Williams, G. (30 de abril de 2014). "The Hidden Costs of Moving". *US News & World Report*. https://money.usnews.com/money/personal-finance/articles/2014/04/30/ the-hidden-costs-of-moving

World Economic Forum (2017). *We'll Live To 100—How Can We Afford It*. http://www3.weforum.org/docs/WEF_White_Paper_We_Will_Live_to_100.pdf

Yarrow, A. L. (2015). "Falling Marriage Rates Reveal Economic Fault Lines". *The New York Times*. https://www.nytimes.com/2015/02/08/fashion/weddings/falling-marriage-rates-reveal-economic-fault-lines.html?mcubz=0

Zagorsky, J. L. (2005). "Marriage and Divorce's Impact on Wealth". *Journal of Sociology*, 41(4), 406–24.

Zagorsky, J. L. (2007). "Do You Have to Be Smart to Be Rich? The Impact of IQ on Wealth, Income and Financial Distress". *Intelligence*, 35(5), 489–501.

Zhang, J., Howell, R. T. e Howell, C. J. (2014). "Living in Wealthy Neighborhoods Increases Material Desires and Maladaptive Consumption". *Journal of Consumer Culture*, 16(1), 297–316.

Este livro foi impresso nas oficinas gráficas da Editora Vozes Ltda.,
Rua Frei Luís, 100 – Petrópolis, RJ.